Grundfragen des
Verwaltungsrechts und
des Kommunalrechts

Grundfragen des Verwaltungsrechts und des Kommunalrechts

Symposion aus Anlaß der Emeritierung von Professor Dr. Hans-Uwe Erichsen am 5. Mai 2000 in Münster

Herausgegeben von

Dirk Ehlers und Walter Krebs

2000
Walter de Gruyter · Berlin · New York

♾ Gedruckt auf säurefreiem Papier,
das die US-ANSI-Norm über Haltbarkeit erfüllt.

Die Deutsche Bibliothek – CIP-Einheitsaufnahme

Grundfragen des Verwaltungsrechts und des Kommunalrechts / Symposion aus Anlaß der Emeritierung von Professor Dr. Hans-Uwe Erichsen am 5. Mai 2000 in Münster. Hrsg. von Dirk Ehlers und Walter Krebs. – Berlin ; New York : de Gruyter, 2000
ISBN 3-11-016507-4

Printed in Germany
Konvertierung: Arthur Collignon GmbH, Berlin
Druck: WB-Druck, Rieden am Foggensee
Bindung: Lüderitz & Bauer GmbH, Berlin
Umschlagentwurf: Thomas Beaufort, Hamburg

Vorwort

Es gehört zu den Selbstverständnissen des Kommunalwissenschaftlichen Instituts der Westfälischen Wilhelms-Universität Münster („KWI“), einen Wissenschaftler durch wissenschaftliches Arbeiten zu ehren. Daher gehört es auch zu den Traditionen des Kommunalwissenschaftlichen Instituts, die Emeritierung seines Geschäftsführenden Direktors zum Anlaß zu nehmen, ein Symposion zu veranstalten. So ist auch im Falle von Hans-Uwe Erichsen verfahren worden. Inhaltlich hat sich das Symposion nicht am Gesamtspektrum des bisherigen wissenschaftlichen Werkes Hans-Uwe Erichsens ausgerichtet, sondern an den Gegenständen, die von jeher zu den wissenschaftlichen Essentialia des Kommunalwissenschaftlichen Instituts zählen. Die Herausgeber bedanken sich bei allen Beteiligten, welche die Veranstaltung ermöglicht haben, namentlich bei dem Verlag Walter de Gruyter für die Erstellung des Tagungsbandes. Er ist dem verehrten Meister gewidmet.

Im Oktober 2000

Dirk Ehlers, Münster　　　　Walter Krebs, Berlin

Inhalt

Grundlagen und Aufgaben der verwaltungsrechtlichen Systembildung

Eberhard Schmidt-Aßmann, Heidelberg

I. Systemdenken im Verwaltungsrecht

Unser Thema heißt System und Systembildung – ein Thema, zu dem schnell mancherlei Einwände und Gegengründe zur Hand sind: Hat sich nicht alles Systemdenken letztlich als Relikt eines Wissenschaftsverständnisses erwiesen, das für das 18. und 19. Jahrhundert seine Berechtigung haben mochte? Sind die Verhältnisse unserer Zeit nicht zu vielschichtig und zu diffus, um sich in ein vorgegebenes System zu fügen? Wo ist der „archimedische Punkt", von dem aus ein konsistentes Gefüge konstruiert werden kann, wo die Legitimation, mit der die realen Verhältnisse ihm untergeordnet werden dürfen?

Gern wird auf das Case Law und seinen Pragmatismus verwiesen: Die Entscheidung ist nach Abwägung aller Umstände des Einzelfalles zu treffen – das klingt plausibel und sympathisch nüchtern. Genauer betrachtet ist es jedoch teils unzutreffend, teils banal: Banal, insofern natürlich jeder Einzelfall durch seine eigenen Fakten konstituiert und ohne deren Berücksichtigung nicht gelöst werden kann; unzutreffend insofern, als die Entscheidung zur *Rechtsentscheidung* erst dann wird, wenn sie sich zu voraufgehenden Erkenntnissen und bestehenden Normen nach Maßgabe der Vergleichbarkeit und der Besonderheit des Falles in Beziehung setzen läßt und in diesem Rahmen reflektiert ist. Das aber setzt einen systematischen Ansatz voraus, der Willkür ausschließen und Vorhersehbarkeit des Rechts gewährleisten soll. Schon für den Umgang mit dem Einzelfall gilt das, und es gilt darüber hinaus; denn rechtswissenschaftliches Arbeiten umgreift ja keineswegs nur das Lösen von Einzelfällen, sondern ebenso die rechtliche Gestaltung offener Situationen aus der Sicht der rechtsberatenden Berufe, der kommunalen oder der ministerialen Praxis und der Gesetzgebung.

Wenn Rechtspolitik und Gesetzgebung heute vielfältige Kritik erfahren, so doch gerade, weil sie zu wenig auf systematische Bezüge achten und Instrumente auf Instrumente häufen, die nicht zusammen passen wollen, weil ihre Wirkungszusammenhänge nicht aufgeklärt sind. Die so sympathische Bescheidenheit, die juristische Selbstbeschränkung ganz auf die Umstände des Einzelfalles führt also gerade in die falsche Richtung: Sie bietet der Praxis zu wenig und verspielt den systematischen Anspruch der Rechtswissenschaft. „Rechtswissenschaft zumindest ist systematisch oder sie ist nicht" – diese Feststellung und Mahnung *Hans-Julius Wolffs* bestimmt eine rechtswissenschaftliche Position,[1] der sich *Hans-Uwe Erichsen* durchaus im Sinne einer Schultradition verbunden weiß.[2]

Für das Verwaltungsrecht ist die systematische Ausrichtung durch die Anforderungen der Verfassung vorgegeben. Rechtsstaatsprinzip und Demokratieprinzip sind jeweils eigene Gefüge materieller, prozeduraler und organisatorischer Gewährleistungselemente. Sie müssen zu den im Verwaltungsrecht zu verarbeitenden realen Erscheinungen systematisch, d. h. analytisch und vergleichend in Beziehung gesetzt werden.[3] Das läßt sich an zwei Punkten, den Sonderbindungen der öffentlichen Gewalt und der Instrumentenausstattung der Verwaltung, zeigen:

– Die drei wichtigsten *Bindungsklauseln*, die das Grundgerüst des allgemeinen Verwaltungsrechts ausmachen, nämlich die Bindung an die Grundrechte (Art. 1 Abs. 3 GG), die Bindung an Gesetz und Recht (Art. 20 Abs. 3 GG) und das Legitimationsgebot (Art. 20 Abs. 2 GG) haben als gemeinsames Tatbestandsmerkmal die „vollziehende Gewalt". Dieses zu definieren bereitet angesichts vielfältiger Formen staatlich-gesellschaftlicher Kooperation erhebliche Schwierigkeiten. Wie immer man sich in einem gegebenen Einzelfall entscheiden mag – jedenfalls muß die Sub-

[1] *Hans-Julius Wolff* Typen im Recht und in der Rechtswissenschaft, Studium Generale Bd. 5, 1952, 195, 205; aufgenommen von *Christian-Friedrich Menger* System des verwaltungsrechtlichen Rechtsschutzes, 1954.

[2] *Hans-Uwe Erichsen* Verfassungs- und verwaltungsrechtsgeschichtliche Grundlagen der Lehre vom fehlerhaften belastenden Verwaltungsakt und seiner Aufhebung im Prozeß, 1971.

[3] *Eberhard Schmidt-Aßmann* Das allgemeine Verwaltungsrecht als Ordnungsidee, 1998, 2ff.; *Thomas von Danwitz* Verwaltungsrechtliches System und Europäische Integration, 1996, 27ff.

sumtion in einem einheitlichen Argumentationsraster getroffen werden, das nicht ohne systematische Vorarbeiten entwickelt werden kann.[4]

– Ein zweiter Gesichtspunkt kommt hinzu: Staatliches Handeln ist *kompetenzgebundenes* Handeln. Die Exekutive bedarf der Ausstattung mit Befugnissen; sie agiert nicht in freier Beliebigkeit. Die innere Ordnung ihrer Instrumente ist, wie das Bundesverfassungsgericht in der Entscheidung zur kommunalen Verpackungssteuer zeigt,[5] ein zentrales rechtsstaatliches Anliegen. Nur durch Rückgriff auf die dort geforderte „Gesamtkonzeption der sachlichen Regelung"[6] lassen sich Beurteilungskriterien für die Prüfung der Geeignetheit und Erforderlichkeit neuer verwaltungsrechtlicher Instrumente entwickeln.

Das Systemdenken des Verwaltungsrechts typisiert, vergleicht, fragt nach der Plausibilität festgestellter Wertungsunterschiede. Hier wird nichts aus ein für alle Mal fixierten Grundannahmen schematisch deduziert. Systematisch arbeiten heißt im Verwaltungsrecht immer zugleich „Systembildung". Das ist ein sich fortlaufend vollziehender Vorgang, mehr dauerhafte Aufgabe als einmal erlangte Gewißheit, gelegentlich wegen seiner Offenheit unbefriedigend, aber unvermeidbar. Er vollzieht sich im Hin- und Her-Wandern des Blickes zwischen tradiertem dogmatischen Erkenntnisstand und neuen Erscheinungen. Neu meint dabei keineswegs nur das bisher gänzlich Unbekannte, das radikal Neue, sondern bezieht die alltäglichen Wandlungen der Verwaltungspraxis ein. Jede Einzelentscheidung, die unter Nutzung des Systems getroffen wird, bewirkt so auch eine inzidente Adäquanzkontrolle. Sie bestätigt dessen Annahmen oder entwickelt sie – oft in unmerklich kleinen Schritten – fort.

In größerem Umfange ist Systembildung Aufgabe der akademischen Rechtswissenschaft, der Monographien, Kommentare und Lehrbücher. Klar formuliert ist das im ersten Satz, mit dem *Hans-Uwe Erichsen* und *Wolfgang Martens* das Vorwort zur 1. Auflage ihres

[4] Anschaulich *Martin Burgi* Funktionale Privatisierung und Verwaltungshilfe, 1999, 71 ff.

[5] BVerfGE 98, 106, 117.

[6] AaO 119.

Gemeinschaftswerks zum Allgemeinen Verwaltungsrecht einleiteten. „Das allgemeine Verwaltungsrecht mit seinen Rechtsinstituten, seinen Grundsätzen und seiner inneren Systematik muß sich an dem Fortgang der Staatsaufgaben und an der Entwicklung der Rechtsformen des Verwaltungshandelns orientieren.“[7] Dieser Linie ist das Werk bis heute treu geblieben. Wer verwaltungsrechtliche Systembildung als fortgesetzte Aufgabe studieren will, gehe die Veränderungen durch, die mit jeder Auflage vorgenommen wurden! Hier sind nicht nur neue Entscheidungen nachgetragen oder neue Rechtsfiguren referiert, sondern es wird am System gearbeitet: Rechtsverhältnis, Planung, informales Verwaltungshandeln, Europarecht – stets finden sich neben den erforderlichen Ergänzungen Umgliederungen, Gewichtungsverlagerungen und Perspektivenwechsel. Nur als flexibles, immer wieder neu austariertes Gefüge kann die verwaltungsrechtliche Systematik jene vier Aufgaben erfüllen, die sich als rechtspraktische, rechtsdogmatische, rechtspolitische und – im Blick auf die europäische Rechtsordnung – rezeptionsleitende Aufgabe bezeichnen lassen.

Wer von früh an dogmengeschichtlich ausgewiesen ist, wie *Erichsen* durch seine Habilitationsschrift, der weiß, daß Systembildung eine dauerhafte und eine immer wieder gefährdete Aufgabe ist. In diesem Sinne soll es in folgenden nicht so sehr um die Ergebnisse gelungener Systematik gehen, für die z. B. die Rechtsformenlehre mit dem wichtigen Institut des Verwaltungsakts stehen kann. Vielmehr sollen zwei eher kritische Erscheinungen behandelt werden:

- Neuere Entwicklungen des Verwaltungsverfahrensrechts zeigen, wie ein ursprünglich gut begründeter Systemanspruch verspielt werden kann (II).
- Die Analyse der Europäisierung des Verwaltungsrechts macht deutlich, daß die Vorgaben des EG-Rechts nur dann adäquat rezipiert werden können, wenn sie selbst systematischer Reflexion unterzogen und im deutschen Recht nicht nur punktuell-isoliert, sondern systematisch aufgenommen werden (III).

7 *Hans-Uwe Erichsen/Wolfgang Martens* Allgemeines Verwaltungsrecht, 1975.

II. Gefährdungen des Systemansatzes: Jüngste Entwicklung der Verwaltungsverfahrensgesetzgebung

Ein systematischer Anspruch muß gegenüber gesetzgeberischem Aktivismus, ministeriellem Ressortegoismus und verbandspolitischen Sonderwünschen immer wieder verteidigt und neu begründet werden. Er nimmt Schaden, wenn die Leitziele aus den Augen geraten. Das soll am Beispiel des Verwaltungsverfahrensrechts, speziell des Bundesverwaltungsverfahrensgesetzes und seiner Entwicklung erläutert werden. Dieses Gesetz selbst ist Ergebnis verwaltungsrechtlicher Systembildung, und in seinen vor die Klammer gezogenen Regelungen ist die praktische Speicherfunktion von Rechtssystemen wirksam. Zusammen mit den etwa zeitgleich ergangenen Bestimmungen der Abgabenordnung (1977) und des Zehnten Sozialgesetzbuchs (1980) bildet es „eine Art Grundgesetz für die Zweite Gewalt", das die zeitgenössische Verwaltungskultur repräsentieren soll.[8] Ihre in der Kommentarliteratur beobachtete „maßstabbildende Kraft", auch für die von ihr nicht unmittelbar erfaßten Materien[9], belegt die Leistungsfähigkeit des rechtssystematischen Arguments. Umgekehrt indiziert die heute deutlicher werdende *Gefahr einer Marginalisierung* die praktischen Widerstände, mit denen allgemeine, fachübergreifende Regelungen zu rechnen haben.

1. Rechtsvereinheitlichung mit Augenmaß

Bei der Schaffung der Verwaltungsverfahrensgesetze bildete die Rechtsvereinheitlichung ein wichtiges Ziel: Das Konglomerat fachgesetzlicher Teilregelungen und richterrechtlicher Erkenntnisse, das das allgemeine Verwaltungsrecht zur Entstehungszeit ausmachte, sollte entflochten, auf allgemeine Regeln zurückgeführt und dadurch für Bürger und Verwaltungen übersichtlicher gemacht werden. Die

[8] So *Peter Häberle* Verfassungsprinzipien „im" Verwaltungsverfahrensgesetz, in: Walter Schmitt Glaeser (Hrsg.), Verwaltungsverfahren, 1977, 47, 49.

[9] *Heinz-Joachim Bonk* in: Paul Stelkens/Heinz-Joachim Bonk/Michael Sachs, Verwaltungsverfahrensgesetz, 5. Aufl. 1998, § 1 Rdn. 2; ähnlich *Walter Klappstein* in: Hans Joachim Knack, Verwaltungsverfahrensgesetz, 6. Aufl. 1998, Vor § 1 Rdn. 3; *Peter Badura* in Hans-Uwe Erichsen (Hrsg.), Allgemeines Verwaltungsrecht, 11. Aufl. 1998, § 33 Rdn. 24ff.

Materialien der Entstehungsgeschichte zeigen dabei in zweifacher Hinsicht Augenmaß.[10] Augenmaß zum einen bei der Abwägung zwischen Verfahrensaufwand und gebotener Verwaltungseffizienz, deutlich vor allem in der Normierung des nichtförmlichen Verfahrens als des Standardverfahrens, statt der von manchen empfohlenen justizförmigen Verfahrensgestaltung; Augenmaß vor allem aber im Maß der Vereinheitlichung, die zunächst nur als Grundlinie mit zahlreichen Ausklammerungen und Ausnahmen angestrebt wurde: Die Begrenzung des Gesetzes auf die öffentlich-rechtliche Verwaltungstätigkeit (§ 1) und hier wiederum allein auf die Handlungsformen des Verwaltungsakts und des Verwaltungsvertrages (§ 9) sowie die Subsidiaritätsklausel gegenüber inhaltsgleichen und entgegenstehenden Vorschriften des Fachrechts relativieren das Vereinheitlichungsziel nicht unerheblich und sind daher nicht selten als „Verlustliste der Rechtseinheit" kritisiert worden. Der Gesetzgeber optierte mit ihnen jedoch über für eine nach und nach durchzuführende Entschlackung des Fachrechts. Die gleichzeitig mit der Verabschiedung des Gesetzes vom Bundestag einstimmig gefaßte Entschließung vom 15. Januar 1976 ersuchte die Bundesregierung, für die entsprechenden Schritte innerhalb von acht Jahren Sorge zu tragen.[11]

Die nachfolgenden Rechtsbereinigungsgesetze von 1986 und 1990 lichteten das Fachrecht zwar nicht unerheblich. In der Substanz wird ihr Effekt jedoch als eher bescheiden eingestuft.[12] So sollen zur Bestandskraft von Verwaltungsakten, einem immerhin zentralen Thema der §§ 43 ff. VwVfG, einer Zählung für das Jahr 1994 entsprechend nach wie vor insgesamt mehr als 60 eigene, überwiegend unvollständige Fachregelungen bestehen, die meisten davon nach Inkrafttreten des Verwaltungsverfahrensgesetzes ergangen bzw. neu bekannt gemacht.[13]

[10] Vgl. den Musterentwurf eines Verwaltungsverfahrensgesetzes (EVwVerfG 1963), 1964, 59 ff. Zu Einzelheiten mit Nachweisen *Paul Stelkens* in: Paul Stelkens/Heinz-Joachim Bonk/Michael Sachs (o. Fn. 9), Einleitung Rdn. 36 ff.

[11] Zitiert nach der Ausschußvorlage, Bundestags-Drucksache 7/4494, 13.

[12] *Heinz-Joachim Bonk* (o. Fn. 9).

[13] Ausführlich *Walter Klappstein* Rechtseinheit und Rechtsvielfalt im Verwaltungsrecht, 1994, 77.

2. Verfahrensrecht zwischen „Grundrechtsrelevanz" und „Beschleunigungsdiskussion"

Wesentlich stärker ist die systematische Kraft des VwVfG dadurch geschwächt worden, daß das Verfahrensgesetz schon kurz nach seinem Inkrafttreten zwischen zwei gegenläufige Entwicklungstendenzen geriet, nämlich zwischen die Diskussionen um die Grundrechtsrelevanz des Verfahrens einerseits und die Beschleunigung von Verfahren andererseits.[14] Beide müßten eigentlich nicht als Gegensätze verstanden werden. In der teilweise recht emotional geführten Diskussion dagegen gerierten sich beide Topoi über Jahre hin als Feldzeichen konträrer Auffassungen:

- Im Beschluß vom 20.12.1979, der „Mülheim-Kärlich"-Entscheidung, stellte das Bundesverfassungsgericht die Bedeutung von Verwaltungsverfahren für den Grundrechtsschutz besonders heraus.[15] Diese Erkenntnis war zwar nicht besonders neu. Das Enteignungsrecht schon des 19. Jahrhunderts war bekanntermaßen zu einem wesentlichen Teil Verfahrensrecht gewesen. „Mülheim-Kärlich" fiel jedoch auf außerordentlich fruchtbaren Boden und regte die Konstruktionsphantasien der Theorie kräftig an. Allenthalben wurden grundrechtsrelevante Elemente des Verwaltungsverfahrens ausgemacht, zu subjektiven Rechten aufgewertet und mit weitreichenden Fehlerfolgen belegt.[16] Manchem erschien das Verfahrensrecht sogar als ideales Mittel, um Entscheidungsprozesse, z. B. zur Genehmigung von Großanlagen, in die Länge zu ziehen. Das Wort von der „katechontischen" Wirkung des Verwaltungsrechts machte die Runde.
- Die Gegenbewegung ließ nicht lange auf sich warten. Die praktische Rechtspolitik bemächtigte sich des „Faktors Zeit im Genehmigungsverfahren" als Investitionshemmnis.[17] Die Beschleuni-

[14] Vgl. *Eberhard Schmidt-Aßmann* (o. Fn. 3) 291 ff.; *Friedrich Schoch* Der Verfahrensgedanke im allgemeinen Verwaltungsrecht, DV Bd. 25, 1992, 21 ff.

[15] BVerfGE 53, 30, 59 ff.

[16] Zutreffend kritisch gegenüber solchen Überzogenheiten *Joachim Bonk* (o. Fn. 9) § 1 Rdn. 38.

[17] Vgl. die Darstellung von *Paul Rombach* Der Faktor Zeit in umweltrechtlichen Genehmigungsverfahren, 1994.

gungsgesetzgebung führte zunächst zu zahlreichen Änderungen des Fachrechts, die auf einen Rückbau von Verfahrensstandards zielten. Von dort wurde einiges 1996 in die Verwaltungsverfahrensgesetze übernommen.[18] Die einzige tiefergreifende Änderung, die diese Gesetze bisher erfahren haben, sichtbar in den Änderungen der §§ 10, 45, 46 und den Planfeststellungsvorschriften sowie in den neuen Genehmigungsbeschleunigungsregelungen der §§ 71 a–e, verdankt sich der Beschleunigungsdiskussion. Das muß kein Fehler sein. Verwaltungsrechtliche Systembildung vollzieht sich zu einem erheblichen Teil vom Besonderen Verwaltungsrecht her. Nur verlangt das systematische Analysen der spezifischen Wirkungsbedingungen und ihrer Verallgemeinerungsfähigkeit. Gerade daran ist jedoch bei der Novelle von 1996 nicht hinreichend gearbeitet worden. Wie anders erklärt es sich, daß § 45 Abs. 2 n.F. die Möglichkeiten nachträglicher Heilung von Verfahrensmängel in einer Weise ausgedehnt, die nicht nur verfassungsrechtlich bedenklich, sondern auch mit der europäischen Rechtsentwicklung, die hier systematisch einzubeziehen gewesen wäre, kaum vereinbar sind.[19]

Doch es geht hier nicht um eine Kritik von Einzelpunkten, sondern um die Beobachtung, daß das allgemeine Verfahrensrecht, zwischen „Beschleunigung“ und „Grundrechtsrelevanz“ hin- und hergezerrt, sein Selbstverständnis bisher (noch) nicht wieder gefunden hat. Das aber ist für seine systembildende Kraft ein erheblicher Nachteil.

3. Gefahren der Marginalisierung

Mittlerweile zeigt sich nämlich die Gefahr, daß das allgemeine Recht an den Rand gedrängt wird, während die wirklich wichtigen Fragestellungen außerhalb dieses Bezugsrahmens verhandelt werden. Äußere Gesetzeseinheit beweist zwar nicht notwendig die innere

[18] Nachweise bei *Paul Stelkens* (o. Fn. 9) § 1 Rdn. 67.

[19] Kritik daran bei *Bernd Holznagel* in: Wolfgang Hoffmann-Riem/Eberhard Schmidt-Aßmann (Hrsg.), Effizienz als Herausforderung an das Verwaltungsrecht, 1998, 205, 227; *Wilfried Erbguth* Zum Gehalt und zur verfassungs- wie europarechtlichen Vereinbarkeit der verwaltungsprozessual ausgerichteten Beschleunigungsgesetzgebung, UPR 2000, 81.

Konsistenz eines Regelungszusammenhangs. Verwaltungszustellung und Verwaltungsvollstreckung, unbestreitbar Teile des Verwaltungsverfahrensrechts, haben traditionell eigene gesetzliche Regelungen, ohne daß die systematische Geschlossenheit darunter litte. Bei dem, was ich als Gefahr der Marginalisierung bezeichne, geht es jedoch um mehr: Es geht um Sonderentwicklungen, die sich unkontrolliert außerhalb des allgemeinen Rechts vollziehen, z. B. bei der rechtlichen Bewältigung der Privatisierungsfolgen wichtige Positionen besetzen und das allgemeine Recht aus seiner maßstabbildenden Funktion verdrängen. In einigen Sektoren ist hier Terrain schon endgültig verloren gegangen. In anderen Sektoren droht ein solcher Verlust – unter Umständen mit Fernwirkungen auch für die Aufgaben der Verwaltungsgerichtsbarkeit.[20] Wenn die Beobachtung nicht täuscht, so sind dafür nicht nur zentrifugale Sonderinteressen, sondern auch eine Nachlässigkeit der zur Pflege des allgemeinen Verfahrensrechts aufgerufenen Instanzen verantwortlich, die neue Entwicklungen systematisch zu wenig analysiert und deren Regelungsfähigkeit im Verwaltungsverfahrensgesetz in der rechtspolitischen Diskussion nicht hinreichend dargetan haben.

a) Das Beispiel des Vergaberechts

Ein krasser Fall ist die jüngste Entwicklung des Vergaberechts der öffentlichen Verwaltung. Hier begann der Fehler bereits mit der Bezeichnung als „fiskalische Hilfsgeschäfte". Das Schulbeispiel des behördlichen Bleistiftkaufs verschleierte schon immer die reale Bedeutung eines Rechtsgebietes, in dem Verwaltungsentscheidungen von großen finanziellen Ausmaßen getroffen werden, mit denen sich vielfältige Politikziele verfolgen lassen. Rechtlich ist das Vergabewesen bisher bekanntermaßen als Konglomerat von Privatrecht und als „Innenrecht" fehlgedeutetem Haushaltsrecht verstanden worden. Gelegentliche Anregungen, die Vergabevorgänge zweistufig zu konstruieren und die Vergabeentscheidungen als Verwaltungsakte auszuweisen, fanden keine Gefolgschaft.

20 Dazu *Eberhard Schmidt-Aßmann* Aufgaben- und Funktionswandel der Verwaltungsgerichtsbarkeit vor dem Hintergrund der Verwaltungsentwicklung, VBlBW 2000, 45, 46f.

Erst unter dem Druck des EG-Rechts und nach einigen Umwegen hat die zivilrechtliche Basis 1998 für alle Aufträge ab einem gewissen Schwellenwert einen verwaltungsrechtlichen Überbau erhalten.[21] Das neue Vergaberecht findet sich in einem neu eingefügten Teil des Gesetzes gegen Wettbewerbsbeschränkung (GWB).[22] Danach obliegt die Überprüfung der Vergabeentscheidungen der Verwaltungen den bei den Kartellbehörden angesiedelten Vergabekammern. Kartellrechtlich geprägt ist auch der gegen deren Entscheidungen mögliche Gerichtsschutz. Er ist nicht den Verwaltungsgerichten, sondern den Zivilgerichten, speziell den Oberlandesgerichten zugewiesen, denen neue Instrumente, vor allem solche des einstweiligen Rechtsschutzes, an die Hand gegeben worden sind.

Mancher argwöhnt, der Gesetzgeber habe die besondere Eilbedürftigkeit von Vergabeentscheidungen bei den Zivilgerichten besser als bei den Verwaltungsgerichten aufgehoben gesehen. Meines Erachtens liegen die Gründe für die Sonderentwicklung tiefer: Das Vergaberecht ist ein Beispiel dafür, wie das Steuerungspotential der Rechtssystematik verspielt werden kann. Der Hinweis, das Vergaberecht sei seit eh und je als Teil des Privatrechts verstanden worden, das Verwaltungsverfahrensgesetz dagegen habe sich in § 1 bewußt auf die öffentlich-rechtliche Verwaltungstätigkeit beschränkt, besagt wenig. Das Privatrecht der Verwaltung hat für die Verwaltungspraxis heute nicht nur im Vergabewesen, sondern auch infolge organisatorischer und funktionaler Privatisierungen eine so große Bedeutung erlangt, daß das, was als zeitgenössische Verwaltungskultur zu gelten hat, zu einem wesentlichen Teil durch eben dieses Recht repräsentiert wird. Die grundlegenden Aussagen dazu gehören in den systematischen Rahmen des Verwaltungsverfahrensgesetzes. Mindestens das Vergaberecht, das unter dem Druck des Europarechts ohnehin einer grundlegenden Neuregelung unterzogen werden mußte, hätte gut als eines der besonderen Verwaltungsverfahren in das Gesetz aufgenommen werden können, das auch sonst in seinen Teilen V – VII einige besondere Verfahren erfaßt.

21 Ausführliche Darstellung bei *Jost Pietzcker* Die neue Gestalt des Vergaberechts, ZHR 1998, 427.
22 Gesetz vom 26. August 1998 (BGBl I, 2546).

b) Das Beispiel des Verwaltungsinformationsrechts

Noch unbefriedigender ist die Situation in einem sich neu ausbildenden Bereich des Verfahrensrechts, den man als Verwaltungsinformationsrecht bezeichnen kann. Das Verwaltungsverfahrensgesetz regelt die Frage, wie die Verwaltung mit den ihr verfügbaren Informationen umzugehen hat, im wesentlichen durch zwei Aussagen: Akteneinsicht und Geheimnisschutz. Verfahrensbeteiligte haben nach § 29 einen Anspruch auf Akteneinsicht, sofern gewichtige Interessen nicht entgegenstehen. Geheimnisse des persönlichen Lebensbereichs sowie Betriebs- und Geschäftsgeheimnisse darf die Verwaltung nach § 30 nicht unbefugt offenbaren. Das gesetzliche Regelungsmodell „Geheimhaltungsanspruch mit Offenbarungsvorbehalt"[23] existiert vor dem Hintergrund des traditionellen deutschen Verwaltungs- und Aktengeheimnisses.

Diese Grundlinie wird durch den *Datenschutz* verstärkt. Datenschutz und Verwaltungsgeheimnisse sind zwar nicht identisch. Aber im Kern handelt es sich bei beiden, sofern Adressaten entsprechender Regelungen öffentliche Stellen sind, um *Verwaltungsverfahrensrecht.*[24] (Besonders deutlich wird das bei den Landesdatenschutzgesetzen, während das Bundesdatenschutzgesetz übergreifend auch den Datenschutz gegenüber nicht-öffentlichen Stellen regelt.) Die Ausbildung eigener gesetzlicher Grundlagen für den Datenschutz in der öffentlichen Verwaltung führt nicht nur zu Abstimmungsfragen. Sie hat vor allem zur Konsequenz, daß die wirklich interessanten und brennenden Fragen der Aktengeheimhaltung heute außerhalb des Verfahrensgesetzes beantwortet werden.

In jüngster Zeit kommt eine weitere Komponente ins Spiel: *das Aktenzugangsrecht.* Mit dem Umweltinformationsgesetz von 1994 ist für alle behördlichen Umweltakten ein jedermann zustehendes allgemeines Recht auf Einsichtnahme eingeführt worden.[25] Darüber hinausgehend haben die Bundesländer Berlin, Brandenburg und Schleswig-Holstein mittlerweile umfassende Zugangsrechte hinsichtlich ih-

[23] Vgl. BVerwGE 74, 115, 119.
[24] *Peter Badura* (o. Fn. 9) § 34 Rdn. 18.
[25] *Peter Badura* (o. Fn. 9) § 37 Rdn. 22.

rer Verwaltungsakten durch eigene Informationszugangsgesetze geschaffen. Auch in der Literatur findet ein allgemeines Aktenzugangsrecht mehr und mehr Befürworter.[26] In manchen Landesverfassungen stehen das Recht auf Datenschutz und das Recht auf Aktenzugang unvermittelt nebeneinander. Das sind nicht notwendig einander ausschließende Ziele. Aber die Situation ruft nach einer systematischen Bewältigung, nach einem Grundkonzept für eine Verwaltungsinformationsordnung, die sich kaum mehr nach der alten Regel allgemeiner Aktengeheimhaltung konstruieren läßt.[27] Obwohl ein Thema des Verwaltungsverfahrens und für das Selbstverständnis der Verwaltung von erheblicher Bedeutung, steht zu erwarten, daß die Regelung dieser Grundfragen einer Verwaltungsinformationsordnung am Verwaltungsverfahrensgesetz vorbeilaufen wird. Die genannten Länder haben dafür spezielle Gesetze erlassen. § 30 VwVfG mag dann fortexistieren, aber die entscheidenden Fragen, was unbefugtes Offenbaren ausmacht, werden praktisch außerhalb des Verfahrensgesetzes in einem geschlossenen eigenen Regelungszusammenhang beantwortet werden.

4. Zwischenbilanz

Was vor 25 Jahren als Rechtsvereinheitlichung mit Augenmaß, aber klarem systematischen Anspruch begann, hat sich nicht im erforderlichen Maße fortgesetzt: Warum sind die Anwendungsfälle der Subsidiaritätsklauseln nicht weiter reduziert, warum die von §§ 1, 9 VwVfG nicht erfaßten Verfahren nicht in umfassenderem Sinne einbezogen worden? An Anstößen, über behutsame Ausdehnungen des systematischen Anspruchs des Gesetzes nachzudenken, hat es nicht gefehlt: die Verfahrensfehlerlehre bei Satzungen, das informale Verwaltungshandeln, heute die Fragen der Verfahrenshilfe und der Verfahrensmittlung. Auch die Kompetenzlage erklärt den Trend zum Sonderverfahrensrecht nicht. Die Gesetzgebungskompetenzen des Bundes reichen weiter als der vom VwVfG bisher ausgefüllte Raum; sie ließen eine Einbeziehung dieser Materien in das VwVfG durchaus

[26] Grundlegend *Arno Scherzberg* Die Öffentlichkeit der Verwaltung, 2000, bes. 385 ff.

[27] Dazu die Beiträge in Wolfgang Hoffmann-Riem/Eberhard Schmidt-Aßmann (Hrsg.), Verwaltungsrecht in der Informationsgesellschaft, 2000.

zu.[28] Hemmend mag die Schwerfälligkeit wirken, die jeder Novellierung der Verfahrensgesetze auf Bundesebene und auf Landesebene nach Art eines „Geleitzugsprinzips" anhaftet. Aber auch das ist kein ausreichender Grund, um nicht mit übergreifenden systematischen Analysen zu beginnen und statt dessen die Dinge als sektoralisierte Vorgänge des Besonderen Verwaltungsrechts dort laufen zu lassen, wo sich ein konkreter Regelungsbedarf bemerkbar macht. Ein systematischer Zugriff ist heute notwendiger denn je; denn schon stehen neue Herausforderungen bevor, die, wenn sie nicht rechtzeitig und systematisch bedacht werden, zu erheblichen und unkontrollierten Verwerfungen in der überkommenen verwaltungsrechtlichen Dogmatik führen können.

III. Die Herausforderung der Europäisierung

Die Rede ist von der Europäisierung des Verwaltungsrechts. Was heißt Europäisierung (1), und wie wirkt sie sich speziell auf zwei Eckpfeiler des deutschen Verwaltungsrechts, das subjektive öffentliche Recht (2) und die Gesetzesbindung der Verwaltung (3) aus?

1. Europäisierung des Verwaltungsrechts

Das Phänomen der Europäisierung wird hier auf jene Einwirkungen begrenzt, die vom EG-Recht auf das mitgliedstaatliche Verwaltungsrecht ausgehen. Die wichtigsten Einwirkungspfade sind die von der EG erlassenen Richtlinien und die Rechtsprechung des Europäischen Gerichtshofes, die die Mitgliedstaaten dazu anhält, ihre Verwaltungsrechtsordnungen so zu gestalten, daß die volle Wirksamkeit des EG-Rechts sichergestellt wird. Das EG-Recht ist auf diese Weise heute zu einer allgegenwärtigen Größe im Verwaltungsalltag geworden. Es erfaßt nicht mehr nur die darauf spezialisierten Fachverwaltungen, sondern kann für jeden Vorgang jeder Behörde bis in die feinsten Verästelungen kommunaler Verwaltungstätigkeit Bedeutung erlangen.[29]

[28] Vgl. *Joachim Bonk* (o. Fn. 9) § 1 Rdn. 21 und 272 ff.
[29] Dazu mit Nachweisen *Eberhard Schmidt-Aßmann* (o. Fn. 3) 29 ff.

- Im *besonderen* Verwaltungsrecht läßt sich dieser Befund am Umweltrecht belegen: Neben den Einflüssen auf das Naturschutz-, Wasser-, Gefahrstoff- und Immissionsschutzrecht hat das EG-Recht wesentliche Elemente eines allgemeinen Teils des Umweltrechts in den mitgliedstaatlichen Rechtsordnungen geschaffen. Die Richtlinien zur Umweltverträglichkeitsprüfung, zur Zugänglichkeit von Umweltinformationen und zu integrierten Genehmigungsverfahren sowie die Öko-Audit-Verordnung verfolgen ein verändertes Konzept umweltrechtlicher Steuerungsinstrumente, in dem eine informierte Öffentlichkeit und der Gedanke der Selbstregulierung das traditionelle Konzept staatlicher Kontrollverantwortung wenigstens teilweise ersetzen sollen. Auch in der inzwischen stark angewachsenen Rechtsprechung des EuGH zum Umweltschutz geht es neben der Einflußnahme auf spezielle Sachgebiete zugleich um den Durchgriff auf allgemeine Institute des Verwaltungsrechts, z. B. auf die Rechtsform der Verwaltungsvorschrift.
- Im *allgemeinen* Verwaltungsrecht stehen die Bestandskraft von Verwaltungsakten und das Verfahren ihrer Rücknahme schon seit längerer Zeit unter dem Einfluß des EG-Rechts. Die Autonomie des dabei zu beachtenden nationalen Verwaltungsverfahrensrechts ist immer mehr von gemeinschaftsrechtlichen Rechtsgrundsätzen durchwirkt worden. Die jüngere Rechtsentwicklung bezieht das Staatshaftungsrecht und den einstweiligen Rechtsschutz ein.

Insgesamt läßt sich feststellen: Das Verwaltungsorganisationsrecht und die Rechtsquellenlehre, die Rechtsformen des Verwaltungshandelns, die Fehlerfolgenlehre, die allgemeinen Rechtsgrundsätze, das Verwaltungsverfahren und schließlich das Konzept des Verwaltungsrechtsschutzes – sie alle sind „in das Gravitationsfeld des Gemeinschaftsverwaltungsrechts“ geraten.[30]

Diese Entwicklung wird nicht selten als Bedrohung empfunden, die Abwehrreaktionen auslöst. Genehmigungsbehörden klagen über die Schwerfälligkeit europarechtlich strukturierter Verwaltungsverfah-

[30] *Thomas von Danwitz* (o. Fn. 3) 334.

ren. Kommunalpolitiker fürchten um den Versorgungsauftrag öffentlicher Sparkassen. Unternehmen sehen die bewährten Grundsätze des deutschen Vertrauensschutzes in Frage gestellt, wenn es um die Rückzahlung EG-rechtswidrig erlangter Subventionen geht. Furcht ist jedoch ein schlechter Ratgeber. Intensive Auseinandersetzungen mit den einzelnen Vorgängen der Europäisierung tun Not! Das wissenschaftliche Werk *Hans-Uwe Erichsens* ist auch hier beispielgebend: Europarechtlich ist bereits das Gesellenstück der akademischen Karriere, die als Band 6 der „Kieler rechtswissenschaftlichen Abhandlungen" erschienene Dissertation über das Verhältnis von Hoher Behörde und Besonderem Ministerrat nach dem Montanvertrag. *Erichsen* legt in ihr eine subtile Analyse organisatorischer Zusammenhänge vor, die sich auch heute z. B. in ihren Aussagen zur Gewaltenteilung auf europäischer Ebene unvermindert aktuell liest.[31] Der Bogen seiner Beschäftigung mit dem Europarecht, repräsentiert etwa durch Beiträge zum Verhältnis der beteiligten Rechtsordnungen[32] oder zur Umweltinformationsrichtlinie[33], spannt sich bis zu einem gerade publizierten Vortrag, in dem nach den föderalen Entwicklungsmöglichkeiten Europas gefragt wird.[34] Das von *Erichsen* herausgegebene Lehrbuch zum allgemeinen Verwaltungsrecht ist das einzige Werk dieser Art, das es nicht bei der beiläufigen Behandlung des EG-Rechts bewenden läßt, sondern dieses systematisch integriert, zunächst in einem Grundlagenabschnitt[35] und sodann in einer Punkt-für-Punkt-Zuordnung zu den entsprechenden Problemen.

2. Wandlungen des subjektiven öffentlichen Rechts

Zu den grundlegenden Instituten des Verwaltungsrechts zählt bekanntermaßen das subjektive öffentliche Recht.[36] Es ist die Rechts-

31 *Hans-Uwe Erichsen* Das Verhältnis von Hoher Behörde und Besonderem Ministerrat nach dem Vertrag über die Gründung der Europäischen Gemeinschaft für Kohle und Stahl, 1966, S. 257 ff.

32 *Hans-Uwe Erichsen* Zum Verhältnis von EWG-Vertrag und nationalem öffentlichen Recht der BRD, VerwArch Bd. 64 (1973), 101.

33 *Hans-Uwe Erichsen* Das Recht auf freien Zugang zu Informationen über die Umwelt, NVwZ 1992, 409.

34 *Hans-Uwe Erichsen* Das Grundgesetz als europäische Verfassung, in: Bodo Pieroth (Hrsg.), Verfassungsrecht und soziale Wirklichkeit in Wechselwirkung.

35 *Dirk Ehlers* in: Hans-Uwe Erichsen (o. Fn. 9) § 3.

36 *Hans-Uwe Erichsen* in: ders. (o. Fn. 9) § 11 Rdn. 30 ff.

macht des Einzelnen, die Rechtsordnung zur Verfolgung eigener Interessen in Bewegung zu setzen. Die deutsche Dogmatik bestimmt das subjektive Recht von seinem materiellen Gehalt, insbesondere von den Grundrechten her. Die einschlägige sog. „Schutznormlehre" ist zwar keineswegs so eng, wie gelegentlich behauptet wird. Sie fragt aber stets nach dem spezifisch individualschützenden Gehalt der einschlägigen Rechtsvorschrift. Der von Art. 19 Abs. 4 GG gewährleistete Gerichtsschutz ist eben vor allem Individualrechtsschutz.[37] Dieser materielle Auftrag rechtfertigt die hohen Schutzstandards, insbesondere in den Fragen der Kontrolldichte und des einstweiligen Rechtsschutzes, der nach herrschender Ansicht im Regelfall als aufschiebende Wirkung verfügbar sein muß.

Auch das EG-Recht erkennt dem Individualrechtsschutz einen hohen Rang zu.

- Die Klagemöglichkeiten, die Art. 230 Abs. 4 EGV Einzelpersonen und Unternehmen gegenüber Akten der *Gemeinschaftsgewalt* eröffnet, sind vorrangig Individualrechtsschutzverfahren. Die entsprechenden Klagebefugnisse sind nur geringfügig weiter als die des deutschen Rechts.[38]
- Dort jedoch, wo es dem EG-Recht um Rechtsdurchsetzung gegenüber den *Mitgliedstaaten* geht, wird ein breiteres Konzept der Klagebefugnis verfolgt. Schon die gemeinschaftsrechtliche Erwähnung personenbezogener Schutzgüter soll dann ausreichen, „um dem Grunde nach individuelle Rechte anzuerkennen"[39]. Die Rechtsschutzmöglichkeiten des Einzelnen werden so auch als Mittel dezentraler gerichtlicher Vollzugskontrolle genutzt.

Wie diese Vorgaben des EG-Rechts in das deutsche Recht zu rezipieren sind – ob in der Form von Klagebefugnissen eines neuen Typs oder durch eine europarechtlich bestimmte Fortbildung der Schutz-

[37] Systematisch *Walter Krebs* in: Ingo von Münch/Philip Kunig (Hrsg.), Grundgesetz-Kommentar, Bd. 1, 4. Aufl. 1992, Art. 19 Rdn. 58ff.

[38] Ähnlich *Dirk Ehlers* Die Klagebefugnis nach deutschem, europäischem Gemeinschafts- und US-amerikanischem Recht, VerwArch Bd. 84 (1993), 139, 156.

[39] *Friedrich Schoch* Individualrechtsschutz im deutschen Umweltrecht unter dem Einfluß des Gemeinschaftsrechts, NVwZ 1999, 457, 464.

normlehre – wird z.Z. kontrovers diskutiert.[40] Doch nicht um die konkrete Umsetzung soll es hier gehen, sondern um die allgemeine Beobachtung, daß das engere subjektiv-rechtliche deutsche Schutzkonzept kräftig unter europäischen Veränderungsdruck geraten ist. Auch der Rechtsvergleich wirkt in diese Richtung. Sollte der Verwaltungsrechtsschutz künftig auch in Deutschland stärker auf den Interessenschutz ausgedehnt werden – wofür einiges spricht –, so muß allerdings gleichzeitig überprüft werden, inwieweit die oben genannten speziell auf den materiellen Rechtsschutz ausgerichteten Schutzstandards unverändert auch in den erweiterten neuen Bereichen angewandt werden sollen. Ein bloßes „Draufsatteln" in *einem* Punkte ist nicht angezeigt.[41] Mögliche Verschiebungen im Gewaltenteilungsgefüge sind in die Betrachtung einzubeziehen. Notwendig ist es, die Gewichtung von Klagebefugnis, Kontrolldichte und einstweiligem Rechtsschutz im Systemzusammenhang neu auszutarieren. Rezeption des Europarechts nicht ohne systematische Reflexion!

3. Einwirkung auf die Gesetzesbindung der Verwaltung

Das gilt aber auch für das EG-Recht selbst, das seine Anforderungen an das nationale Verwaltungsrecht systematisch entwickeln muß. Daran fehlt es zuweilen. Das läßt sich am Dogma von der Bindung der Verwaltung an Gesetz und Recht zeigen. Die Formel ist schon auf nationaler Ebene nicht spannungsfrei. Immerhin kennt das deutsche Recht mit seinen spezifischen Normenkontrollverfahren aber Wege, die hier liegenden Konflikte zu kanalisieren.

Durch die Europäisierung der Verwaltungrechtsordnung wird die Zahl der Rechtsmaßstäbe, an die die Verwaltung gebunden ist, kräftig erhöht. Die Bindung an unmittelbar anwendbares EG-Recht ist in den Gründungsverträgen zwar gewollt und steht als solche nicht zur Disposition. Probleme bereiten aber die Fälle, in denen EG-Richtlinien, die nach Art. 249 Abs. 3 EGV an sich an den Gesetzgeber gerichtet sind, nach der Rechtsprechung des Europäischen Gerichtshofs unmittelbare Wirkungen entfalten.[42] Auf diese Weise kön-

40 Mit Nachweisen *Hans-Uwe Erichsen* in: ders. (o. Fn. 9) § 11 Rdn. 43 ff.
41 *Friedrich Schoch* (o. Fn. 39) 467.
42 *Dirk Ehlers* in: Hans-Uwe Erichsen (o. Fn. 9) § 3 Rdn. 29.

nen Richtlinien heute praktisch für jede Art von Verwaltungstätigkeit relevant werden. Ihre Bindung erfaßt alle Träger der Verwaltung einschließlich der Gemeinden und sonstigen Gebietskörperschaften. Angesichts eines so weiten Geltungsanspruchs sollte man erwarten, daß die Geltungsvoraussetzungen klar definiert sind. Das ist jedoch nicht der Fall: Unmittelbar wirken Richtlinien, wenn und soweit – erstens – die entsprechenden Vorschriften „inhaltlich unbedingt und hinreichend bestimmt" sind und – zweitens – das nationale Gesetz, das sie umsetzen sollte, diesen Auftrag „nicht, nicht rechtzeitig oder nicht vollständig" erfüllt hat. Die *Unbestimmtheit* dieser Tatbestandsmerkmale liegt auf der Hand.

Die Rechtssicherheit leidet, und es kommt zu Fällen der Rechtszersplitterung, wenn jede einzelne nachgeordnete Behörde verpflichtet sein soll, unter so unsicheren Umständen divergierendes nationales Recht außer Anwendung zu lassen, wie das im Urteil „Fratelli Costanzo" verlangt wird.[43] Die Verwaltung kommt in die schwierige Lage einer doppelten Haftungssituation, weil sie entweder das EG-Recht nicht in jeder Hinsicht vollständig angewendet oder dem nationalen Recht zu schnell die Loyalität aufgekündigt hat. Die Rechtssicherheit ist aber nicht nur ein Schutzgut der nationalen Verfassung, sondern gehört auch zu den Prinzipien des EG-Rechts. Die vom EuGH statuierte Pflicht *jeder* Behörde, nationales Recht gegebenenfalls nicht anzuwenden, ist als Sanktion für Umsetzungsmängel von Richtlinien zu scharf geraten. Sie sollte nach erneuter Abwägung mit dem Prinzip der Rechtssicherheit soweit korrigiert werden, daß sie nur die Verwaltungsspitze trifft, in der Regel also nur die Ministerien. Die angeregte Korrektur der Rechtsprechung schont die Autorität des Gesetzgebers. Sie verweist für Fälle wirklich nicht erfolgter Umsetzung das Haftungsrisiko, das nach der „Francovich"-Rechtsprechung[44] heute als ein zusätzliches Sanktionsmittel existiert, dorthin, wo es substantiell hingehört, nämlich an die bei der Umsetzung säumigen Regierungs- und Legislativorgane, nicht aber an die nachgeordneten Vollzugsverwaltungen. Gerade die Haf-

[43] EuGHE 1989, 1839, 1871.
[44] EuGHE 1991, 5357 ff.

tungsrechtsprechung ist es, die – systematisch betrachtet – die empfohlene Lockerung der Bindungsrechtsprechung für nachgeordnete Instanzen nahelegt.

IV. Schlußbemerkung

Die neuen Rechtsinstitute des europäischen Rechts können vom nationalen Recht nur dann richtig verarbeitet werden, wenn die ganze Breite der verfügbaren Rezeptionsansätze einschließlich der Folgewirkungen punktueller Änderungen systematisch analysiert wird. Eine wirkliche Fortentwicklung wird die Europäisierung nur dann sein, wenn sich auch das EG-Recht seinerseits um eine systematische Fassung seiner Ansprüche bemüht. Auch für eine Europäische Rechtswissenschaft gilt, daß sie systematisch sein muß!

Innovative Verwaltung im erfolgsorientierten Rechtsstaat

Arno Scherzberg, Münster/Erfurt

I. Das Leonardo-Prinzip

Auf der Suche nach den Grundlagen von Innovationskraft und Kreativität studierte der amerikanische Psychologe und Unternehmensberater *Michael J. Gelb* Leben und Aufzeichnungen *Leonardo da Vincis*. „Ein Maler, der keine Zweifel kennt, wird wenig erreichen" sagte dieser, und: „Die größte Täuschung, unter der ein Mensch leidet, liegt in seinen eigenen Ansichten."

Aus diesen und anderen Erkenntnissen des italienischen Meisters kondensierte Gelb 7 Komponenten kreativen Entscheidens, die er Mitarbeitern renommierter US-Firmen wie IBM, DuPont und Xerox lehrt:

- Autonomie im Denken, das Bekanntes in Frage stellt und neues Wissen sucht,
- die Bereitschaft zum Lernen aus Erfahrungen, insbesondere aus Fehlern,
- die Fähigkeit zur Verarbeitung von Mehrdeutigkeiten, Paradoxien und Ungewißheit,
- die Sensibilisierung der Sinne zur Belebung der Wahrnehmung,
- die Achtung der Einheit von Körper und Geist,
- die Erhaltung eines Gleichgewichts zwischen Wissenschaft und Kunst, Analyse und Intuition, und
- die Einsicht in die Vernetztheit der scheinbar selbständigen Erscheinungen der realen Welt.[1]

Wie müßte eigentlich, sei hier nur am Rande gefragt, eine universitäre Ausbildung gestaltet sein, die darauf zielt, eine solche Ganzheitlichkeit zu verwirklichen, – die den Studenten bei der Erforschung seiner selbst und im Erfahren seiner Welt anleitet, und nicht allein

[1] *Michael J. Gelb* Das Leonardo-Prinzip, Die sieben Schritte zum Erfolg, 1998, 47 ff.

sein Fachwissen schult, – die die Sinne und die Neugier weckt und die Fähigkeit fördert, originelle Fragen zu stellen, anstatt überwiegend bekannte Antworten zu repetieren?

Und wie würde, und dies ist das Thema dieses Beitrags, eine öffentliche Verwaltung zu gestalten sein, die diese Prinzipien beherzigt,

- in deren Entscheidungsprozessen also Logik und Phantasie, Rationalität und Kreativität gleichermaßen Raum finden,
- die ihre Umwelt als Beziehung, Prozeß und Struktur beobachtet, statt als Summe isolierter und statischer Erscheinungen, und
- ihre Organwalter nicht als apersonale, unbeteiligt entscheidende Vollstrecker des gesetzlichen Gestaltungswillens konzipiert, sondern zu phantasiebegabten, innovativen und mitfühlenden Mitgestaltern des öffentlichen Interesses formt?

Wer die öffentliche Verwaltung in diese Richtung fortzudenken wagt, wird womöglich bald auf den Berufsstand der Juristen und auf deren Einwände stoßen: Wo bleibt dann die rechtsstaatlich geforderte Berechenbarkeit staatlichen Handelns, wo die gewaltenteilige Gesetzesbindung der Verwaltung und die demokratische Verantwortlichkeit ihrer Spitze? Administrative Wirklichkeitsgestaltung ist doch keine Spielwiese für individuelle Entfaltung und persönliche Kreativität!

Dies wird näher zu untersuchen sein. Der folgende Beitrag wird dazu zunächst den Wandel der Rahmenbedingungen modernen Verwaltens skizzieren (dazu II.), sodann anhand des Neuen Steuerungsmodells in Überlegungen zur Reform der Verwaltungsorganisation einführen (III.), einige Defizite der Reformdiskussion aufzeigen (IV.) und sie um eigene Überlegungen zur Stärkung der Innovationskraft der öffentlichen Verwaltung ergänzen (V.). Die abschließenden Erörterungen gelten den Beziehungen zwischen einer im hier entwickelten Sinne *innovativen* Verwaltung und dem Recht (VI.).

II. Die administrative Wirklichkeitsgestaltung heute

1. Die Rationalität der öffentlichen Verwaltung wird in Anlehnung an *Max Weber* traditionell durch ihre bürokratische Leistungsord-

nung gewährleistet gesehen, charakterisiert durch die bekannten Merkmale der geordneten Zuständigkeit, der hierarchischen Binnenstruktur, der strikten Regelbindung, des Amtsprinzips und des Berufsbeamtentums.[2] Fragt man nach den soziologischen und rechtstheoretischen Prämissen, auf denen das *Webersche* Bürokratiemodell beruht, so lassen sich an dieser Stelle zunächst vier benennen:[3]

1. die Berechenbarkeit und Beherrschbarkeit der Vorgänge der sozialen Welt – *Weber* spricht bereits von der Herrschaft kraft Wissens;[4]
2. die Ordnungskraft des Gesetzes, das die wesentlichen Rationalitätsmaßstäbe für diese Herrschaft enthalten und an die Verwaltung weitergeben soll;
3. die einseitige Durchsetzbarkeit der gesetzlichen Ordnungsvorstellung, wonach Staat und Verwaltung mit dem Bürger vorwiegend und erfolgreich über Rechtsbefehle kommunizieren und
4. die Eignung einer hierarchischen Organisation als Träger dieser Kommunikation, wobei Hierachie und Regelgebundenheit die Rationalität des Handelns, d. h. vornehmlich die Umsetzung des gesetzesförmigen Willens sichern sollen.

Daneben gibt es noch eine 5., gleichfalls bei *Weber* nachzuweisende Prämisse, die späterhin zu behandeln sein wird.

2. Ein aus derartigen Überzeugungsmustern agierender Staat hätte seine gesellschaftliche Anschlußfähigkeit heute indes längst verloren.[5] Er würde scheitern an der Komplexität, der Dynamik, der Ri-

2 *Max Weber* Wirtschaft und Gesellschaft, 4. Aufl. 1956, 124ff., 559ff.

3 Siehe etwa *Helmut Fangmann* Zwischen Bürokratie und Heterarchie, VerwArch 91 (2000), 117, 119ff.; ferner *Eberhard Schmidt-Aßmann* Verwaltungsorganisationsrecht als Steuerungsressource – Einleitende Problemskizze, in: ders./ Wolfgang Hoffmann-Riem, Verwaltungsorganisationsrecht als Steuerungsressource, 1997, 9, 26.

4 *Max Weber* (o. Fn. 2) 129.

5 Dazu *Heinrich Reinermann* Verwaltungsentwicklung und Verwaltungsinformationssysteme, in: Klaus Lüder (Hrsg.), Staat und Verwaltung, 1997, 425f.; *Rainer Pitschas* Verwaltungsmodernisierung, Dienstrechtsreform und Neues Personalmanagement, Die Verwaltung 32 (1999), 1f.; *Dietrich Budäus/Stefanie Finger* Stand und Perspektiven der Verwaltungsreform in Deutschland, Die Verwaltung 32 (1999), 313, 314ff.

sikoträchtigkeit, der Spezialisierung und der Fragmentarisierung der modernen Gesellschaft. In ihr nehmen die Planungs-, Lenkungs-, Informations- und Koordinationsaufgaben des Staates zulasten seiner rein ordnungssichernden Funktion zu, verringert sich die Wirkkraft einseitig-regulativer Politik und damit die Ordnungsmacht seiner Normen. Auch schwinden die finanziellen Deckungsmöglichkeiten für das, „was im Laufe der Zeit als öffentliche Aufgabe herangewachsen ist“,[6] und wandeln sich, was wohl noch schwerer wiegt, die Ansprüche seiner Bürger und die Einstellungen seiner Beschäftigen.[7]

Die *Weber'schen Grundannahmen* sind durch die gesellschaftliche Wirklichkeit damit in mehrfacher Hinsicht überholt:

1. Politik und Verwaltung stehen heute vor den Grenzen der Berechenbarkeit und Beherrschbarkeit gesellschaftlicher Prozesse.[8] Soziale, ökonomische und ökologische Wirkungszusammenhänge zwingen zur Abkehr von mechanistischen Kausalitäts- und Steuerungsvorstellungen zugunsten eines an der Dynamik, Interdependenz und Selbstreferenz von Systemen orientierten Denkens. Lebensweltliche Prozesse sind einer erfahrungsgestützten Prognose immer weniger zugänglich, die staatliche Informationslage ist deshalb immer häufiger defizitär.
2. Beziehungen zwischen der Verwaltung und ihrer Umwelt sind schon deshalb selten einseitig und monokausal.[9] Vor allem im Umwelt-, im Technik- und im Informationsverwaltungsrecht ist die Aufgabenwahrnehmung der öffentlichen Verwaltung zunehmend *angewiesen auf gesellschaftliche Kooperation.*[10] Die Komple-

[6] *Heinrich Reinermann* (o. Fn. 5) 425, 426.

[7] Zum gesellschaftlichen Wertewandel *Arno Scherzberg* Die Öffentlichkeit der Verwaltung, 2000, 94ff.; zur Motivationsstruktur der öffentlichen Verwaltung *Axel G. Koetz* Auf dem Weg zum „Als-Ob“ Wettbewerb, in: Hermann Hill/Helmut Klages, Qualitäts- und erfolgsorientiertes Verwaltungsmanagement, 1993, 145, 158f.; *Rainer Pitschas* (o. Fn. 5) 10ff.

[8] Dazu etwa *Arno Scherzberg* Risiko als Rechtsproblem, VerwArch 84 (1993), 484ff.

[9] Dazu im Überblick *Andreas Voßkuhle* Das Kompensationsprinzip, 1999, 54ff.; *Arno Scherzberg* (o. Fn. 7) 142ff., sowie vertiefend und mit Fallstudien *Nicolai Dose* Die verhandelnde Verwaltung, 1999 passim.

[10] Allgemein dazu *Helge Rossen* Vollzug und Verhandlung, 1999, 170ff., 290ff.; *Reiner Schmidt* Die Reform von Verwaltung und Verwaltungsrecht, VerwArch 91 (2000), 149, 159f.; ferner *Arthur Benz* Kooperative Verwaltung, 1994, 23ff.,

xität der zu ordnenden Sachverhalte und die Begrenztheit der Ressourcen zwingen den Staat zum Rückzug in eine kontrollierte Verantwortungsteilung mit der Gesellschaft.[11] Fehlendes Wissen kann nicht einfach durch Gewalt und Macht ersetzt werden, „vor allem dann nicht, wenn das Geld fehlt".[12] Soziales Gestalten in einem Gefüge sich stets wandelnder Akteure mit je eigenen Rationalitäten, vielfältig organisierten Interessen und globalen Verflechtungen ist dann nicht mehr Bewirken kalkulierter Wirkungen, sondern – zumeist kooperatives – Handeln unter Ungewißheit.[13]

3. Auch im Selbstverständnis des Rechts, nicht zuletzt auch des Verwaltungsrechts, vollzieht sich ein Wandel von einer ausschließlich selbstbezüglichen zu einer an der System/Umwelt-Differenz orientierten Konzeption, die Veränderungen der sozialen, politischen, kulturellen oder technologischen Rahmenbedingungen als Veränderungen im „Realbereich der Norm" versteht und damit als unmittelbar auslegungserheblich erkennbar werden läßt.[14] Vergegenwärtigt man sich die empirische Vielfalt und die Veränderlichkeit der Entscheidungssituationen, die sich in den Normtexten längst nicht mehr konsistent abbilden lassen, wird Rechtsanwendung damit zu einem ergebnisoffenen Prozeß.[15]
4. Schon deshalb kann die moderne Verwaltung nicht mehr als „isolierter Vollzugsmechanismus" verstanden werden, der gesetzliche Programme in vorausbestimmte Entscheidungen transformiert.[16]

59ff., 103ff. sowie die Fallstudien von *Nicolai Dose* (o. Fn. 9) 199ff., wonach in 70% der untersuchten immissionsschutzrechtlichen Verfahren die grundlegenden Weichenstellungen in Vorverhandlungen und damit kooperativ vorgenommen wurden.

11 Dazu zuletzt *Gunnar Folke Schuppert* Die öffentliche Verwaltung im Kooperationsspektrum staatlicher und privater Aufgabenerfüllung, zum Denken in Verantwortungsstufen, Die Verwaltung 31 (1998), 415ff.; für das Informationsverwaltungsrecht *Rainer Pitschas* Das Informationsverwaltungsrecht im Spiegel der Rechtsprechung, Die Verwaltung 33 (2000), 111, 125f.

12 *Thomas Vesting* Der Staat als Serviceunternehmen, Politik im Zeitalter der Wissensgesellschaft, StWStP 4 (1998), 473, 491.

13 Dazu etwa *Arno Scherzberg* (o. Fn. 7) 98ff., 102; *Hermann Hill* Verwaltung im Umbruch, Speyerer Arbeitshefte 109, 1997, 157ff.; *Wolfgang Hoffmann-Riem* Zur Notwendigkeit rechtswissenschaftlicher Innovationsforschung, in: Dieter Sauer/Christa Lang, Paradoxien der Innovation, 1998, 229, 245.

14 *Friedrich Müller* Juristische Methodik, 5. Aufl. 1993, 142ff., 147; *Wolfgang Hoffmann-Riem* (o. Fn. 13) 229, 234ff.

15 Zuletzt *Helmut Fangmann* (o. Fn. 3) 117, 130f.

16 *Eberhard Schmidt-Aßmann* (o. Fn. 3) 9, 26.

In dem vom Recht eröffneten weiten Rahmen verfolgt die Verwaltung vielmehr ihre *eigenen, politischen Ziele* und übt eine eigenständig-sozialgestaltende Funktion aus.[17]

III. Die Reform der öffentlichen Verwaltung

Diese und andere Prämissen leiten auch die aktuelle Diskussion um die Verwaltungsmodernisierung, die sich neben Aufgabenkritik[18] und Verfahrensoptimierung[19] vornehmlich bezieht auf eine Erneuerung der Verwaltungsorganisation.

1. Als deren künftige Soll-Größe gilt die *Dezentralität.*[20] Zur bekannten Erscheinung der Verselbständigung von Verwaltungsträgern durch Ausgliederung tritt im Neuen Steuerungsmodell die Dezentralisierung der Entscheidungsstrukturen innerhalb der Verwaltungsträger,[21] – vornehmlich durch die Einrichtung flacherer Hierarchien und den Übergang zu einer ergebnis- und erfolgsorientierten Ablauforganisation. Das *Neue Steuerungsmodell* zieht damit Konsequenzen aus den Defiziten der tradierten hierarchischen Ordnung, die sich in mangelnder Kundenorientierung, in fehlendem Qualitätsmanagement und in unzureichendem Kostenbewußtsein niederschlugen, und setzt in einer Bündelung von organisatorischen, verfahrens-, haushalts- und dienstrechtlichen Maßnahmen auf die Stärkung der Effektivität, Effizienz und Wirtschaftlichkeit im Vollzug.[22]

[17] *Arno Scherzberg* (o. Fn. 7) 146ff., 157f.; jüngst dazu auch *Gerd Roellecke* Verwaltungswissenschaft – von außen gesehen, VerwArch 91 (2000), 1, 8.

[18] Dazu zusammenfassend *Dietrich Budäus/Stefanie Finger* (o. Fn. 5) 313, 319ff.

[19] Dazu *Arno Scherzberg* (o. Fn. 7) 126ff.

[20] *Rainer Pitschas* (o. Fn. 5) 1, 5ff.; *Hermann Hill* Politik und Gesetzgebung im Neuen Steuerungsmodell, Speyerer Arbeitshefte 114, 1998, 22; *Arno Scherzberg* in: Wolfgang Hoffmann-Riem/Eberhard Schmidt-Aßmann (Hrsg.), Verwaltungsrecht in der Informationsgesellschaft, 2000, 195, 203ff.

[21] Zum Neuen Steuerungsmodell zusammenfassend *Werner Jann* Neues Steuerungsmodell, in: Stefan v. Bandemer/Bernhard Blanke/Frank Nullmeier/Göttrik Wewer (Hrsg.), Handbuch zur Verwaltungsreform, 1998, 70ff.; *Hermann Hill* Neue Organisationsformen in der Staats- und Kommunalverwaltung, in: Eberhard Schmidt-Aßmann/Wolfgang Hoffmann-Riem, Verwaltungsorganisation als Steuerungsressource, 1997, 65ff.; exemplarisch *KGSt*-Bericht 10/1996, 12ff.

[22] Dazu etwa *Werner Jann* (o. Fn. 21) 70ff.; *Stefan Machura* Leistungsmessung in der öffentlichen Verwaltung, Die Verwaltung 32 (1999), 403, 412f.; *Dietrich Budäus/Stefanie Finger* (o. Fn. 5) 313, 325ff.; ferner *Heinz Metzen* Schlankheitskur für den Staat, 1994, 87ff., 92.

Es begreift die Tätigkeit der öffentlichen Verwaltung als Dienstleistung und sucht sie durch Produktbeschreibungen zu erfassen, die Art, Menge, Qualität und Kosten festlegen und einen intra- und interbehördlichen Vergleich erlauben. Kennzahlen und Indikatoren – wie beispielsweise die Kundenzufriedenheit als Indikator für die Qualität und die Zahl der begründeten Widersprüche als Indikator für die Rechtmäßigkeit einer Entscheidung[23] – sollen die Zielerreichung messen und berichtsfähig machen.[24]

Die Kompetenz zur Erstellung des Produkts wird auf der Fachbereichsebene mit der Ressourcenverantwortung zu einer integralen Aufgabenzuständigkeit zusammengeführt.[25] Als Steuerungs-, Planungs- und Controllinginstrument dient das Kontraktmanagement.[26] Statt durch Einzelweisungen wird die Aufgabenwahrnehmung durch kooperativ erstellte Leitbilder und wirkungsbezogene Leistungsvereinbarungen angeleitet. Eine Kombination von Leistungs-, Finanz- und Qualitätszielen, die Bildung von Zielhierar-

[23] *KGSt*-Bericht 8/1995, 20; beispielhaft für die praktische Umsetzung etwa Anlage 5 der Vorlage 1013/95 an den Rat der Stadt Münster v. 4. 9. 1996, 27. Indes geben Widersprüche auch zur Überprüfung der Zweckmäßigkeit einer Maßnahme Anlaß. Auch sind die für den Erst- und den Widerspruchsbescheid zuständigen Behörden, ohnehin im Abhilfeverfahren, aber auf kommunaler Ebene auch im übrigen oft identisch, so daß die besagte Kennzahl gleichermaßen als Maßstab für Flexibilität und Lernfähigkeit der Verwaltung wie als Anhaltspunkt für behördeninterne Differenzen oder für die Auslegungsbedürftigkeit der angewandten Norm in Anspruch genommen werden könnte, nicht aber zwingend etwas über die Rechtmäßigkeit der Ausgangsentscheidung besagt. Auch die Kundenzufriedenheit eignet sich nur bedingt als Qualitätsindikator, ist sie doch nicht stets das bei der Aufgabenerledigung vorrangig zu verfolgende Ziel und korreliert womöglich stärker mit dem Umfang der zur Verteilung stehenden Gütern als mit der Qualität der dabei angewandten Maßstäbe.

[24] Dazu *Stefan Machura* (o. Fn. 22) 403, 408 ff.

[25] Siehe auch § 6 a HGrG.

[26] Dazu *KGSt*-Bericht 4/1988, 7 ff.; ferner etwa *Maximilian Wallerath* Kontraktmanagement und Zielvereinbarung als Instrument der Verwaltungsmodernisierung, DÖV 1997, 57 ff.; *Hermann Pünder* Zur Verbindlichkeit der Kontrakte zwischen Politik und Verwaltung, DÖV 1998, 63 ff.; *Benno Bueble* Brauchen wir „lean management" in der öffentlichen Verwaltung?, VOP 4/1993, 221, 223; *Jens-Peter Schneider* Das neue Steuerungsmodell als Innovationsimpuls für Verwaltungsorganisation und Verwaltungsrecht, in: Eberhard Schmidt-Aßmann/Wolfgang Hoffmann-Riem, Verwaltungsorganisationsrecht als Steuerungsressource, 1997, 103, 128 ff.

chien und eine fortlaufende Kontrolle der produktbezogenen Kennzahlen sollen die Erreichung des gesetzlichen Regelungsziels sichern.[27] Ein strategisches Controlling durch die Verwaltungsspitze erlaubt zusätzliche Evaluationen und eine Zielkorrektur.[28]

2. Aber läßt sich die Qualität einer Verwaltungsmaßnahme tatsächlich anhand von Einsatzstunden, Stückzahlen, Versorgungsgraden, Gewinnmargen oder Zustimmungsquoten messen? Ist sie nicht vielfach gleichermaßen davon abhängig, wie sich die Leistung in das Bedingungsgefüge des jeweiligen Sachzusammenhangs einfügt, wie sie vermittelt wird und welche Auswirkungen ihre Implementation auf die langfristigen Ziele der Politik zeitigt?[29] Der Verwaltung wachsen in der modernen Gesellschaft in vielerlei Hinsicht nicht standardisierte und nur begrenzt routinisierbare Aufgaben zu.[30] Der Wert und die Qualität einer Planung etwa, einer Interessenabwägung oder einer Beratung entzieht sich einer Operabilisierung durch Kennziffern, deren ein produktorientiertes Controlling im Sinne des Neuen Steuerungsmodells bedarf.[31] Das gilt um so mehr für die Fairness, die politische Loyalität, die Flexibilität oder die Nachhaltigkeit einer Verwaltungsentscheidung. Daß das Verhindern eines Problems regelmäßig weit zielführender ist als seine erfolgreiche Bewältigung und ein behutsames „trial and error“ zumeist mehr Nutzen und Erfahrungswissen vermittelt als eine unbedingte Risikovermeidung, bleibt hinter den Kennziffern verborgen.

Kennzahlbezogenes Kontraktmanagement und Controlling mögen also zur Verbesserung von Transparenz und Vergleichbarkeit standardisierter Dienstleistungen in der öffentlichen Verwaltung beitragen, als Mechanismen zur generellen Sicherung der Entscheidungs-

[27] *Hermann Hill* (o. Fn. 21) 65, 93.
[28] *Hermann Hill* (o. Fn. 20) 15.
[29] Dazu *Hermann Hill* (o. Fn. 21) 65, 100; *Maximilian Wallerath* (o. Fn. 26) 57, 59.
[30] *Rainer Pitschas* (o. Fn. 5) 10; *Hermann Hill* (o. Fn. 21) 65, 88.
[31] *Christoph Reichard* Der Produktansatz im Neuen Steuerungsmodell – von der Euphorie zur Ernüchterung, in: Dieter Grunow/Hellmut Wollmann (Hrsg.), Lokale Verwaltungsreform in Aktion, 1998, 85, 91 f.; *Jens-Peter Schneider* (o. Fn. 26) 103, 130.

richtigkeit wirken sie formal.[32] Nichtlineare Vorgänge werden mit linearen Mitteln rekonstruiert. Das Neue Steuerungsmodell stößt hier an die allgemeinen Rationalitätsgrenzen von Steuerung und Planung: Es erkauft Prägnanz durch die Reduktion von Komplexität.[33] Das legt die Frage nahe, ob Entscheidungsrichtigkeit im Zuge der Dezentralisierung der Verwaltung nicht in wirksamerer Weise gesichert werden kann, in einer Weise, die zugleich die *Leonard'sche Balance* wahrt zwischen rational geführter Analyse und intuitiv gesteuerter Kreativität.[34]

IV. Die innovative Verwaltung

1. Entlastet das Neue Steuerungsmodell von hierarchischen Bindungen und stärkt die Selbstverantwortung der Fachbereiche, steigen die Anforderungen an die Befähigung der in diesen tätigen Amtswalter exponentiell. Die Dezentralisierung der Verantwortung setzt deshalb, und dies wird in der überwiegend technisch-betriebswirtschaftlich geführten Reformdiskussion gelegentlich übersehen, zuallererst die Förderung und Entwicklung von Verantwortungsfähigkeit auf der Vollzugsebene voraus.[35] Mitarbeiter müssen sich in horizontaler und vertikaler Vernetzung fallweise selbst koordinieren, Sachverhalte aus verschiedenen Perspektiven zu betrachten lernen und in ihren Entscheidungen die übergeordneten Ziele und Strategien der Organisation[36] reflektieren, kurz: als verantwortliche Spezialisten ohne beständige Einwirkung der Leitungsebene selbständig handeln.[37]

[32] Die Kritik an der „Produkteuphorie" nimmt in jüngster Zeit deutlich zu, vgl. etwa *Malte Spitzer* Produkte als Informationsträger, in: Stefan v. Bandemer/Bernhard Blanke/Frank Nullmeier/Göttrik Wewer (Hrsg.), Handbuch zur Verwaltungsreform, 1998, 332, 338; *Christoph Reichard* (o. Fn. 31) 85, 90ff.; *Hellmut Wollmann* Politik- und Verwaltungsmodernisierung in den Kommunen: zwischen Managementlehre und Demokratiegebot, Die Verwaltung 32 (1999), 345, 370f.; *Günther E. Braun* Konzept des integrierten Kommunalmanagements, Die Verwaltung 32 (1999), 377, 385; *Stefan Machura* (o. Fn. 22) 403, 415f.

[33] *Eberhard Schmidt-Aßmann* (o. Fn. 3) 9, 18; *Malte Spitzer* (o. Fn. 32) 332, 338.

[34] Mit gleicher Zielrichtung jüngst auch *Günther E. Braun* (o. Fn. 32) 377, 379f.

[35] *Rainer Pitschas* (o. Fn. 5) 1, 8ff.; *Helmut Klages* Verwaltungsmodernisierung, Speyerer Forschungsberichte 172, 1997, 125ff., 143ff.; *Hermann Hill* (o. Fn. 21) 65, 88ff.

[36] Dazu *Günther E. Braun* (o. Fn. 32) 377, 392ff.

[37] *Helmut Fangmann* (o. Fn. 3) 117, 120ff.; siehe auch *Heinz Metzen* (o. Fn. 22) 35ff., 126ff.

Diese Delegation der Verantwortung macht die Aktivierung personaler Ressourcen erforderlich, eine über die Vertiefung vorhandenen Ausbildungs- und Erfahrungswissens hinaus gehende Förderung und Nutzung von Entscheidungskompetenz, Innovationskraft und Kreativität der Mitarbeiter, für manche die „eigentliche Geheimformel" für den von der öffentlichen Verwaltung erwarteten Entwicklungssprung.[38] Immerhin liegt der Anteil der Bediensteten, die angeben, ihre Kompetenzen und Kenntnisse würden von ihrem Dienstherren voll abgefragt, in einer von der Hochschule Speyer durchgeführten Befragung kaum über 50%.[39]

2. Die amerikanische *Management Association* veröffentlichte in den achtziger Jahren eine Studie über Managerqualitäten, aus der hervorging, daß sich die erfolgreichsten Unternehmensführer durch eine hohe Toleranz gegenüber Ambiguität und durch die Fähigkeit zu intuitivem Entscheiden auszeichnen und Entscheidungsfehler weit weniger auf eine ungenügende Tatsachenbasis zurückführen als auf mangelndes Vertrauen in die eigene Intuition.[40]

Die neurologische Forschung bestätigt uns, daß die Fähigkeit, planmäßig vorzugehen und rationale Handlungsstrategien zu entwerfen, nicht zuletzt von der Fähigkeit des Menschen abhängig ist, Gefühle zu empfinden. Dem amerikanischen Neuropsychologen *Antonio Damasio* gelang der Nachweis, daß es körpergestützte und gefühlsmäßige Signale sind, die die Aufmerksamkeit im Rahmen von Denkprozessen steuern.[41] So war bei Patienten, die bei intaktem Sinn für logische Schlußfolgerungen unter neurologisch bedingter Gefühlsarmut bzw. unter körperlicher Schmerzunempfindlichkeit litten, die Fähigkeit zu rationaler Problemlösung erheblich herabgesetzt.[42] Emotionen reflektieren offenbar die vom Bewußtsein gespeicherten und für relevant erachteten Vorerfahrungen und erlauben so die ra-

[38] *Helmut Klages* (o. Fn. 35) 3; siehe auch *Rainer Pitschas* (o. Fn. 5) 1, 5 f.
[39] *Helmut Klages* (Fn. 32) 128.
[40] *Weston H. Agor* Intuitives Management, 2. Aufl. 1994, 7 ff.
[41] *Antonio Damasio* Descartes' Irrtum, 1994, 256 ff., 327; zustimmend *Daniel Goleman* Emotionale Intelligenz, 11. Aufl. 1999, 48 f., 74 ff.
[42] *Antonio Damasio* (o. Fn. 41) 78 ff., 348.

tionale Bewältigung einer gegenwärtigen Situation.[43] Das Fehlen von Emotionen und körperlicher Empfindung vermag die Entscheidungsfindung eines Menschen deshalb ebenso zu beeinträchtigen wie eine emotionale Voreingenommenheit.[44] Erfolgversprechende Erkenntnis- und Entscheidungsprozesse sind demnach regelmäßig zumindest *auch* emotional.[45] Sie sind das Ergebnis einer gelungenen Kooperation verschiedener aufeinander einwirkender biochemischer und neuronaler Regelkreise von Gehirn und Körper, die in ihrer Gesamtheit die Grundlage bilden für den menschlichen Geist.[46]

Die Kognitionsforschung ergänzt, daß die Datenbasis unseres Unterbewußtseins um etwa 10 Millionen Mal größer ist als die unseres bewußten Denkens und daß analytisch-logische Verfahren zur Lösung von Problemen – man bestimme ein Ziel, erstelle eine Gliederung und arbeite sie ab – kognitive Kapazitäten etwa für Farben, Bilder, Formen, Rhythmen und Synthesen ignorieren.[47] Unser natürlicher Erkenntnisprozeß verläuft anders, ihn kennzeichnen spontane Eindrücke, Schlüsselbegriffe, Bilder, Assoziationen und Symbole – unser Bewußtsein ist ein nicht-linear arbeitendes System, in dem zeitgleich verschiedene Prozeßketten ablaufen und der Koordination bedürfen.[48]

3. Zugleich mit dieser Einsicht entdecken wir, daß die sozialen, technischen, wirtschaftlichen und wissenschaftlichen Entwicklungen der Moderne gleichfalls als nicht-lineare, dynamische, selbstreferentielle, vielfach verknüpfte und koordinationsbedürftige Prozesse stattfinden und deshalb einer entsprechend komplexen, rückgekoppelten und *innovativen* Administration bedürfen, einer *lernenden Administration*, die Abschied nimmt von statischem Denken, einer primär

43 *Gerhard Roth* Die Vernunft spielt immer eine Nebenrolle, SZ v. 11. 4. 2000, V2/17; *Daniel Goleman* (o. Fn. 41) 48 f.

44 *Antonio Damasio* (o. Fn. 41) 12, 261 ff.; *Daniel Goleman* (o. Fn. 41) 75 f.; dazu auch *Gerhard Roth* (o. Fn. 43) V2/17.

45 *Antonio Damasio* (o. Fn. 41) 18, 234 ff., 325 ff.

46 Soweit der Stand der neurologischen Forschung, vgl. *Antonio Damasio* (o. Fn. 41) 18, 234 ff., 325 ff.

47 *Heinz v. Foerster* Sicht und Einsicht, 1985, 35; zusammenfassend zum Stand der Kognitionsforschung *Arno Scherzberg* (o. Fn. 7) 24 ff.

48 *Antonio Damasio* (o. Fn. 41) 298, 313 ff.

punktuellen und reaktiven Problembearbeitung und einer einseitigen analytisch-logischen Vorgehensweise.[49]

Die innovative Verwaltung reflektiert die Denkmuster und Vorverständnisse, mit deren Hilfe eingehende Daten bewertet und zu Informationen verarbeitet werden, und berücksichtigt, daß nicht zuletzt die Vielfalt und die Flexibilität der versuchsweise eingenommenen Standpunkte darüber entscheidet, wie effizient und originell neues Wissen erarbeitet wird.[50] Sie sucht Gesetzmäßigkeiten, die auch scheinbar zufällige Folgen integrieren, und bezieht dabei das Nicht-Naheliegende, das Unübliche, Gegensätzliches und Alternatives in ihr Kalkül ein. Statt Fehlentscheidungen um jeden Preis zu meiden, akzeptiert sie das Risiko und nutzt es für Erkenntnis. Sie rechnet damit, daß kleine Veränderungen große Wirkungen zeitigen können, berücksichtigt die Synchronizität von Ereignissen und läßt Raum für Verknüpfungen jenseits gedachter linearer Kausalität. Sie ist imaginativ und emotional und sucht den Moment der Einsicht, in dem die Zeit stillsteht.

Die innovative Verwaltung nutzt dergestalt die kognitiven *und* die intuitiven Kapazitäten ihrer Mitarbeiter. Sie zielt auf eine ganzheitliche Entscheidung, in der sich die Beteiligten mit ihrem Produkt im Einklang befinden – die Entscheidung, in der innere Erfahrung und äußere Welt zusammenstimmen.[51]

4. Will man das Personal der öffentlichen Verwaltung auf innovatives Denken und Handeln einstellen, bedarf dies einer methodischen Schulung im Umgang mit komplexen und ungewißen Entscheidungssituationen, der Ausbildung kommunikativer Fähigkeiten und emotionaler Intelligenz, der Förderung von Identifikation und des Trainings von Intuition – und das geht über herkömmliche Fortbil-

[49] Dazu jüngst *Helmut Fangmann* (o. Fn. 3) 117, 119ff.; *Angelika Menne-Haritz* Steuerungsinstrumente in der Verwaltungsarbeit, Die Verwaltung 33 (2000), 1, 27; zum Begriff der lernenden Verwaltung bereits *Rainer Pitschas* (o. Fn. 5) 1, 8ff.; *Helmut Klages* (o. Fn. 35) 4; *Hermann Hill* (o. Fn. 21) 65, 91.

[50] Dazu *Albrecht v. Müller*, Gründer des Beratungsunternehmens Think Tools, im Interview des Handelsblattes vom 24./25. 3. 2000, K 1.

[51] Dazu näher *Daniel Goleman* (o. Fn. 41) 119ff.

dungsmaßnahmen und Leistungsanreize weit hinaus.[52] Soziale Fähigkeiten lassen sich nicht wie fachliches Wissen über Wortlektionen vermitteln, Identifikation läßt sich nicht qua „Werte-Drill" herstellen, Integrität kann nicht verordnet, sondern muß individuell erarbeitet werden.[53] Für intuitive Einsicht muß sich Bewußtsein gelegentlich erst einmal entleeren, sie erfordert im schönen Sinne des Wortes „Geistesgegenwart".

Eine derart persönliche Beteiligung an der administrativen Aufgabenwahrnehmung läßt sich nur erwarten, wenn die Ziele der Verwaltung mit den Zielen der Mitarbeiter in Übereinstimmung gehalten werden.[54] Mitarbeiterführung muß dazu auf der Wertschätzung und Förderung persönlicher Selbstentwicklung beruhen.[55] Situationsbezogene kommunikative Rückkopplungen statt Kennzahlenvergleich wären hier etwa im Rahmen des Controllings ein geeignetes Instrument, teambezogene Trainings und Trainings sozialer Kompetenzen statt kognitiver Fortbildung ein weiteres.[56] Auch die gruppendynamische Erarbeitung von sinnstiftenden Leitbildern und eine Lernbereitschaft und Entscheidungsfreude fördernde Betriebskultur können die Übereinstimmung von organisationalen und personalen Zielen herstellen, die zur Übernahme persönlicher Verantwortung motiviert und zum Einsatz der ganzen Person.[57]

5. Traditionell sind allerdings nicht die Mitarbeiter, sondern ist das Amt der maßgebliche Bezugspunkt für organisationelle Verhaltenserwartungen. Die organisationsrechtliche Dogmatik stellt sich damit in eine Bürokratietradition, die die Fremdnützigkeit der Aufgaben-

52 Zum derzeitigen System der Leistungsanreize siehe etwa *Hans-Gerd Ridder* Materielle und immaterielle Leistungsanreize, in: Stefan v. Bandemer/Bernhard Blanke/Frank Nullmeier/Göttrik Wewer (Hrsg.), Handbuch zur Verwaltungsreform, 1998, 191 ff.; zum Training emotionaler Intelligenz in der Schule vgl. *Daniel Goleman* (o. Fn. 41) 328 ff.

53 *Hermann Hill* (o. Fn. 13) 86.

54 *Hermann Hill* (o. Fn. 13) 84 f.; *Helmut Fangmann* (o. Fn. 3) 117, 130 f.; *Günther E. Braun* (o. Fn. 32) 377, 388 f.; zu Leitbildern etwa *Göttrik Wewer* in: Stefan v. Bandemer/Bernhard Blanke/Frank Nullmeier/Göttrik Wewer (Hrsg.), Handbuch zur Verwaltungsreform, 1998, 141 ff.

55 *Heinrich Reinermann* (o. Fn. 5) 425, 436; *Heinz Metzen* (o. Fn. 22) 158 ff.

56 *Heinz Metzen* (o. Fn. 5) 162 f.

57 *Helmut Fangmann* (o. Fn. 3) 117, 130; *Heinz Metzen* (o. Fn. 33) 132 ff.

erfüllung betont: die Ausrichtung des Amtswalters auf einen übergreifenden, mit seinem privaten Willen und natürlichen Interesse nicht identischen Bezugspunkt.[58] Der Amtswalter repräsentiere nicht sich selbst, sondern den Staat, was die Notwendigkeit einer Trennung von Amt und Person, oder nach *Erichsen*, in: Festschrift für Menger, von Amtswalter und Beamtem,[59] impliziere[60] und den Amtswalter zur Selbstdistanzierung und zum Ausschluß von Eigeninteressen verpflichte.[61] Das Amt steht demnach als objektives der Freiheit als subjektives Prinzip gegenüber[62] und fordert von seinem Inhaber den Verzicht auf Selbstverwirklichung und Subjektivität.[63] Die Bürokratie entwickelt sich, so schon *Max Weber*, um so vollkommener, je mehr sie sich „entmenschlicht" und ihr die Ausschaltung aller „irrationalen ... Empfindungselemente" aus der Erledigung der Amtsgeschäfte gelingt.[64]

Es verwundert nicht, daß diese, die oben angekündigte 5. Prämisse des Weberschen Bürokratieideals von der Entsubjektivierung der öffentlichen Verwaltung und der *Entpersonalisierung* ihrer Organe[65] in obrigkeitlicher Orientierung, bürgerunfreundlichen Verhaltensmustern und in einem Mangel an persönlichem Engagement mündet. Auch die öffentliche Verwaltung reflektiert insoweit nur das Menschen- und Bürokratiebild, nach dem man sie konzipiert.

58 Siehe etwa *Ernst-Wolfgang Böckenförde* Demokratische Willensbildung und Repräsentation, in: Josef Isensee/Paul Kirchhof (Hrsg.), Handbuch des Staatsrechts der Bundesrepublik Deutschland Bd. 2, 1987, § 30 Rdn. 19; *Wolfgang Loschelder* Weisungshierarchie und persönliche Verantwortung in der Exekutive, ebenda Bd. 3, 1988, § 68 Rdn. 83f.; *Hans J. Wolff/Otto Bachof* Verwaltungsrecht II, 4. Aufl. 1976, § 73 I c 1, III c 2; krit. *Hermann Hill* (o. Fn. 21) 65, 89.

59 *Hans-Uwe Erichsen* in: ders./Werner Hoppe/Albert v. Mutius (Hrsg.), System des verwaltungsgerichtlichen Rechtsschutzes, 1985, 211, 217.

60 *Hans J. Wolff/Otto Bachof* (o. Fn. 58) § 73 I c 1, III d 2.

61 *Wolfgang Loschelder* (o. Fn. 58) § 68 Rdn. 84.

62 *Josef Isensee* Gemeinwohl und Staatsaufgaben im Verfassungsstaat, in: ders./ Paul Kirchhof (Hrsg.), Handbuch des Staatsrechts der Bundesrepublik Deutschland, Bd. 2 1987, § 57 Rdn. 83.

63 *Josef Isensee* (o. Fn. 62) § 57 Rdn. 10, 60.

64 *Max Weber* (o. Fn. 2) 571.

65 *Weber* selbst spricht von der „Herrschaft der formalistischen Unpersönlichkeit" und fordert den sich selbstverleugnenden, menschlich unbeteiligten Fachmann, vgl. dens. (o. Fn. 2) 571; zustimmend zur Apersonalität des Organisationsrechts etwa auch *Friedrich E. Schnapp* Amtsrecht und Beamtenrecht, 1977, 151 ff.

Der Wandel ihrer sozialen und kulturellen Rahmenbedingungen und der an sie gestellten gesellschaftlichen Anforderungen werden allerdings auch insoweit einen Paradigmenwechsel einleiten, der zu einer Modifikation der auf Pflichterfüllung reduzierten und einer einseitig analytisch-logischen Rationalität verpflichteten Arbeitsethik und zu einer *Neubewertung des Verhältnisses von Person und Amt* führen wird. Zwar bleiben die Wahrnehmungszuständigkeiten des Amtswalters von den Eigenzuständigkeiten des Beamten als Person zu unterscheiden.[66] Die Forderung nach Ausschaltung des Subjektiven, nach Selbstverleugnung und Verzicht auf Selbstverwirklichung im Amt indes, die Trennung von Amt und Person *in diesem Sinne*, ist aber aufzugeben. Denn die Ausübung eines Amtes erfordert nicht das *Absehen von*, sondern das *Einbringen der* eigenen Person.

V. Administrative Willensbildung als subjektiver Prozeß

So übertragen die beamtenrechtlichen Vorschriften dem Amtswalter die volle persönliche Verantwortung für die Rechtmäßigkeit seines Tuns, fordern seine volle Hingabe an den Beruf und verpflichten ihn auf eine an seinem Gewissen orientierte Amtsführung,[67] – alles Elemente höchst subjektiver Selbststeuerung und Selbsterforschung. Zwar ist der Beamte darüber hinaus auch auf Rechtmäßigkeit, Gerechtigkeit und Unparteilichkeit verpflichtet. Einen solchen Rahmen des rechtlich Erlaubten und organisationsspezifisch Vorgegebenen gibt es indes in jeder, auch in einer privaten Unternehmung, ohne daß sich deren Mitarbeiter als apersonale Funktionsträger im betrieblichen Entscheidungsablauf begreifen müßten.

Nach dem Amtsprinzip mit seinem pessimistischen Menschenbild bedarf der Amtsträger grundsätzlicher Fremdsteuerung. Ohne strikte Führung, so wird befürchtet, „verfolge das Personal nur eigene Interessen."[68] Aber kann dergestalt kategorial zwischen individuellem Interesse und allgemeinem Wohl unterschieden werden, obwohl sich diese Trennung immer dort, wo sie handhabbar gemacht

[66] *Hans J. Wolff/Otto Bachof* (o. Fn. 58) § 73 I b 4.

[67] Vgl. §§ 36, 38 Abs. 1 BRRG, §§ 54, 54 Abs. 1 BBG.

[68] Dazu *Gernot Joerger* Neues Steuerungsmodell und Qualitätsmanagement – alte Innovationsideen neu verpackt?, Verwaltungsrundschau 1996, 4, 5.

werden soll, etwa bei der Abgrenzung von öffentlichem Recht und Privatrecht, bei der Ermittlung subjektiv-öffentlicher Rechte oder bei der privatnützigen Enteignung als nicht durchführbar erweist? Der einzelne ist Teil des Kollektivs und das Kollektiv besteht aus einzelnen.

Es geht mithin nicht um abstrakte Trennung. Es geht vielmehr darum, daß Menschen ihren eigenen Nutzen gelegentlich auch dann mehren wollen, wenn dies den wohlverstandenen Interessen anderer schadet. Ob das der Fall ist, läßt sich aber nur fallbezogen ermitteln. Es zu verhindern, fordert nicht nur Reflexion und Disziplin, es fordert vor allem Gespür. Ein Gespür, das die geltenden Beamtengesetze „Gewissen" nennen und die Kommentare vorschnell auf die Sorgfaltsanforderung des „Gewissenhaften" reduzieren.[69] Es geht um das Gespür dafür, daß wir die Welt gestalten, in dem wir sie leben, und es dabei im Sinne *Leonardos* keine Trennung einer Innen- von einer Außenwelt gibt. Es achtet sich selbst nicht, wer seine Umwelt nicht bewahrt; es achtet sich selbst nicht, wer die ihm anvertrauten Belange anderer vernachlässigt. Daher das schlechte Gefühl, das sich einstellt, wenn man den bekannten Anliegen Dritter oder der Gemeinschaft bei der Verfolgung der eigenen Ziele nicht gerecht wird, wenn man nicht beachtet, was Gewissen oder Intuition fordern. Es ist die Selbstachtung, nicht die Fremddisziplinierung über Befehl und Zwang, die den Menschen über den Schatten der eigenen Interessen springen läßt.[70]

Darum, um das Erwecken von Selbstachtung und Selbstreflexion und um die Nutzung der sich daraus eröffnenden geistig-emotionalen Führung des Menschen muß es gehen bei der Aktivierung personaler Ressourcen der öffentlichen Verwaltung. Einer solchen „inneren Verwaltungsreform" unterliegt die Vorstellung, daß die Bearbeitung komplexer Aufgaben die Nutzung komplexer Ressourcen erfordert und nur durch ganzheitlichen Einsatz der *geistigen, emotionalen*

[69] *Walther Fürst u. a.* GKÖD, Stand Februar 2000, § 54 BBG Rdn. 9 (Bearb. 1974).

[70] *Georg Franck* in: Dirk Matejovski (Hrsg.), Neue, schöne Welt?, 1999, 130, 146 f.; zur Bedeutung der emotionalen Intelligenz für die Demokratie auch *Daniel Goleman* (o. Fn. 41) 356 f.

und physischen Kapazitäten der Mitarbeiter bewältigt werden können. Sie konzipiert den Staatsdiener nicht als Bestandteil einer apersonalen Administration, sondern als Person, die sich als Teil eines Kollektivs erkennt, dieses Kollektiv wie auch sich selbst schätzt und sich von dieser Wertschätzung bei seiner Aufgabenerfüllung leiten läßt – als Person also, die ihre Emotionen in den Dienst ihrer Aufgabe stellt.[71]

Zumindest eine *Richtung* sollte damit angezeigt sein: personal empowerment durch Schulung individueller Verantwortungsfähigkeit, Anleitung zum ganzheitlichen Entscheiden und Bestärkung persönlicher Integrität.[72] Selbst- statt Fremddisziplinierung: zum wichtigsten Controller des Beamten wird er selbst. Die Mitarbeiterzufriedenheit ist dann vielleicht eher als die Kundenzufriedenheit ein geeigneter Indikator für die Funktionsfähigkeit der öffentlichen Verwaltung. Dabei ist der Amtsträger, das ist sicher der zweite, im Neuen Steuerungsmodell im Grundsatz sachgerecht vorgezeichnete Schritt, eingebunden in ein Netz von Informations-, Kommunikations- und Lernbeziehungen mit neben- und vorgeordneten Stellen seiner Organisation, und in diesem Rahmen finden auch Kontraktmanagement und Controlling einen angemessenen Platz.[73]

VI. Die innovative Verwaltung und das Recht

1. Im tradierten Modell des demokratischen Rechtsstaats legen die Kompetenz-, Organisations-, Verfahrens- und Sachnormen des Gesetzes den Umfang, den Inhalt und die Art und Weise der Erfüllung von Verwaltungsaufgaben fest und sichern damit eine verfassungsverträgliche, gemeinwohlbezogene und politisch verantwortete Sozialgestaltung.

[71] Zur Verknüpfung von Emotionen und Zielen *Daniel Goleman* (o. Fn. 41) 124ff.

[72] Dazu in unterschiedlicher Akzentuierung etwa *Sybille Stöwe* Mitarbeiterbeteiligung, in: Stefan v. Bandemer/Bernhard Blanke/Frank Nullmeier/Göttrik Wewer (Hrsg.), Handbuch zur Verwaltungsreform, 150, 156f.; *Heinz Metzen* (o. Fn. 22) 137; *Hermann Hill* (o. Fn. 13) 86; *Helmut Klages* (o. Fn. 35) 121; *Benno Bueble* (o. Fn. 26) 221.

[73] *Hermann Hill* (o. Fn. 20) 22.

Abstrakte Normen antworten indes nur auf abstrakte Rechtsfragen. Für eine konkrete Fallkonstellation besagen sie häufig wenig. Weder stellen die zur *Auslegung* einer Norm zur Verfügung stehenden sog. Methoden einen verläßlichen und geschlossenen Kanon dar, noch läßt sich die bei der *Anwendung einzelner Tatbestandsmerkmale* erforderliche Normkonkretisierung in hinreichend sicherem Maße durch die Norm selbst vorprägen. Das gilt nicht nur für die Ermittlung des Realbereichs der Norm. Es gilt auch für die von ihr initiierten Abwägungsprozesse, in denen sich die Vielzahl der zu beachtenden Gesichtspunkte vielfach rational gar nicht mehr ins Verhältnis setzen läßt. Dies um so weniger, wenn noch auf verfassungsrechtliche oder gemeinschaftsrechtliche Vorgaben Rücksicht zu nehmen ist, die zusätzliche, überwiegend vage und mit dem einfachgesetzlichen Normgefüge nicht immer widerspruchsfrei abgestimmte Maßstäbe einführen.[74]

2. In der Theorie der rechtsstaatlichen Gesetzesbindung präsentiert sich die Rechtsordnung als Einheit, in der Praxis des Staates der ausdifferenzierten Gesellschaft jedoch stellt sie ein bereichsweise nicht mehr überschaubares Geflecht sich komplettierender, um die Anwendung konkurrierender und inhaltlich teilweise konfligierender Vorgaben dar. Nicht ein Zuwenig an rechtlicher Bindung, sondern ein Bindungsübermaß und die Komplexität des Rechts bilden daher heute, wie *Schmidt-Aßmann* sagt, das Hauptproblem der Gesetzmäßigkeit der Verwaltung.[75] Soll sich Gesetzgebung nicht als „Hemmnis für den Gesetzesvollzug"[76] erweisen und eine angemessene Aufgabenerfüllung nur „neben oder außerhalb der Vorschrift" erreichbar sei,[77] muß, so derselbe Autor, die Ressource „Recht" mit Maß zur Geltung gebracht werden.

Es ist deshalb durchaus unbedenklich, wenn im Zuge der Bemühungen um Deregulierung die Dichte der *materiellen* Programmierung der Verwaltung abnimmt und der Gesetzgeber den Funktionswandel

[74] Beispiele aus der Gesetzgebung bei *Arno Scherzberg* (o. Fn. 7) 104 ff.
[75] *Eberhard Schmidt-Aßmann* Das allgemeine Verwaltungsrecht als Ordnungsidee, 1998, 2/23.
[76] *Wolfgang Zeh* Gesetzgebung als Hemmnis für den Gesetzesvollzug, 1995.
[77] *Heinz Metzen* (o. Fn. 22) 104.

des Rechts durch Flucht in Generalklauseln, in Abwägungsermächtigungen und unbestimmte Rechtsbegriffe nachvollzieht.[78] Hinzu kommen Versuche, der Verwaltung in Experimentierklauseln und allgemeinen oder bereichsspezifischen Standard-Befreiungsgesetzen Ausnahmen von der normativen Regelbindung einzuräumen[79] und damit der Forderung der Wissenschaft nach einer innovationsfördernden, zielbestimmenden und im übrigen weitgehend prozeduralen Gesetzgebung nachzukommen.[80] Im dergestalt zunehmend *wirkungs- und erfolgsorientierten Rechtsstaat* rückt die Eigenverantwortung der Verwaltung und die Mündigkeit ihrer Funktionsträger in den Mittelpunkt der Vollzugsbedingungen.[81] Er reduziert die Bereitstellungsfunktion des Rechts auf Zwecke, Handlungsformen und den erwünschten Erfolg und eröffnet der Verwaltung damit den Raum für ein normativ angeleitetes und politisch ausgefülltes Zweckmäßigkeitskalkül.[82]

Staatlichkeit läßt sich damit endgültig nicht mehr von einem einheitlichen, Befehle erteilenden Subjekt her denken,[83] sondern wird zu einem von der Verfassung dirigierten, partizipativen Prozeß; zu einem Prozeß der stufenweisen Hervorbringung, Vermittlung und Verbindlichmachung des Willens des Volkes.[84] In ihm bringen auch administrative Entscheidungen vielfach den konkreten Willen erst hervor, dem sie abstrakt verpflichtet sind. Verwalten ist damit endgültig

[78] Dazu im Überblick *Arno Scherzberg* (o. Fn. 7) 67 ff., 149 ff.

[79] *Wulf Haack* Standard-Killer dringend gesucht, Stadt und Gemeinde 1994, 476 ff.; *Martin Böckel* Abbau von Standards, ZG 1995, 344 ff.; *Siegfried Jutzi* Zur Zulässigkeit genereller Öffnungs- oder Nichtanwendungsklauseln in Rechts- und Verwaltungsvorschriften in bezug auf normative Standards, DÖV 1996, 25 ff.

[80] Dazu etwa *Wolfgang Hoffmann-Riem* Zur Innovationstauglichkeit der Multimedia-Gesetze – Vorüberlegungen, K&R 1999, 481 ff.; allgemein auch *Hermann Hill* (o. Fn. 20) 61 ff.; *Arno Scherzberg* (o. Fn. 7) 67 ff.

[81] *Rainer Pitschas* Verwaltungsverantwortung und Verwaltungsverfahren, München 1990, 16, 235 ff. und passim; Ansätze für ein System der Verwaltungsverantwortung bei *Eberhard Schmidt-Aßmann* Verwaltungsverantwortung und Verwaltungsgerichtsbarkeit, VVDStRL 34 (1976), 221, 232 ff., sowie bei *Gunnar Folke Schuppert* Rückzug des Staates?, DÖV 1995, 761, 768; ferner *Wolfgang Loschelder* (o. Fn. 58) § 68 Rdn. 103; *Arno Scherzberg* (o. Fn. 7) 156 ff.

[82] *Hermann Hill* (o. Fn. 13) 148.

[83] *Horst Dreier* Hierarchische Verwaltung im demokratischen Staat, 1991, 2 f.

[84] So auch *Horst Dreier* (o. Fn. 83) 28.

keine Standardmaßnahme mehr, sondern eigenständige Kreation, deren *rationaler und intuitiv richtiger* Gehalt über die Qualität der staatlichen Sozialgestaltung entscheidet.

3. Angesichts eines solchen Szenarios ist freilich von der Vorstellung Abschied zu nehmen, demokratische Verwaltungslegitimation sei ausschließlich oder überwiegend parlamentsvermittelt.[85] Daß sie es nicht ausschließlich ist, zeigt die Verankerung der kommunalen und der Schutz der funktionalen Selbstverwaltung im Grundgesetz. Daß sie es nicht einmal überwiegend ist, zeigt sich an der begrenzten und weiter rückläufigen inhaltlichen Regelungskraft des Gesetzes. Für die Zukunft wird verstärkt auf die institutionelle Legitimation der Verwaltung als ein verfassungsunmittelbar konstituierter Funktionsträger zurückzugreifen sein.[86] Parlamentarische Legitimation tritt dem über die Vorgabe von Zielen und Organisations-, Verfahrens- und punktuellen Entscheidungsmaximen nur ergänzend hinzu.[87]

VII. Fazit

Bemühungen um eine innovative öffentliche Verwaltung werden darauf zielen müssen, die Verwaltung als lernende Organisation auszugestalten, sie im Umgang mit Komplexität und Ungewißheit zu schulen und ihre Veranwortungsfähigkeit und die Fähigkeit zu ganzheitlichem Entscheiden zu stärken. Die Universität ist aufgerufen, Entscheidungsträger auszubilden, die zu einer solchen intuitiv geführten Problembewältigung befähigt sind, und über die dienst-, organisations- und verfahrensrechtlichen Rahmenbedingungen nachzudenken, unter denen die hier vorgezeichnete innere Reform der öffentlichen Verwaltung gelingt. Denn nicht nur für den Menschen, sondern *sogar für den Amtswalter* gilt, daß das Herz gelegentlich Gründe hat, die die Vernunft nicht kennt.[88]

[85] Siehe dazu vor allem *Eberhard Schmidt-Aßmann* (o. Fn. 3) 9, 39f., 56.
[86] *Eberhard Schmidt-Aßmann* (o. Fn. 3) 9, 58f.
[87] *Eberhard Schmidt-Aßmann* (o. Fn. 3) 9, 62.
[88] Frei nach *Blaise Pascal* Gedanken, 1947, 47.

Grundfragen des öffentlich-rechtlichen Vertrages

Walter Krebs, Berlin

Das Thema meines Vortrags: „Grundfragen des öffentlich-rechtlichen Vertrages" möchte ich modifizieren. Das Thema, mit dem ich mich befassen werde, ist nicht eigentlich der „öffentlich-rechtliche Vertrag", sondern der Verwaltungsvertrag. Damit ist nach inzwischen eingeführter Terminologie[1] der Vertrag gemeint, den ein Verwaltungsträger schließt, sei es mit einem anderen Verwaltungsträger oder mit Privaten. Der Gegensatz dazu ist der Vertrag, den Private untereinander schließen. Er sei „Privatvertrag" genannt. Nach überkommenem Sprachgebrauch, dem die Themenbezeichnung Rechnung trägt, werden die Bezeichnungen „Verwaltungsvertrag" und „öffentlich-rechtlicher Vertrag" häufig gleichsinnig verwendet.[2] Nun ist aber zur Erfassung des „Wesens" des Verwaltungsvertrages seine Rechtsform – öffentlich-rechtlich oder privatrechtlich – nebensächlich[3] und aus dogmengeschichtlicher Sicht eher hinderlich als nützlich. Um das „Wesen" des Verwaltungsvertrages soll es aber gehen, also weniger um „Grundfragen" als um „die" Grundfrage.

1 *Hartmut Bauer* Die negative und die positive Funktion des Verwaltungsvertragsrechts – Zugleich ein Beitrag zur Vertragsgestaltung im Verwaltungsrecht, in: Detlef Merten/Reiner Schmidt/Rupert Stettner (Hrsg.), Verwaltungsstaat im Wandel, FS für Franz Knöpfle zum 70. Geburtstag, 1996, 11 ff., 12, Fn. 6; *Michael Krautzberger* in: Werner Ernst/Willy Zinkahn/Walter Bielenberg (Hrsg.), Baugesetzbuch, Bd. I, 7. Aufl. (Stand: 1. Februar 1999), § 11 BauGB Rdn. 2 ff.; *Willy Spannowsky* Grenzen des Verwaltungshandelns durch Verträge und Absprachen, 1994, 47 f.; *Eberhard Schmidt-Aßmann/Walter Krebs* Rechtsfragen städtebaulicher Verträge – Vertragstypen und Vertragsrechtslehren, 2. Aufl. 1992, 137, Fn. 328. Über die Terminologie besteht allerdings noch keine Einigkeit.

2 *Bruno Bartscher* Der Verwaltungsvertrag in der Behördenpraxis – Rechtstatsächliche Untersuchung zum öffentlich-rechtlichen Vertrag in der Praxis der Verwaltungsbehörden, 1997, 2; *Hartmut Maurer* Allgemeines Verwaltungsrecht, 12. Aufl. 1999, § 14 Rdn. 1.

3 Vgl. unten bei Fn. 32, 33.

Um die mit einer solchen Andeutung aufkommenden Bedenken gleich zu zerstreuen, sei zunächst klargestellt, daß nicht erneut die Frage der Existenzberechtigung oder Zulässigkeit des Verwaltungsvertrages, namentlich des öffentlich-rechtlichen Verwaltungsvertrages aufgeworfen werden soll. Diese jahrzehntelang geführte Diskussion[4] ist zu seinen Gunsten beendet, und seitdem erfreut sich der Verwaltungsvertrag einer Konjunktur, zumindest in der Rechtswissenschaft mit eher zunehmender Tendenz.[5] Aus Berlin kommend sei mir der Hinweis erlaubt, daß sich an der Freien Universität gerade Frau Gurlit mit einer umfangreichen Arbeit zum Thema „Verwaltungsvertrag und Gesetz" habilitiert hat. Diese gründliche Untersuchung gibt mir größere Sicherheit in der Einschätzung des gegenwärtigen Standes der Vertragsrechtsdogmatik. Es sind inzwischen zahlreiche Bausteine der Vertragsdogmatik sowohl auf der Ebene des allgemeinen wie auf der Ebene des besonderen Verwaltungsrechts entdeckt und z. T. vollständig,[6] z. T. noch nicht ganz vollständig[7] „feingeschliffen" worden. Was aber noch

4 Ablehnend (damals) noch *Martin Bullinger* Vertrag und Verwaltungsakt – Zu den Handlungsformen und Handlungsprinzipien der öffentlichen Verwaltung nach deutschem und englischem Recht, 1962; *Joachim Schmidt-Salzer* Tatsächlich ausgehandelter Verwaltungsakt, zweiseitiger Verwaltungsakt und verwaltungsrechtlicher Vertrag, VerwArch 62 (1971), 135, 140ff.; *Günter Püttner* Wider den öffentlich-rechtlichen Vertrag zwischen Staat und Bürger, DVBl. 1982, 122ff.

5 Vgl. die Bibliographie bei *Elke Gurlit* Verwaltungsvertrag und Gesetz – Eine Untersuchung zum Verhältnis von vertraglicher Bindung und staatlicher Normsetzungsautorität (noch unveröffentliche Habilitationsschrift 2000 – im Druck) sowie die bei *Volker Schlette* Die Verwaltung als Vertragspartner, 2000.

6 Z. B. der Problemkreis „Gesetzesvorbehalt und Vertrag", vgl. nur *Hans-Uwe Erichsen* Das Verwaltungshandeln, in: ders. (Hrsg.), Allgemeines Verwaltungsrecht, 11. Aufl. 1998, § 26 III, 407ff. oder etwa die Problematik der Verfassungsmäßigkeit von § 59 VwVfGe, vgl. *Eberhard Schmidt-Aßmann/Walter Krebs* (o. Fn. 1) 206ff. mwN.

7 Zum „städtebaulichen Vertrag" vgl. jüngst *Christian Hamann* Der Verwaltungsvertrag im Städtebaurecht – Inhaltliche und dogmatische Aspekte der gesetzlichen Regelung des städtebaulichen Vertrages in § 11 BauGB (Diss. FU Berlin 2000 – im Druck). Zur Vereinbarkeit von Verwaltungsverträgen mit Europarecht *Barbara Remmert* Nichtigkeit von Verwaltungsverträgen wegen Verstoßes gegen das EG-Beihilferecht, Europarecht 2000, 469ff.). Zu allgemeinen Problemen der Verwaltungsvertragsrechtsdogmatik vgl. die unabgeschlossene Diskussion zum Leistungsstörungsrecht, vgl. etwa *Martin Bullinger* Leistungsstörungen beim öffentlich-rechtlichen Vertrag – Zur Rechtslage nach den Verwaltungsverfahrensgesetzen, DÖV 1977, 812ff.; *Hans Meyer* Das neue öffentli-

fehlt, ist das Gebäude, das sich aus diesen Bausteinen zusammensetzt und in dem diese Bausteine ihren funktionsadäquaten Platz finden. In der Wissenschaftssprache ausgedrückt: Das rechtsdogmatische System des Verwaltungsvertrages steht noch aus.

Nun mag mancher fragen, wozu es eines solchen Systems überhaupt bedarf. Für alle, die aus dem Kommunalwissenschaftlichen Institut (KWI) kommen, ist das aber keine Frage. Hier gilt Hans J. Wolff's Wort als ehernes Gesetz: „Rechtswissenschaft ... ist systematisch oder sie ist nicht!“[8] Für die wenigen anderen, die nicht aus dem KWI stammen, sei darauf hingewiesen, daß der auch rechtspraktisch immense Erfolg des Verwaltungsakts wesentlich darauf beruht, daß seine Rechtsdogmatik ein System hat, das auf der Systemidee der exekutiven Befugnis zur Einzelfallrechtsetzung beruht. Die Verwaltungsaktsdogmatik lehrt zugleich, daß die Errichtung eines rechtsdogmatischen Systems nicht ohne eine Grundidee auskommt, die das ganze Gefüge formt.

Die eingangs mit dem Hinweis auf das „Wesen“ des Verwaltungsvertrages nur dunkel angedeutete Fragestellung kann nun etwas präzisiert werden. Es geht um die Grundidee eines Verwaltungsvertragssystems, modern gesprochen: um die Systemidee; in der oft schöneren Sprache der Jahrhundertwende geht es um die Frage: Was ist „der eine Punkt, aus welchem das ganze Rechtssystem ... heraus zu konstruiren ist“?[9] Die Suche nach diesem Punkt soll im Negativen ansetzen, um dadurch zum Positiven vorzustoßen.

Vielleicht das berühmteste Wort, jedenfalls eines der folgenreichsten Worte zum Verwaltungsvertrag hat – vor mehr als hundert

che Vertragsrecht und die Leistungsstörungen, NJW 1977, 1705 ff.; *Klaus Obermayer* Leistungsstörungen beim öffentlich-rechtlichen Vertrag, BayVBl. 1977, 546 ff.; *Klaus Dieter Kawalla* Der subordinationsrechtliche Verwaltungsvertrag und seine Abwicklung, 1984, 121 ff.; speziell zum Rechtsinstitut culpa in contrahendo *Robert Keller* Vorvertragliche Schuldverhältnisse im Verwaltungsrecht – Zugleich ein Beitrag zur Rechtsverhältnislehre, 1997.

8 *Hans J. Wolff* Typen im Recht und in der Rechtswissenschaft, Studium Generale, 1952, 195, 205.

9 *Ludwig Gumplowicz*, zitiert von *Otto Mayer* Zur Lehre vom öffentlichrechtlichen Vertrage, AöR, Bd. 3 (1888), 3 ff., 86, Fn. 122.

Jahren – O. Mayer gesagt: „Darum sind wahre Verträge des Staates auf dem Gebiete des öffentlichen Rechtes überhaupt nicht denkbar.“[10] Die hier aufgenommene Suche nach der Grundidee des Verwaltungsvertragssystems wird von der These geleitet, daß O. Mayer zu seiner Zeit – zumindest aus seiner Sicht – Recht hatte und heute „irgendwie“, also in noch aufzuklärender Art und Weise, immer noch Recht hat.

Zum Verständnis O. Mayers ist man häufig gut beraten, ihn beim Wort zu nehmen. Er hielt den öffentlichrechtlichen Vertrag, jedenfalls den zwischen Staat und Bürger, bzw. in seiner – bewußt gewählten – Sprache: zwischen Staat und Untertan,[11] nicht etwa nur für unzulässig oder aus anderen Gründen für untunlich, sondern für gar „nicht denkbar“. Er hatte demgegenüber nichts gegen die Annahme eines zivilrechtlichen Vertragsabschlusses durch den Staat, war vielmehr der Auffassung, daß dann, wenn der Staat mit dem Bürger einen wahren Vertrag abschließe, dieser denknotwendig ein zivilrechtlicher Vertrag sei.[12] Die Herbeiführung einer öffentlich-rechtlichen Rechtsfolge unter Mitwirkung des Bürgers einen öffentlich-rechtlichen Vertrag zu nennen, erschien ihm hingegen als „blosse Titulatur ... welche aus äusserlichen Gründen dieser oder jener Erscheinung verliehen wird“. Die Vorgehensweise erinnere ihn „an die Geschichte von jenem Pfäfflein, welches am Fasttage ein Huhn verspeisen wollte und zu ihm sprach: baptizo te piscem.“[13]

Vor dem Hintergrund seiner staatsrechtlichen Prämissen ist das – damals übrigens keinesfalls unumstrittene[14] – rigorose Verdikt

10 *Otto Mayer* (o. Fn. 9) 42.

11 Vgl. den späteren ausdrücklichen Hinweis von *Otto Mayer* Deutsches Verwaltungsrecht, 3. Aufl. 1924, 13, Fn. 2: „Das Wort Untertan bezeichnet ganz gut das Verhältnis des Menschen im Staate; man muß nicht allzu ängstlich sein, es zu gebrauchen.“

12 *Otto Mayer* (o. Fn. 9) 48.

13 *Otto Mayer* (o. Fn. 9) 60.

14 Vgl. namentlich *Paul Laband* Rezension Otto Mayers Theorie des französischen Verwaltungsrechts, AöR, Bd. 2 (1887), 149: „Am bedenklichsten ist die vom Verf. entwickelte Lehre vom öffentlichrechtlichen Vertrage.“ (157). „Wenn man behauptet, der Staat könne deshalb mit Privaten keine Verträge schliessen, weil er ihnen nicht gleich stehe, sondern über sie herrsche, so ist dieser Grund nicht stichhaltig. Gerade im Gegentheil! Weil der Staat Herrscher ist, kann er

O. Mayers zum öffentlich-rechtlichen Vertrag zumindest konsequent, wenn nicht sogar schlüssig. Das öffentliche Recht definiert O. Mayer als das Gebiet, auf dem der Staat – als Staat – wirkt.[15] Und zur Macht dieses Staates sagt O. Mayer: „Unser Staat vermag rechtlich schlechthin Alles".[16] Deshalb sei auch „das ganze Verhältniss des Staates zu den Unterthanen ... ein grosses Gewaltverhältniss"[17] (Später nannte man das dann das „allgemeine Gewaltverhältnis" zwischen „Staat und Bürger"). Daraus folgt dann: „Der durch das zuständige Organ geäusserte Staatswille hat bindende Kraft, ist für sich allein ohne weitere Voraussetzungen fähig, rechtlich wirksam den Einzelnen zu bestimmen."[18] Aufgrund der verfassungsmäßigen „Zuständigkeitsvertheilung" seien aber „dem Gesetze vorbehalten gewisse Arten von Einwirkungen auf den Unterthanen, wie vor Allem Zwang zu Thun und Lassen".[19] Sei ein Gesetz nicht vorhanden, setze die Ausübung von Zwang die „freiwillige Unterwerfung des Betroffenen"[20] voraus. Die rechtliche Bedeutung der Einwilligung des Bürgers in seine Inpflichtnahme besteht also nur darin: „... das Hinderniss wegzuräumen, welches der verfassungsmässige Vorbehalt des Gesetzes der Macht und Zuständigkeit der Regierung setzt ... Weiter nichts."[21] Die bloße Einwilligung des Untertanen in die Einwirkung auf ihn könne demnach kein Vertrag sein: „Nicht der Eine soll die Rechtswirkung erzeugen und der Andere sich das gefallen lassen, sondern beide zusammen müssen sie geschaffen haben; dann ist es ein Vertrag".[22]

sich nach eigenem Belieben aller Rechtsformen bedienen, die ihm nützlich scheinen, und wenn er sich auf das Niveau des Privatrechts stellt und mit einem Einzelnen nach den Regeln desselben – wenngleich eines für gewisse Verwaltungszwecke modifizirten – Rechtsverhältnisse begründet, so ist dies eben eine Bethätigung seiner Freiheit, seiner ‚hoheitlichen Macht', diejenige Rechtsform zu wählen, die ihm beliebt." (159).

15 *Otto Mayer* (o. Fn. 9) 30ff.

16 *Otto Mayer* (o. Fn. 9) 30.

17 *Otto Mayer* (o. Fn. 9) 53.

18 *Otto Mayer* (o. Fn. 9) 39.

19 *Otto Mayer* (o. Fn. 9) 38.

20 *Otto Mayer* (o. Fn. 9) 38.

21 *Otto Mayer* (o. Fn. 9) 39.

22 *Otto Mayer* (o. Fn. 9) 40.

Diese Gedankenführung ist, wie gesagt, konsequent; mir erscheint sie sogar schlüssig. Ihre Vergegenwärtigung ist in mehrfacher Hinsicht aufschlußreich. Zum einen erklärt sie den langanhaltenden Widerstand, der dem Anerkenntnis des öffentlich-rechtlichen Vertrages geleistet wurde. Wenn etwa die Annahme eines allgemeinen Gewaltverhältnisses und die der Möglichkeit eines öffentlich-rechtlichen Vertrages im Grundsatz unvereinbar sind, bedarf es der Aufgabe der einen Annahme zugunsten der anderen. Aber auch unter der Geltung des Grundgesetzes war noch lange die Rede vom allgemeinen Gewaltverhältnis, das zwischen Staat und Bürger bestehe[23] – und ich bin mir nicht einmal sicher, ob ich diese Annahme wirklich schon der Rechtsgeschichte zuweisen darf.

Damit ist zugleich die für unseren Zusammenhang wichtigere, weil allgemeine Überlegung angedeutet. Wenn man den Gedankengang O. Mayers, an dessen Ende die „Undenkbarkeit“ des öffentlich-rechtlichen Vertrages steht, für schlüssig hält, dann bedeutet dessen Anerkennung notwendig die Aufgabe – oder besser noch – die Umkehrung seiner Prämissen: Der Staat kann nicht rechtlich alles aus sich heraus. Er ist vielmehr verfassungsrechtlich konstituiert und damit auch in seinen Befugnissen von vornherein limitiert.[24] Deshalb gibt es auch kein allgemeines Gewaltverhältnis zwischen Staat und Bürger. Die Frage der Inanspruchnahme der Bürger ist damit auch nicht nur eine solche der „Zuständigkeitsverteilung“ zwischen Gesetzgeber und Verwaltung, sondern auch eine solche

[23] *Ernst Forsthoff* Lehrbuch des Verwaltungsrechts, Bd. I, Allgemeiner Teil, 10. Aufl. 1973, § 7 A 1, 126f.; *Herbert Krüger* Allgemeine Staatslehre, 2. Aufl. 1966, 940ff.; *Hartmut Paetzold* Die Abgrenzung von allgemeinem und besonderem Gewaltverhältnis, 1972, 8 ff.; gegen die Annahme eines allgemeinen Gewaltverhältnisses unter der Geltung des Grundgesetzes vgl. nur *Hartmut Bauer* Subjektive öffentliche Rechte des Staates, DVBl. 1986, 208 ff., 216; *Friedrich E. Schnapp* Rechtsverhältnisse in der Leistungsverwaltung, DÖV 1986, 811 ff., 812.

[24] *Hans-Uwe Erichsen* Staatsrecht und Verfassungsgerichtsbarkeit I, 3. Aufl. 1982, 114; *Peter Badura* Verfassung, Staat und Gesellschaft in der Sicht des Bundesverfassungsgerichts, in: Christian Starck (Hrsg.), Bundesverfassungsgericht und Grundgesetz – Festgabe aus Anlaß des 25jährigen Bestehens des Bundesverfassungsgerichts, Zweiter Band, 1976, 1 ff., 11; *Klaus Stern* Das Staatsrecht der Bundesrepublik Deutschland, Bd. I, 2. Aufl. 1984, § 3 III 9 (95); BVerfG, Beschl. vom 21. 9. 1976 – 2 BvR 350/75 – BVerfGE 42, 312, 331 f.

des prinzipiellen Dürfens. Daher muß sich die Einwilligung des Bürgers in seine Inanspruchnahme nicht denknotwendig in der Zustimmung zu einseitigem Bewirken der Verwaltung erschöpfen, sondern kann rechtlich gleichwertige Teilhabe am gemeinsam erzeugten Rechtserfolg sein.

Geht man von einer derartigen Veränderung der staatsrechtlichen Prämissen aus, sollte man eigentlich meinen, daß O. Mayer heute nicht mehr Recht habe, nicht aber, wie eingangs behauptet, daß er – auch heute – „irgendwie" immer noch Recht habe. Die These steht und fällt mit dem Begriff des Vertrages. „Verträge", so eine Definition unserer Zeit, „dienen der Ordnung zwischenmenschlicher Beziehungen durch Selbstbestimmung der Beteiligten".[25] Diese Definition liegt durchaus auf der Ebene eines Verständnisses vom Vertrage wie es auch schon in den zitierten Äußerungen von O. Mayer zum Ausdruck kommt und kann auch als repräsentativ für das heutige Vertragsverständnis gelten.[26] Die Definition akzentuiert die „Selbstbestimmung der Beteiligten" und macht damit deutlich, daß die Autonomie Privater wesentlicher Geltungsgrund des Privatvertrages ist und damit sein Identitätsmerkmal wird. Die schlichte Erkenntnis hat – zumindest prima facie – verblüffende Folgen. Da der Staat nicht über Privatautonomie i. S. von Selbstbestimmung verfügt,[27] kann ein Verwaltungsträger einen solchen

[25] *Ludwig Raiser* Vertragsfunktion und Vertragsfreiheit, in: Ernst von Caemmerer/Ernst Friesenhahn/Richard Lange (Hrsg.), Hundert Jahre Deutsches Rechtsleben, FS zum Hundertjährigen Bestehen des Deutschen Juristentages, Bd. I, 1960, 105ff., 114, mit dem Zusatz: „im herrschaftsfreien Raum".

[26] *Hans Brox* Allgemeiner Teil des BGB, 23. Aufl. 1999, Zweiter Teil, § 4 I 2 (47f.); *Jan Busche* Privatautonomie und Kontrahierungszwang, 1999, 63ff.; *Stephan Lorenz* Der Schutz vor dem unerwünschten Vertrag – Eine Untersuchung von Möglichkeiten und Grenzen der Abschlußkontrolle im geltenden Recht, 1997, 15ff.; *Dieter Medicus* Allgemeiner Teil des BGB, 7. Aufl. 1997, Dritter Teil, § 17 I 2 (74); *Reinhard Singer* Selbstbestimmung und Verkehrsschutz im Recht der Willenserklärung, 1995, 6ff.

[27] *Peter Badura* Wirtschaftsverfassung und Wirtschaftsverwaltung – Ein exemplarischer Leitfaden, 1971, 135; *Winfried Brohm* Städtebauliche Verträge zwischen Privat- und Öffentlichem Recht – Zugleich ein Beitrag zu den „Einheimischen-Modellen", JZ 2000, 321ff., 323 und 326; *Walter Mallmann* Schranken nichthoheitlicher Verwaltung, VVDStRL 19, 1961, 165ff., 196ff.; *Jost Pietzcker* Rechtsbindungen der Vergabe öffentlicher Aufträge, AöR, Bd. 107 (1982), 61ff., 74; *Manfred Zuleeg* Die Anwendungsbereiche des öffentlichen Rechts und des Privatrechts, VerwArch, Bd. 73 (1982), 384ff., 396. An diesem Befund

Vertrag nicht schließen. Wenn die Universität bei dem Buchhändler B Bücher kauft, kann dieser Vorgang rechtlich nicht identisch sein mit dem Privatvertrag, den Studentin A mit demselben Buchhändler B schließt. Man mag gleichwohl davon reden, die Universität schließe einen Kaufvertrag wie ein Privater, verfährt dann aber in Wahrheit ein wenig wie das von O. Mayer zitierte Pfäfflein: Baptizo te contractum privatum.

Die Einsicht ist allerdings nicht unbedingt originell, jedenfalls ist sie nicht neu.[28] Ob die Sicht exotisch ist, hängt davon ab, welche Konsequenzen man aus ihr zieht. So wäre es etwa völlig abwegig anzunehmen, die Universität könne mangels Privatautonomie aus Rechtsgründen keine Bücher kaufen. Gleichwohl soll zur Verdeutlichung des Erkenntnisinteresses die Frage in ihrer zugespitzten Form noch offen bleiben, ob denn die Rechtsform des Kaufvertrages, die § 433 BGB zur Verfügung stellt, auch einem Verwaltungsträger zur Verfügung steht. Immerhin ist die Rationalitätsidee des Privatrechts die Privatautonomie und ist der von § 433 BGB vorausgesetzte Vertrag zumindest typischerweise der Privatvertrag.

Man mag geneigt sein, die aufgeworfene Frage als irrelevant, jedenfalls als akademisch abzutun. Man könnte geneigt sein zu argumentieren, Privatautonomie sei nur ein identitätsbildendes Merkmal für den Privatvertrag, nicht aber für den Vertrag „an sich". Dieses sei nur konsensuale Rechtsfolgenbewirkung, und das funktionale Äquivalent zur Privatautonomie sei der gesetzlich belassene Entscheidungsspielraum der Behörde. Einer solchen Argumentation könnte man im Großen und Ganzen sogar zustimmen. Nur

kommt man auch nicht vorbei, wenn man Privatautonomie anders definiert, vgl. *Hans Christian Röhl* Verwaltung und Privatrecht – Verwaltungsprivatrecht?, VerwArch 86 (1995), 531 ff., 537, der unter Privatautonomie die den Privatrechtssubjekten vom Privatrechtsgesetzgeber eingeräumte Befugnis zur Rechtsgestaltung versteht.

28 Am radikalsten *Karl Albrecht Schachtschneider* Staatsunternehmen und Privatrecht, 1986, 10 ff., demzufolge der Staat mangels Privatautonomie nicht privatrechtsfähig ist. *Dirk Ehlers* Die Verwaltung in Privatrechtsform, 1984, 86 und *Günter Püttner* Öffentliche Unternehmen, 2. Aufl. 1985, 275 f. ziehen aus der fehlenden Privatautonomie des Staates die Konsequenz, daß dieser sich des Privatrechts nur als eines rechtstechnischen Normenkomplexes bedienen kann.

ist damit die Grundfrage nach der Vertragsschlußkompetenz des Staates nicht beantwortet.

Aller Erfahrung nach führt die Ausklammerung von rechtlichen Grundfragen i.d. Regel auch zu rechtspraktischen Problemen. Dafür ein immer noch aktuelles Beispiel: Bis heute ist umstritten, ob die kommunalen Vertreter im Aufsichtsrat eines Unternehmens (AG oder GmbH) an Weisungen der Gemeinde gebunden werden dürfen.[29] Das Beispiel ist nicht zuletzt deshalb gewählt, weil einige der am heutigen Symposion Beteiligten sich dazu geäußert haben. Vielleicht sagen Sie alle, das sei gar kein Problem, wenn nur alle der jeweils eigenen Meinung folgen würden. Ich unterstelle, daß damit jeder Recht hat. Allerdings ist damit das Phänomen eines jahrzehntealten und immer noch nicht abgeschlossenen[30] Streits nicht erklärt. Schon wegen der hier versammelten Fachkompetenz werde ich mich hüten, selbst einen Problemlösungsvorschlag anzubieten. Aber eine These zur Erklärung des Streits sei doch gewagt. Wahrscheinlich rührt er daher, daß das Aktienrecht für die Beset-

[29] Siehe dazu *Kurt Ballerstedt* Zur Frage der Rechtsform gemeindlicher Wirtschaftsunternehmen, DÖV 1951, 449ff., 452; BGH, Urt. vom 29. 1. 1962 – II ZR 1/61 – BGHZ 36, 296ff., 306ff.; *Günter Nesselmüller* Rechtliche Einwirkungsmöglichkeiten der Gemeinden auf ihre Eigengesellschaften, 1977, 27ff.; *Wolfgang Graf Vitzthum* Gemeinderechtliche Grenzen der Privatisierung kommunaler Wirtschaftsunternehmen, AöR, Bd. 104 (1979), 580ff., 606ff.; *Robert Fischer* Das Entsendungs- und Weisungsrecht öffentlich-rechtlicher Körperschaften beim Aufsichtsrat einer Aktiengesellschaft, Die Aktiengesellschaft 1982, 85ff.; *Dirk Ehlers* Verwaltung in Privatrechtsform, 1984, 136ff.; *Günter Püttner* (o. Fn. 28) 235ff.; *Werner Hauser* Die Wahl der Organisationsform kommunaler Einrichtungen, Kriterien für die Wahl privatrechtlicher und öffentlich-rechtlicher Organisationsformen, 1987, 65ff.; *Eberhard Schmidt-Aßmann/Peter Ulmer* Die Berichterstattung von Aufsichtsratsmitgliedern einer Gebietskörperschaft nach § 394 AktG, BB 1988, Beilage 13 zu Heft 27, 4ff., 14ff.; *Hans-Peter Schwintowski* Gesellschaftsrechtliche Bindungen für entsandte Aufsichtsratsmitglieder in öffentlichen Unternehmen, NJW 1995, 1316ff.; *Thomas von Danwitz* Vom Verwaltungsprivat- zum Verwaltungsgesellschaftsrecht – Zu Begründung und Reichweite öffentlich-rechtlicher Ingerenzen in der mittelbaren Kommunalverwaltung, AöR, Bd. 120 (1995), 595ff., 625ff.; *Albert von Mutius* Kommunalrecht, 1996, Rdn. 509f.; *Kay Waechter* Kommunalrecht, 3. Aufl. 1997, Rdn. 556ff.; *Berenice Möller* Die rechtliche Stellung und Funktion des Aufsichtsrats in öffentlichen Unternehmen der Kommune, 1999, 91ff. mwN.

[30] Jüngst etwa *Berenice Möller* (o. Fn. 29) 91ff.

zung eines Aufsichtsratsmandats eine natürliche Person fordert,[31] der kommunale Vertreter im Aufsichtsrat dies aber niemals sein kann. Er ist Amtsperson. Man mag das praktische Problem mildern, indem man diese Amtsperson für die Wahrnehmung des Mandats weisungsungebunden stellt, letztlich beseitigen kann man es damit nicht. Weisungsungebundenheit und Privatautonomie sind zwei verschiedene Dinge. Auch der weisungsungebundene Amtswalter hat eine rechtsgebundene Amtsstellung. An dem Nebeneinander zwischen „Amtsstellung" und „privatautonomer Rechtsstellung" ändert sich nichts. Der Kern der Kontroverse scheint mir daher zu sein, ob aus aktienrechtlicher Sicht eine natürliche Person auch eine Amtsperson sein kann und ob aus kommunalrechtlicher Sicht eine Amtsperson eine natürliche Person sein darf.

Aus rechtswissenschaftlicher Sicht ist die Unaufgeklärtheit des Unterschiedes zwischen Privatvertrag und Verwaltungsvertrag unbefriedigend, weil sie den Geltungsgrund für den Verwaltungsvertrag offen läßt. Aufgrund der bisherigen Überlegungen läßt sich nur – negativ – feststellen, daß er nicht in Privatautonomie gesucht werden kann, und zwar unabhängig davon, ob der Verwaltungsträger einen öffentlich-rechtlichen oder privatrechtlichen Vertrag schließt. Das rechtfertigt die Eingangsbemerkung, nach der die Rechtsform des Verwaltungsvertrages zur Erklärung seines „Wesens" nichts beizutragen vermag. Wenn der Verwaltungsvertrag eine andere Identität hat als der Vertrag unter Privaten, ist die öffentlich-rechtliche oder privatrechtliche Rechtsform des Vertrages zur Beschreibung seiner Identität untauglich. Der Hinweis auf O. Mayers Vertragsdogmatik hat zudem gezeigt, daß die strikte Unterscheidung zwischen öffentlich-rechtlichem und privatrechtlichem Verwaltungsvertrag den öffentlich-rechtlichen Vertrag an seiner Entfaltung gehindert und zugleich den Erklärungsbedarf für den privatrechtlichen Verwaltungsvertrag verdeckt hat. Das zu errichtende dogmatische System des Verwaltungsvertrages wird man daher auch nicht auf dem Unterschied zwischen diesen Rechtsformen er-

31 § 100 Abs. 1 S. 1 AktG.

richten können. Diese Auffassung hat auch schon Gefolgschaft[32] und inzwischen Eingang in § 11 BauGB gefunden.[33]

Die Suche nach der Grundidee dieses Systems ist mit dieser Erkenntnis aber noch nicht beendet. Nur so viel steht fest, daß man sie ohne Rücksicht auf die privatrechtliche oder öffentlich-rechtliche Rechtsform des Verwaltungsvertrages anzustellen hat. Für diese Suche kann es hilfreich sein, noch einmal einen kurzen Seitenblick auf den Vertrag unter Privaten zu werfen. Der Privatvertrag ist damit zu erklären, daß die rechtliche Möglichkeit des Vertragsschlusses existentielle Voraussetzung für die grundgesetzlich verbürgte Selbstbestimmung des Individuums ist. Das Grundgesetz garantiert die Privatautonomie als die Autonomie Privater zur Verwirklichung der Persönlichkeitsentfaltung.[34] Der Privatvertrag ist Instrument zur Erfüllung dieser Funktion.

Wie schon herausgestellt, ist bemerkenswert, daß die Befugnis des Staates zum Abschluß eines privatrechtlichen Vertrages nie – oder kaum jemals[35] – bestritten wurde, schon gar nicht von O. Mayer. Er ging – wie dargestellt – davon aus, daß der Staat, wenn er als Staat auftrete, öffentlich-rechtlich handele, dann aber keine Ver-

32 *Walter Krebs* Verträge und Absprachen zwischen der Verwaltung und Privaten, VVDStRL 52, 1993, 248 ff., 257 f.; *Eberhard Schmidt-Aßmann* Zur Reform des Allgemeinen Verwaltungsrechts – Reformbedarf und Reformansätze, in: Wolfgang Hoffmann-Riem/Eberhard Schmidt-Aßmann/Gunnar Folke Schuppert (Hrsg.), Reform des Allgemeinen Verwaltungsrechts, 1993, 11 ff., 58 f.; zustimmend *Hartmut Bauer* (o. Fn. 1) 12, Fn. 6; vgl. auch *Eckart Hien* Bemerkungen zum städtebaulichen Vertrag, in: Jörg Berkemann u. a. (Hrsg.), Planung und Plankontrolle – Entwicklungen im Bau- und Fachplanungsrecht, Otto Schlichter zum 65. Geburtstag, 1995, 129 ff., 141, nach dem die Rechtsnatur für „die Frage der materiellrechtlichen Zulässigkeit von vertraglichen Regelungen praktisch keine Rolle spielt", da es „auf die das Handeln steuernde fachgesetzliche Norm" ankomme. A. A. *Winfried Brohm* (o. Fn. 27) 322 ff.

33 *Rolf-Peter Löhr* in: Ulrich Battis/Michael Krautzberger/Rolf-Peter Löhr (Hrsg.), Baugesetzbuch, § 11 BauGB, Rdn. 1; *Michael Krautzberger* in: Werner Ernst/Willy Zinkahn/Walter Bielenberg/Michael Krautzberger (Hrsg.), Baugesetzbuch, § 11 BauGB, Rdn. 2 (S. 6 Mitte) und 186 ff.

34 *Hans-Uwe Erichsen* Allgemeine Handlungsfreiheit, in: Josef Isensee/Paul Kirchhof (Hrsg.), Handbuch des Staatsrechts der Bundesrepublik Deutschland, Bd. VI, Freiheitsrechte, 1989, § 152 G I 2 (1209 f.).

35 *Karl Albrecht Schachtschneider* (o. Fn. 28) aaO.

träge schließe, wohingegen der Staat „dann civilrechtlich zu behandeln (ist), wenn er thut, was auch ein Privater thun könnte". Mangels hinreichender Kriterien könne man beide Gebiete allerdings nicht trennscharf voneinander abgrenzen.[36] Damit hatte er Recht und hat heute „irgendwie" immer noch Recht, nur unter Umkehrung der Prämissen. Nach heutigem Verfassungsverständnis handelt der Staat immer als Staat, also auch dann, wenn er zivilrechtlich handelt.[37] Wenn gleichwohl dem Staat die zivilrechtliche Vertragskompetenz nicht abgestritten wird und wenn man diesen Befund nicht bestreitet, läßt er sich für unseren Gedanken positiv nutzen. Wenn nämlich einerseits der Staat eine – zivilrechtliche – Vertragskompetenz hat und anderseits der Geltungsgrund für die Vertragskompetenz nicht in der Rechtsform liegen kann, muß der Staat die Vertragskompetenz zwangsläufig sowohl für das öffentliche als auch für das private Recht haben.

Die Beweisführung ist für die Findung der staatlichen Vertragskompetenz – hoffentlich – schlüssig, bleibt aber unbefriedigend. Das so gefundene Ergebnis müßte man in einer nichts verbergenden, schlichten Sprache so ausdrücken: Der Staat hat die Vertragskompetenz, weil er sie eben hat. Der Geltungsgrund ist damit noch nicht erklärt. Zu seiner Benennung bedarf es jetzt aber nur noch der Bündelung der bisherigen Überlegungen. So wird man den Grund für die scheinbar unproblematische Annahme eines privatrechtlichen Verwaltungsvertrages in seiner Unverzichtbarkeit für die Erledigung staatlicher Aufgaben sehen können. Die Universität muß Bücher kaufen können! Abstrahiert man diesen Gedanken und führt ihn mit der Erkenntnis der Funktion des Privatvertrages

[36] *Otto Mayer* (o. Fn. 9) 36.

[37] Ohne Einschränkung *Hans-Uwe Erichsen* (o. Fn. 24) 114; *Wolfgang Martens* Öffentlich als Rechtsbegriff, 1969, 98; *Horst Dreier* Hierarchische Verwaltung im demokratischen Staat, 1991, 252 ff.; a. A. für sogenannte privatrechtliche Hilfsgeschäfte BGH, Urt. vom 26. 10. 1961 – KZR 1/61 – BGHZ 36, 91 ff., 96; Gemeinsamer Senat der obersten Gerichtshöfe des Bundes, Beschl. vom 10. 4. 1986 – GmS-OGB 1/85 – BGHZ 97, 312, 316; a. A. für die erwerbswirtschaftliche Betätigung *Karl August Bettermann* Gewerbefreiheit der öffentlichen Hand – Beiträge zu Art. 12 I, 15, 19 III GG, in: Berliner Festschrift für Ernst E. Hirsch, 1968, 1 ff., 19 f.; *Volker Emmerich* Das Wirtschaftsrecht der öffentlichen Unternehmen, 1969, 128 ff.

zusammen, wird folgendes deutlich: So wie der Privatvertrag unverzichtbares Mittel zur Verwirklichung der Selbstbestimmung des Einzelnen ist, ist der Verwaltungsvertrag unverzichtbares Instrument zur Erledigung der Aufgaben des Staates. So wie die Verfassung dem Einzelnen mit der Garantie von Autonomie auch unausgesprochen Privatautonomie zur Gestaltung von (Privat-)Verträgen zuweist, weist sie dem Staat mit der Zuweisung von Aufgaben auch eine Handlungskompetenz in Gestalt des Vertragsschlusses zu. Verfassungsrechtlich entspricht dieser Vorgang dem der Begründung der Organisationsgewalt des Staates:[38] Der Kompetenz zur Aufgabenwahrnehmung ist die Handlungskompetenz inhärent.

Nach dem bisher Ausgeführten ist diese prinzipielle staatliche Vertragskompetenz rechtsformunabhängig. Ihre Ausübung ist aber sicher nicht unabhängig von der konkreten Gestaltung der Vertragsrechtsordnung. Was insofern für den Privatvertrag gilt, gilt auch für den Verwaltungsvertrag. Die konkrete rechtliche Möglichkeit eines Vertragsschlusses ist davon abhängig, daß die Rechtsordnung für den konkret zu schließenden Vertrag eine Vertragsrechtsform zur Verfügung stellt.[39] Im Hinblick darauf werden die Teilrechtsordnungen noch zu befragen sein. Letztlich wird man auch erst danach die Frage nach der Möglichkeit eines zivilrechtlichen oder öffentlich-rechtlichen Verwaltungsvertrages beantworten können. Angesichts des insofern schon bekannten Ergebnisses ist sie aber nicht mehr so spannend wie die hier erörterte. Die Frage der Rechtsform ist erkennbar konkreter als die nach der Systemidee des Verwaltungsvertrages und daher im Wortsinn nachrangig. Daher sollen auch noch für einen Moment lang die Überlegungen bei der abstrakteren Frage bleiben.

Die Systemidee für den Verwaltungsvertrag läßt sich in Abgrenzung zum Privatvertrag und in Anlehnung an den Verwaltungsakt

[38] Dazu *Ernst-Wolfgang Böckenförde* Die Organisationsgewalt im Bereich der Regierung – Eine Untersuchung zum Staatsrecht der Bundesrepublik Deutschland, 1964, 29ff.

[39] *Hans Brox* Fragen der rechtsgeschäftlichen Privatautonomie, JZ 1966, 761; *Werner Flume* Allgemeiner Teil des Bürgerlichen Rechts, Zweiter Band, Das Rechtsgeschäft, 3. Aufl. 1977, § 1, 2 (S. 1ff.).

definieren. Wenn der Geltungsgrund für den Privatvertrag die Selbstbestimmung des Einzelnen ist, könnte man als dessen Grundidee die Anerkennung privater Beliebigkeit im Rahmen des Rechts nennen (Das mögen aber letztlich die zivilrechtlichen Vertragstheoretiker entscheiden[40]). Wenn Geltungsgrund für den Verwaltungsvertrag staatliche Aufgabenerledigung ist, ist seine Grundidee dieselbe, die aller staatlichen Aufgabenerledigung unter den Bedingungen des Rechtsstaats zugrunde liegt;[41] es ist die der durch rechtliche Determination erzeugten Rationalität. Ebenso wie dem Verwaltungsakt liegt dem Verwaltungsvertrag eine rechtsgebundene und damit rationale Entscheidung zugrunde. Beim Verwaltungsakt bewirkt diese Entscheidung einseitig Rechtsetzung im Einzelfall. Die Grundidee des Verwaltungsvertrages ist die rationale staatliche Entscheidung, die durch Konsens mit dem Vertragspartner Rechtsetzung im Einzelfall bewirkt.

Ob diese Grundidee als Systemidee eines Verwaltungsvertragssystems taugt, wird man erst wissen, wenn dieses System errichtet ist. Die nachfolgenden Ausführungen dienen daher nur noch als Test, ob die umrissene Grundvorstellung vom Verwaltungsvertrag die ihr zugedachte Funktion erfüllen kann oder doch zumindest rechtsdogmatisch folgenreich ist.

[40] Nach *Lorenz Fastrich* Richterliche Inhaltskontrolle im Privatrecht, 1992, 2. Kap., § 4 V, 51 ff. baut das Vertragsrecht des BGB neben der Selbstbestimmung auf der Prämisse der generellen Richtigkeitsgewähr des Vertragsmechanismus auf. Ähnlich *Franz Bydlinski* Privatautonomie und objektive Grundlagen des verpflichtenden Rechtsgeschäfts, 1967, 62 ff.; *Mathias Habersack* Richtigkeitsgewähr notariell beurkundeter Verträge, AcP 189 (1989), 403 ff., 406 ff.; *Dagmar Coester-Waltjen* Die Inhaltskontrolle von Verträgen außerhalb des AGBG, AcP 190 (1990), 1 ff.; grundlegend *Walter Schmidt-Rimpler* Grundfragen einer Erneuerung des Vertragsrechts, AcP 147 (1941), 130 ff.; gegen die Theorie der Richtigkeitsgewähr *Werner Flume* Rechtsgeschäft und Privatautonomie, in: Ernst von Caemmerer/Ernst Friesenhahn/Richard Lange (Hrsg.), Hundert Jahre Deutsches Rechtsleben, Festschrift zum Hundertjährigen Bestehen des deutschen Juristentages, Bd. I, 1960, 135 ff., 141 ff.; *Ludwig Raiser* (o. Fn. 25) 119; *Hans-Joachim Pflug* Kontrakt und Status im Recht der Allgemeinen Geschäftsbedingungen, 1986, 132 ff.

[41] Dazu *Konrad Hesse* Der Rechtsstaat im Verfassungssystem des Grundgesetzes, in: Konrad Hesse/Siegfried Reicke/Ulrich Scheuner (Hrsg.), Staatsverfassung und Kirchenordnung, Festgabe für Rudolf Smend zum 80. Geburtstag, 1962, 71 ff., 84.

Insofern sei zunächst die immer noch offen gelassene Frage aufgegriffen, ob denn die Rechtsform des § 433 BGB auch dem Verwaltungsträger zur Verfügung steht. Sie sei angemessen kurz beantwortet. Zum einen kaufte die Universität schon Bücher, als das BGB vor hundert Jahren in Kraft trat. Zum anderen muß ein Kaufvertrag nicht auf Privatautonomie, er kann auch auf Kontrahierungszwang beruhen.[42] Selbst wenn man – z. B. mit Flume – meinen sollte, ein derartiger Vertrag sei kein richtiger Vertrag,[43] wird man gleichwohl § 433 BGB anwenden.[44] Privatautonomie der Vertragspartner ist nicht unumgängliche Anwendungsvoraussetzung der Norm. Folgenreich wird der Identitätsunterschied zwischen dem privatrechtlichen Privatvertrag und Verwaltungsvertrag, wenn das Zivilrecht gerade an die privatautonome Entscheidung Rechtsfolgen knüpft. Hier wird man zur Vermeidung von Problemen, wie sie Aktienrechtler und Kommunalrechtler mit dem Aufsichtsrat kommunaler Unternehmen haben, jeweils sorgfältig ausloten müssen, inwieweit eine zivilrechtliche Rechtsstellung auch einem Verwaltungsträger eingeräumt werden kann. So wird man z. B. einem Verwaltungsträger kaum die Befugnis zugestehen können, ein Dauerschuldverhältnis zwar im Rahmen des Rechts, aber im übrigen nach Belieben zu kündigen.[45] Ein Verwaltungsträger hat eben nie nach „Belieben", sondern immer rational, z. B. unter Bezug auf seine Aufgabenwahrnehmung, zu entscheiden. Um zur Verdeutlichung des Anliegens noch ein weiteres Beispiel zu nennen: Soll ein Verwaltungsträger, wenn das Vereinbarte zwar nicht dem

42 Allgemein zum Kontrahierungszwang im Zivilrecht *Jan Busche* (o. Fn. 26); *Franz Bydlinski* Zu den dogmatischen Grundfragen des Kontrahierungszwanges, AcP 180 (1980), 1 ff.

43 *Werner Flume* (o. Fn. 39) § 1, 7 (S. 10).

44 Vgl. *Werner Flume* (o. Fn. 39) § 33 (S. 612); *Hermann Dilcher* in: Julius von Staudinger (Hrsg.), Kommentar zum Bürgerlichen Gesetzbuch, §§ 90–240, 12. Aufl. 1980, Vorbem. zu §§ 145 ff., Rdn. 21, nach denen auf aufgrund Kontrahierungszwanges geschlossene Verträge grundsätzlich Privatrecht anzuwenden ist.

45 Nach *Martin Bullinger* (o. Fn. 7) 820 ist wegen der verwaltungsaktsähnlichen Struktur der Kündigung im Einzelfall zu prüfen, ob die für den Verwaltungsakt geltenden Verfahrensvorschriften auf die Kündigung entsprechend anzuwenden sind; a. A. jetzt entgegen der Vorauflage *Ferdinand O. Kopp/Ulrich Ramsauer* Verwaltungsverfahrensgesetz, 7. Aufl. 2000, § 60 VwVfG, Rdn. 15.

Willen der vertragsschließenden Behörde, wohl aber dem normativ Gesollten entspricht, den Vertrag anfechten können?[46]

Insgesamt scheint mir hinsichtlich der Tauglichkeit vieler Zivilrechtsinstitute für ein Verwaltungsvertragssystem noch ein beträchtlicher Forschungsbedarf zu bestehen. Dieser ist – wie eingangs erwähnt – hinsichtlich anderer Bausteine der Verwaltungsvertragsdogmatik z. T. befriedigt. Diese können an der genannten Grundidee – wenn sie als Systemidee taugt – ausgerichtet oder mit Hilfe der Grundidee überprüft werden. Auch das sei mit einem knappen Hinweis verdeutlicht.

Für den Verwaltungsvertrag, zumindest für seine öffentlich-rechtliche Variante, scheint sich die Vorstellung durchzusetzen, daß er – ebenso wie der Verwaltungsakt – Einzelfallrechtsetzung darstellt.[47] Es sei darauf hingewiesen, daß dem privatrechtlichen Privatvertrag diese Eigenschaft bestritten worden ist.[48] Er rufe zwar Rechtsfolgen hervor, „Recht" könne er aber nicht erzeugen,

[46] Vgl. z. B. *Winfried Kluth* Rechtsfragen der verwaltungsrechtlichen Willenserklärung, NVwZ 1990, 608 ff., 613, der einem Anfechtungsrecht der Verwaltung gegenüber dem Bürger u. a. wegen der Unklarheit, auf welchen „Willen" abzustellen ist, ablehnend gegenüber steht.

[47] *Hans-Uwe Erichsen* (o. Fn. 6) § 23, 391; *Udo Di Fabio* Vertrag statt Gesetz? Gesetzesvertretende und gesetzesausfüllende Verwaltungsverträge im Natur- und Landschaftsschutz, DVBl. 1990, 338 ff., 342; *Jürgen Fluck* Die Erfüllung des öffentlichrechtlichen Verpflichtungsvertrages durch Verwaltungsakt, 1985, 63 ff.; *Andreas Knuth* Konkurrentenklage gegen einen öffentlichrechtlichen Subventionsvertrag – OVG Münster, NVwZ 1984, 522 –, JuS 1986, 523 ff., 524; *Eberhard Schmidt-Aßmann*/*Walter Krebs* (o. Fn. 1) 201 ff. A. A. *Wilhelm Henke* Allgemeine Fragen des öffentlichen Vertragsrechts, JZ 1984, 441 ff., 445.

[48] *Werner Flume* (o. Fn. 40) 141 ff.; zustimmend *Hans Brox* (o. Fn. 39) 761 f.; für die Rechtsqualität vertraglicher Regelungen zwischen Privaten hingegen *Fritz Rittner* Über den Vorrang des Privatrechts, in: Albrecht Dieckmann u. a. (Hrsg.), Festschrift für Wolfram Müller-Freienfels, 1986, 509, 516 ff. Vgl. auch *Lorenz Fastrich* (o. Fn. 40) § 4 V 2, 52 f., nach dem sich offenbar aus der Annahme, daß Grundlage der rechtlichen Anerkennung des Vertrages der Wille der Parteien als solcher sei, die Rechtsquelleneigenschaft des Vetrages ergibt. Von einem anderen Rechtsquellenbegriff gehen *Karl Larenz* Allgemeiner Teil des deutschen bürgerlichen Rechts, 7. Aufl. 1989, Einleitung, § 1 I c 7 und *Heinz Hübner* Allgemeiner Teil des Bürgerlichen Gesetzbuches, 2. Aufl. 1996, Einl., § 3 I b, 14 f. aus, die die Rechtsquelleneigenschaft des Vertrages wegen dessen mangelnder Normwirkung verneinen.

da er auf privater Beliebigkeit beruhe.[49] Der Verwaltungsvertrag darf demgegenüber diese Qualität haben. Er beruht eben nicht auf Beliebigkeit, sondern auf einer rechtsgebundenen rationalen Entscheidung.

Die Besinnung auf den „Kern" eines Vertragssystems zeigt auch, daß die gesetzliche Positivierung des öffentlich-rechtlichen Verwaltungsvertrages neben ihren Funktionen auch Dysfunktionen hat. Sie verdeckt, daß einige der in den §§ 54 ff. VwVfGen niedergelegten Grundsätze auch für den privatrechtlichen Verwaltungsvertrag gelten müssen. Das rechtspolitische Ziel müßte eigentlich ein – rechtsformunabhängiges – Verwaltungsvertragsgesetz in Bund und Ländern sein. Bis es soweit ist, werden aber noch einige Symposien abzuarbeiten und abzufeiern sein.

49 *Werner Flume* (o. Fn. 40) aaO; *Hans Brox* (o. Fn. 39) aaO.

Die verfassungsrechtliche Garantie der kommunalen Selbstverwaltung

Dirk Ehlers, Münster

Über kaum ein Thema des Staatsorganisationsrechts ist so viel gesagt und geschrieben worden wie über die kommunale Selbstverwaltung. In verschiedenen Epochen der deutschen Geschichte wurden Inhalt und Wirkungsweise der kommunalen Selbstverwaltungsgarantien sehr unterschiedlich ausgelegt. Das liegt zum einen daran, daß sich die normativen Grundlagen geändert haben. Von der vom Reichsfreiherrn *Carl vom und zum Stein* geschaffenen „Ordnung für sämmtliche Städte der preußischen Monarchie“ vom 19. November 1808 bis hin zu den nunmehr geltenden verfassungsrechtlichen Gewährleistungen der kommunalen Selbstverwaltung ist es ein weiter Weg. Zum anderen ist das Recht auf kommunale Selbstverwaltung nicht selten auch bei unverändertem Normenbestand sinnvariierend interpretiert worden, weil sich die herrschende Meinung unter kräftiger Mithilfe des Zeitgeistes gewandelt hat.

Wegen der *Zuständigkeit der Länder* für das Kommunalrecht ist das Recht auf kommunale Selbstverwaltung heute primär im Landesrecht verankert, wobei die Landesverfassungen durchweg die grundsätzlichen Selbstverwaltungsregelungen treffen.[1] Das Grundgesetz nimmt sich des Themas nur in zweiter Linie an. Art. 28 Abs. 2 GG spricht nicht von einem Recht der Gemeinden und Gemeindeverbände auf Selbstverwaltung, sondern davon, daß dieses Recht gewährleistet sein muß. Die Vorschrift enthält demnach in erster Linie einen an den Landesgesetz- oder Landesverfassungsgeber gerichteten Gesetzgebungsauftrag.[2] Daneben verleiht Art. 28 Abs. 2 GG den Gemeinden und Gemeindeverbänden aber auch selbst ein Recht auf

1 Selbst die knapp gehaltene Verfassung des Landes Schleswig-Holstein enthält in Gestalt der Art. 46ff. einschlägige Garantien zugunsten der kommunalen Selbstverwaltung.

2 Vgl. *Hans-Uwe Erichsen* Kommunalrecht des Landes Nordrhein-Westfalen, 2. Aufl. 1997, 359.

Selbstverwaltung. Dies ergibt sich schon aus der Überlegung, daß es widersprüchlich wäre, wenn der Bund den Ländern Verpflichtungen auferlegen dürfte, die er selbst nicht einzuhalten bräuchte.[3] Zudem bestimmt Art. 93 Abs. 1 Nr. 4 b GG, daß die Gemeinden und Gemeindeverbände Verfassungsbeschwerde beim Bundesverfassungsgericht „wegen Verletzung des Rechts auf Selbstverwaltung nach Artikel 28“ durch ein Gesetz einlegen können, bei Landesgesetzen allerdings nur, soweit nicht Beschwerde beim Landesverfassungsgericht erhoben werden kann. Die Garantien des Grundgesetzes und der Landesverfassung stehen selbständig nebeneinander, wobei der Bund nur an das Grundgesetz, die Länder an die Bestimmungen der Landesverfassungen sowie an Art. 28 Abs. 2 GG gebunden sind.[4] Die Länder dürfen über die Regelung des Art. 28 Abs. 2 GG hinausgehen, nicht aber dahinter zurückbleiben.[5] Gegebenenfalls muß das niedrigere Schutzniveau des Landesverfassungsrechts durch den weiteren Garantiegehalt des ranghöheren Art. 28 Abs. 2 GG aufgefüllt werden. Scheitert eine darauf gerichtete verfassungskonforme Auslegung, können sich die Gemeinden und Gemeindeverbände

[3] *Hartmut Maurer* Verfassungsrechtliche Grundlagen der kommunalen Selbstverwaltung, DVBl. 1995, 1037, 1040.

[4] Vgl. *Dirk Ehlers* in: ders. (Hrsg.), Kommunale Wirtschaftsförderung, 1990, 103, 108; *Wolfgang Löwer* in: Ingo v. Münch/Philip Kunig (Hrsg.), GG, Bd. 2, 3. Aufl. 1995, Art. 28 Rdn. 35 f.; *Eberhard Schmidt-Aßmann* in: ders. (Hrsg.), Besonderes Verwaltungsrecht, 11. Aufl. 1999, 1. Abschn. Rdn. 9; *Horst Dreier* in: ders. (Hrsg.), GG, Bd. 2, 1998, Art. 28 Rdn. 86; *Michael Nierhaus* in: Michael Sachs (Hrsg.), GG, 2. Aufl. 1999, Art. 28 Rdn. 33.

[5] Die Rechtslage in Nordrhein-Westfalen ist kompliziert. So spricht Art. 78 LV anders als Art. 28 Abs. 2 S. 1 GG nicht von Angelegenheiten der örtlichen Gemeinschaft, sondern davon, daß die Gemeinden und Gemeindeverbände in ihrem Gebiet die alleinigen Träger der öffentlichen Verwaltung sind, soweit die Gesetze nichts anderes vorschreiben (Abs. 2). Indessen kann und muß Art. 28 Abs. 2 S. 1 GG in Art. 78 LV hineingelesen werden (vgl. auch VerfGH NW, NWVBl. 1988, 11, 12 – ohne Begründung), weil sonst die verfassungsrechtliche Abgrenzung von Gemeinde- und Kreisaufgaben nicht möglich ist, die Kreise z. B. auch Angelegenheiten der örtlichen Gemeinschaft wahrnehmen dürften. Zum anderen ist es nicht der Zweck des Art. 78 LV, den Wirkungskreis der Gemeinden um diejenigen ihr Gebiet betreffenden gesamtstaatlichen Aufgaben anzureichern, die nicht ausreichend gesetzlich fundiert sind. Vgl. *Janbernd Oebbecke* Gemeindeverbandsrecht Nordrhein-Westfalen, 1984, Rdn. 39; *Dirk Ehlers* Die Rechtsprechung zum nordrhein-westfälischen Kommunalrecht der Jahre 1984–1989, Teil 1, NWVBl. 1990, 44, 45; *Hans-Uwe Erichsen* (o. Fn. 2) 361.

auch vor dem Bundesverfassungsgericht auf eine Verletzung des Art 28 Abs. 2 GG berufen.

Obwohl dem *Bundesverfassungsgericht* auf dem hier in Rede stehenden Gebiet nur beschränkte Kontrollkompetenzen zukommen, bestimmt seine Judikatur zu Art. 28 Abs. 2 GG das Verständnis des kommunalen Selbstverwaltungsrechts. Die landesverfassungsrechtlichen Garantien der kommunalen Selbstverwaltung und die dazu ergangene Rechtsprechung der Landesverfassungsgerichte werden selten zur Kenntnis genommen.[6] Zudem folgen sowohl die Landesverfassungsgerichte als auch erst recht die sonstigen Gerichte – von wenigen Ausnahmen abgesehen[7] – dem Bundesverfassungsgericht. In der Literatur wurde zwar verschiedentlich Kritik an der Rechtsprechung des Bundesverfassungsgerichts geübt.[8] In der Regel begnügt sich das Schrifttum aber damit, die Ausführungen des Gerichts zu referieren und nachvollziehend Satz für Satz zu kommentieren.[9]

Im folgenden soll der Frage nachgegangen werden, ob der Auslegung des Art. 28 Abs. 2 GG durch das Bundesverfassungsgericht zu folgen ist. Zunächst werden die Leitlinien der Rechtsprechung des Gerichts vorgestellt (I.) und auf ihre Tragfähigkeit hin untersucht (II.). Sodann sollen an dem Beispiel des verfassungsrechtlichen Schutzes der kommunalen Vermögensverwaltung die Konsequenzen der unterschiedlichen Selbstverwaltungsverständnisse aufgezeigt werden (III.). Ein Fazit (IV.) schließt die Ausführungen ab. Aus räumlichen Gründen wird nur auf das Selbstverwaltungsrecht der Gemeinden näher eingegangen.

6 Vgl. *Joachim Kronisch* Aufgabenverlagerung und gemeindliche Aufgabengarantie, 1993, 29 (m. Fn. 96, 97); *Wolfgang Löwer* (o. Fn. 4) Art. 28 Rdn. 34; *Hartmut Maurer* (o. Fn. 3) 1037, 1041.

7 Vgl. die Ausf. zu II. 5.

8 Vgl. insbesondere *Jörn Ipsen* Schutzbereich der Selbstverwaltungsgarantie und Einwirkungsmöglichkeiten des Gesetzgebers, ZG 1994, 194 ff.; *Hartmut Maurer* (o. Fn. 3) 1037, 1041 ff.; *dens.* Verfassungsrechtliche Grundlagen der kommunalen Selbstverwaltung, in: Friedrich Schoch (Hrsg.), Selbstverwaltung der Kreise in Deutschland, 1996, 1, 9 ff.; *Markus Kenntner* Zehn Jahre nach „Rastede" – Zur dogmatischen Konzeption der kommunalen Selbstverwaltung im Grundgesetz, DÖV 1998, 701 ff.

9 Dies gilt namentlich für die Kommentarliteratur.

I. Leitlinien der Rechtsprechung des Bundesverfassungsgerichts

Mit der Auslegung des Art. 28 Abs. 2 GG befassen sich zahlreiche Entscheidungen des Bundesverfassungsgerichts. In jüngerer Zeit hat sich das Gericht im *Rastede-Beschluß* von 1988,[10] in zwei *Entscheidungen zum Ausländerwahlrecht* von 1990[11] und in dem *Gleichstellungsbeauftragten-Beschluß* von 1994[12] näher zur Legitimationsgrundlage sowie zur Struktur und Wirkungsweise des verfassungsrechtlich verbürgten kommunalen Selbstverwaltungsrechts geäußert. Versucht man die Stoßrichtung der Rechtsprechung kurz zusammenzufassen, lassen sich fünf Leitlinien formulieren.

1. Annahme einer institutionellen Garantie

Nach Ansicht des Bundesverfassungsgerichts enthält Art. 28 Abs. 2 S. 1 GG zunächst eine institutionelle Garantie der gemeindlichen Selbstverwaltung. Damit knüpft das Gericht an die Auslegung des Selbstverwaltungsrechts in der *Weimarer Zeit* an. Damals wurde der Bestimmung des Art. 127 WRV, die den Gemeinden und Gemeindeverbänden das Recht der Selbstverwaltung innerhalb der Schranken der Gesetze gewährte, zunächst jegliche Bindungswirkung gegenüber dem Gesetzgeber abgesprochen.[13] Teils ist ein bloßer Programmsatz, teils eine Bekräftigung des Grundsatzes der Gesetzmäßigkeit der Verwaltung angenommen worden. Gegen diese Auslegung wandte sich die von *Carl Schmitt* zwar nicht begründete,[14] aber näher entwickelte Lehre von den institutionellen Garantien.[15]

[10] BVerfGE 79, 127 ff.
[11] BVerfGE 83, 37 ff.; 60 ff.
[12] BVerfGE 91, 228 ff.
[13] Vgl. *Gerhard Anschütz* Die Verfassung des Deutschen Reichs vom 11. August 1919, 7. Aufl. 1928, Art. 127, 335 („gewährleistet ... den Gemeinden und Gemeindeverbänden tatsächlich nichts"); *Gerhard Lassar* Reichsverfassung und örtliche Landesverwaltung, Reichsverwaltungsblatt und Preußisches Verwaltungsblatt 1929, 524 („im wesentlichen praktisch bedeutungslos").
[14] Vgl. zu den Einrichtungsgarantien bereits *Martin Wolff* Reichsverfassung und Eigentum, in: Festgabe für Wilhelm Kahl, 1923, Beitrag IV, 5 f.
[15] *Carl Schmitt* Verfassungslehre, 1928, 170 ff.; *ders.* Inhalt und Bedeutung des zweiten Hauptteils der Reichsverfassung, in: Gerhard Anschütz/Richard Thoma (Hrsg.), Handbuch des deutschen Staatsrechts, Bd. 2, 1932, 572, 595 f. Zur ver-

Danach sollen die verfassungsrechtlichen Gewährleistungen einschließlich der kommunalen Selbstverwaltungsgarantien nicht schrankenlos dem Zugriff des Gesetzgebers preisgegeben, sondern vielmehr die Einrichtungen als solche einschließlich ihrer wesentlichen Bestandteile geschützt sein. Die neue Konzeption setzte sich in der Endphase der Weimarer Republik durch. In einer Grundsatzentscheidung stellte der Staatsgerichtshof für das Deutsche Reich im Jahre 1929 fest, die Landesgesetzgebung dürfe „die Selbstverwaltung auch nicht derart einschränken, daß sie innerlich ausgehöhlt wird, die Gelegenheit zu kraftvoller Betätigung verliert und nur noch ein Scheindasein führen kann".[16] Diese Sichtweise hat das Bundesverfassungsgericht ausdrücklich übernommen. Bereits in seiner ersten einschlägigen Entscheidung, die im ersten Band der amtlichen Sammlung abgedruckt ist, spricht das Gericht davon, daß der Grundgesetzgeber weder hinter der Auslegung, die Art. 127 WRV gegen Ende der Weimarer Republik gefunden hatte, zurückbleiben noch darüber hinausgehen wollte.[17]

Das Besondere einer institutionellen Garantie besteht darin, daß der Gesetzgeber zwar nicht unbeschränkte, aber weitgehende *Ausgestaltungsbefugnisse* besitzt. Insbesondere gibt es nach der Lehre von den institutionellen Garantien keinen verfassungsunmittelbar gewährleisteten Schutzbereich der garantierten Einrichtungen. Institutionelle Garantien sind im Gegenteil darauf angelegt, vom Gesetzgeber ausgefüllt und konkretisiert zu werden.[18] Dementsprechend prüft das Bundesverfassungsgericht in seiner Rastede-Entscheidung, in der es um die Verfassungsmäßigkeit der Verlagerung von Gemeindeaufgaben auf den Kreis geht, nicht zuerst, ob das Selbstverwaltungsrecht der beschwerdeführenden Gemeinde betroffen ist. Vielmehr beginnt die Begründetheitsprüfung mit der Feststellung, daß die in Art. 28 Abs. 2 S. 1 GG liegende Garantie der Einrichtung gemeindlicher

fassungsgeschichtlichen Entwicklung vgl. *Edzard Schmidt-Jortzig* Die Einrichtungsgarantien der Verfassung, 1979, 13ff.

16 StGH, RGZ 126, Anh. 14, 22.

17 BVerfGE 1, 167, 175. Zust. z. B. *Edzard Schmidt-Jortzig* Kommunale Organisationshoheit, 1979, 82ff.; *ders.* Kommunalrecht, 1982, Rdn. 512ff.; *Albert v. Mutius* Kommunalrecht, 1996, Rdn. 140ff.

18 *Thomas Clemens* Kommunale Selbstverwaltung und institutionelle Garantie: Neue verfassungsrechtliche Vorgaben durch das BVerfG, NVwZ 1990, 834, 835.

Selbstverwaltung der gesetzlichen Ausgestaltung und Formung bedarf.[19] Das Gericht stellt dann nur noch die Frage, welchen Grenzen der Gesetzgeber bei der Ausgestaltung unterliegt.

2. Inhalte der institutionellen Garantie

Inhaltlich entnimmt die Rechtsprechung der institutionellen Garantie drei Garantieebenen, die in Anschluß an *Klaus Stern*[20] üblicherweise als institutionelle Rechtssubjektsgarantie, objektive Rechtsinstitutionsgarantie und subjektive Rechtsstellungsgarantie bezeichnet werden. Aus der Rechtssubjektsgarantie wird hergeleitet, daß es Gemeinden geben muß. Diese sollen aber nur institutionell, nicht „individuell" garantiert sein.[21] Die Rechtsinstitutionsgarantie sichere den Gemeinden einen grundsätzlich alle Angelegenheiten der örtlichen Gemeinschaft umfassenden Aufgabenbereich sowie die Befugnis zur eigenverantwortlichen Führung der Geschäfte in diesem Bereich.[22] Zum Schutz der genannten Garantien vermittele die subjektive Rechtsstellungsgarantie den Gemeinden schließlich ein gerichtlich durchsetzbares Recht auf Selbstverwaltung.[23] Wichtig ist, daß dieses Recht mit der institutionellen Garantie korrespondiert, also nur in dem Umfang und nach Maßgabe der institutionellen Garantie zum Tragen kommt.

3. Umfassendes Verständnis des Gesetzmäßigkeitsprinzips

Die Vorschrift des Art. 28 Abs. 2 S. 1 GG gewährleistet den Gemeinden das Recht, alle Angelegenheiten der örtlichen Gemeinschaft in

19 BVerfGE 79, 127, 143.

20 *Klaus Stern* in: Bonner Kommentar, Art. 28 (Zweitbearbeitung 1964), Rdn. 78ff., 85ff., 184ff.; *ders.* Das Staatsrecht der Bundesrepublik Deutschland, Bd. 1, 2. Aufl. 1984, § 12 II 4 b. Vgl. zum Ganzen auch *Hans-Uwe Erichsen* (o. Fn. 2) 362ff.

21 BVerfGE 86, 90, 107.

22 BVerfGE 79, 127, 143 m.w.N. Unklar bleibt, warum es gleichwohl entscheidend auf die Ausgestaltung und Formung der gemeindlichen Selbstverwaltung ankommen soll.

23 Bereits *Carl Schmitt* hat die Auffassung vertreten, daß institutionelle Garantien subjektivrechtlich unterfangen sein können. Vgl. Freiheitsrecht und institutionelle Garantien der Reichsverfassung (1931), wieder abgedruckt in *Carl Schmitt* Verfassungsrechtliche Aufsätze, 1958, 140, 146f.

eigener Verantwortung zu regeln, nicht vorbehaltlos, sondern nur im *Rahmen der Gesetze*. Das Bundesverfassungsgericht bezieht die Worte „im Rahmen der Gesetze" nicht nur auf die Art und Weise der Erledigung der Angelegenheiten der örtlichen Gemeinschaft, sondern ebenso auf die gemeindliche Zuständigkeit für diese Angelegenheiten.[24] Die Bindung an das Gesetz wird als Gesetzesvorbehalt bezeichnet. Diese Ausdrucksweise ist insofern mehrdeutig, als offen bleibt, ob die Ausübung der Selbstverwaltung oder ihre Schmälerung seitens anderer Träger von Staatsgewalt dem Vorbehalt des Gesetzes unterstellt werden soll. Im zuerst genannten Fall würde es sich um einen Ausgestaltungs- oder Regelungs-, im letzteren um einen Eingriffsvorbehalt handeln. Stellt die Gewährleistung des Art. 28 Abs. 2 GG eine institutionelle Garantie dar, muß dem Gesetzgeber jedenfalls grundsätzlich die Kompetenz zur Ausgestaltung der gemeindlichen Selbstverwaltung eingeräumt werden. Dementsprechend spricht das Gericht davon, daß der Aufgabenkreis der Gemeinden einer „Regelung" durch den Gesetzgeber offenstehe und der Gesetzgeber die Institution gemeindlicher Selbstverwaltung auch hinsichtlich der Aufgabenausstattung der Gemeinden regeln dürfe.[25] Nichts anderes soll für die eigenverantwortliche Aufgabenwahrnehmung gelten.[26] Es unterliegt nach der Rechtsprechung somit der Ausgestaltungskompetenz des Gesetzgebers zu bestimmen, welche Aufgaben zu den Angelegenheiten der örtlichen Gemeinschaft zu zählen sind und welches Maß an Eigenverantwortlichkeit den Gemeinden zukommen soll. Damit ist andererseits noch nicht gesagt, daß es sich bei dem Gesetzesvorbehalt nicht zugleich um einen Eingriffsvorbehalt zum Schutze der Gemeinden handeln könnte. Der Rastede-Rechtsprechung geht es um die Ausgestaltung und Formung der gemeindlichen Selbstverwaltung durch allgemeine Gesetze. Soweit der Gesetzgeber einzelnen Gemeinden – etwa durch

[24] BVerfGE 79, 127, 143. Vgl. demgegenüber *Kay Waechter* Einrichtungsgarantien als dogmatische Fossilien, Die Verwaltung 29 (1996), 47, 66, wonach bei kompetentieller Auslegung des Art. 28 Abs. 2 S. 1 GG die Angelegenheiten der örtlichen Gemeinschaft den Gemeinden unentziehbar zugewiesen worden sein sollen.

[25] BVerfGE 79, 127, 144 u. 152.

[26] BVerfGE 91, 228, 237 f.

normative Planungsvorgaben – gezielt eine Sonderbelastung auferlegt, hat auch das Bundesverfassungsgericht in verschiedenen Entscheidungen von einem Eingriff gesprochen.[27]

4. Bindung des Gesetzgebers an einen Kernbereich sowie an bestimmte Elemente des Randbereichs der Selbstverwaltungsgarantie

Die verfassungsrechtliche Gewährleistung der kommunalen Selbstverwaltung wäre sinnlos, wenn der Gesetzgeber das Selbstverwaltungsrecht nach Belieben ausgestalten dürfte. Daher müssen dem Gesetzgeber Grenzen gezogen sein. Diese entnimmt das Bundesverfassungsgericht einerseits dem Kernbereich oder Wesensgehalt der Selbstverwaltungsgarantie. Andererseits soll der Gesetzgeber auch außerhalb des Kernbereichs, also im Vorfeld oder Randbereich der Selbstverwaltungsgewährleistung, an gewisse verfassungsrechtliche Maßstäbe gebunden sein. Während der Kernbereich nicht angetastet werden darf,[28] sind die dem Gesetzgeber im Randbereich gezogenen Grenzen nicht impermeabel.

a) Kernbereichsbestimmung

Bei der Kernbereichsbestimmung stützt sich das Bundesverfassungsgericht auf die bereits zitierte Entscheidung des *Staatsgerichtshofs für das Deutsche Reich.*[29] Die Selbstverwaltung dürfe nicht innerlich ausgehöhlt werden, die Gemeinde nicht die Gelegenheit zu kraftvoller Betätigung verlieren und nur noch ein Scheindasein führen können.[30] Hierbei sei in besonderer Weise der geschichtlichen Entwicklung und den verschiedenen Erscheinungsformen der Selbstverwaltung Rechnung zu tragen.[31] Mit Blick auf die einzelnen Garantieebenen der kommunalen Selbstverwaltung hat sich das Bundesverfassungsgericht um eine Präzisierung bemüht. So sollen Bestands- und Gebietsänderungen von Gemeinden nur aus Gründen des öffentli-

27 Vgl. z. B. BVerfGE 56, 298, 313 ff.; 76, 107, 118 ff.
28 BVerfGE 1, 167 (Leitsatz 3).
29 Vgl. o. Fn. 16.
30 Vgl. z. B. BVerfGE 1, 167, 175; 22, 180, 205; 79, 127, 155.
31 BVerfGE 79, 127, 146.

chen Wohls und nach Anhörung der betroffenen Gebietskörperschaft zulässig sein.[32] Ein gegenständlich bestimmter oder nach feststehenden Merkmalen bestimmbarer Aufgabenkatalog gehöre nicht zum Wesensgehalt der gemeindlichen Selbstverwaltung, wohl aber die Befugnis, sich aller Angelegenheiten der örtlichen Gemeinschaft, die nicht durch Gesetz bereits anderen Trägern öffentlicher Verwaltung übertragen sind, ohne besonderen Kompetenztitel anzunehmen.[33] Sähe man die zuletzt genannte Umschreibung als abschließend an, dürfte die Kernbereichsgarantie überhaupt keine Bindungswirkung gegenüber dem Gesetzgeber entfalten, sich also selbst ad absurdum führen. Schließlich soll die Kernbereichsgarantie auch die Eigenverantwortlichkeit kommunaler Aufgabenerfüllung schützen und Regelungen verbieten, die eine eigenständige Gestaltungsfreiheit der Kommunen im Ergebnis ersticken würden.[34]

b) Randbereichsbestimmung

Das Bundesverfassungsgericht erkennt selbst, daß diese Art der Kernbereichsbestimmung den Gemeinden keinen wirksamen Schutz vermittelt. So spricht es in der Rastede-Entscheidung davon, daß das Verbot, die gemeindliche Selbstverwaltung als solche aufzuheben oder auszuhöhlen, im Falle eines Aufgabenentzugs erst greife, wenn sich positiv feststellen lasse, daß der den Gemeinden nach einem Aufgabenentzug verbleibende Aufgabenbestand einer Betätigung ihrer Selbstverwaltung keinen hinreichenden Raum mehr belasse. Dann aber wäre der Minimumstandard schon erreicht, er könnte allenfalls verteidigt, aber nicht verhindert werden.[35] Deshalb geht das Gericht davon aus, daß Art. 28 Abs. 2 S. 1 GG auch im *Vorfeld* der Sicherung des Kernbereichs Rechtswirkungen entfaltet. So lasse sich aus der Vorschrift ein verfassungsrechtliches *Aufgabenverteilungsprinzip* hinsichtlich der Angelegenheiten der örtlichen Gemeinschaft zugunsten der Gemeinden ableiten, das der zuständigkeitsverteilende Gesetzgeber zu berücksichtigen habe. Es bestehe ein Regel-Ausnahme-Verhältnis zugunsten der kommunalen gegenüber

[32] BVerfGE 86, 90, 107.
[33] BVerfGE 79, 127, 146.
[34] So im Hinblick auf die Organisationsbefugnisse BVerfGE 91, 228, 239.
[35] BVerfGE 79, 127, 148.

der staatlichen Zuständigkeit. Dieses Verhältnis sei nicht bloße Rechtstechnik, sondern Ausdruck eines materiell verstandenen Prinzips dezentraler Aufgabenansiedlung.[36] Geht es um die Eigenverantwortlichkeit gemeindlicher Aufgabenwahrnehmung, ist der Gesetzgeber nach der Gleichstellungsbeauftragten-Entscheidung des Bundesverfassungsgerichts zur Gewährleistung des Randbereichs der kommunalen Selbstverwaltung verpflichtet, den Gemeinden einen *hinreichenden Spielraum* bei der Wahrnehmung der je einzelnen Aufgabenbereiche offenzuhalten. Beläßt es der Gesetzgeber bei dem Spielraum, findet eine Kontrolle des Gesetzes nicht statt.[37]

5. Absehen von einer Verhältnismäßigkeitsprüfung

Auffällig ist, daß das Bundesverfassungsgericht davon absieht, den Gesetzgeber an das Verhältnismäßigkeitsprinzip zu binden. Der Verzicht auf eine Überprüfung gesetzlicher Regelungen am Maßstab des Verhältnismäßigkeitsgrundsatzes ist entgegen vielfach geäußerter Ansicht[38] allerdings nicht erst auf die Rastede-Rechtsprechung zurückzuführen, sondern hat die Rechtsprechung des Gerichts zu Art. 28 Abs. 2 GG von Anfang an geprägt. Dahinter steht die Vorstellung, daß das Verhältnismäßigkeitsprinzip eine *Schranken-Schranke* bildet, also nur zur Anwendung gelangt, wenn in eine Rechtsposition eingegriffen wird. Handelt es sich bei der Garantie der kommunalen Selbstverwaltung um eine institutionelle Garantie, geht es indessen gerade nicht um einen Eingriff, sondern um eine gesetzliche Ausgestaltung, welche die geschützte Rechtsposition erst hervorbringt.

Anders stellt sich die Rechtslage bei Zugrundelegung dieser Prämisse nur dar, wenn der Gesetzgeber *einzelnen Gemeinden* einen Nachteil zufügt. In solchen Fällen wird nicht Art. 28 Abs. 2 S. 1 GG ausgeformt, sondern es wird das gesetzlich ausgeformte Selbstverwaltungsrecht geschmälert. Wie schon ausgeführt wurde,[39] hat das Bun-

[36] BVerfGE 79, 127, 149.
[37] BVerfGE 91, 228, 241 f.
[38] Vgl. statt vieler *Friedrich Schoch* Zur Situation der kommunalen Selbstverwaltung nach der Rastede-Entscheidung des Bundesverfassungsgerichts, VerwArch 81 (1990), 18, 32 f.
[39] Vgl. o. Fn. 27.

desverfassungsgericht in solchen Fällen zumindest früher von gesetzlichen Eingriffen gesprochen. Zugleich wurde das Verhältnismäßigkeitsprinzip herangezogen.[40]

Ob das Gericht nach „Rastede" daran festhalten will, ist allerdings nicht sicher. Wenige Monate nach der Rastede-Entscheidung hat das Bundesverfassungsgericht davon gesprochen, daß die aus dem Rechtsstaatsprinzip abgeleiteten Schranken für Einwirkungen des Staates in den Rechtskreis des Einzelnen im kompetenzrechtlichen Bund-Länder-Verhältnis nicht anwendbar seien. Dies gelte insbesondere für den Grundsatz der Verhältnismäßigkeit; ihm komme eine individuelle, die Rechts- und Freiheitssphäre verteidigende Funktion zu. Das damit verbundene Denken in den Kategorien von Freiraum und Eingriff könne weder speziell auf die von einem Konkurrenzverhältnis zwischen Bund und Land bestimmte Sachkompetenz des Landes noch allgemein auf Kompetenzabgrenzungen übertragen werden.[41]

Offenbar geht es dem Bundesverfassungsgericht darum, das Verhältnismäßigkeitsprinzip möglichst *ganz aus* dem *Staatsorganisationsrecht* zu *verbannen*.[42] Dieses Bestreben dürfte nicht zuletzt auf das

40 Vgl. z. B. BVerfGE 26, 228, 239 u. 241; 56, 298, 313; 76, 107, 119ff.; BVerfG, NVwZ 1982, 95; NVwZ 1982, 306, 308.

41 BVerfGE 81, 310, 338. Vgl. auch bereits BVerfGE 79, 311, 342, wonach der Verhältnismäßigkeitsgrundsatz nicht den Haushaltsgesetzgeber bindet, weil dessen Gestaltungsfreiraum für politisches Handeln ansonsten verkürzt und die Befugnis des Haushaltsgesetzgebers auf die Ermessensausübung einer Verwaltungsbehörde reduziert werden würde.

42 Grundsätzlich zustimmend *Thomas Clemens* (o. Fn. 18) 834, 835ff.; *Albert Janssen* Über die Grenzen des legislativen Zugriffsrechts, 1990, 13f.; *Eberhard Schmidt-Aßmann* Kommunale Selbstverwaltung „nach Rastede", in: Everhardt Franßen/Konrad Redeker/Otto Schlichter/Dieter Wilke, Festschrift für Horst Sendler, Präsident des Bundesverwaltungsgerichts, zum Abschied aus seinem Amt, 1991, 121, 135f.; *ders.* (o. Fn. 4) 1. Abschn. Rdn. 20.; *Fritz Ossenbühl* Maßhalten mit dem Übermaßverbot, in: Peter Badura/Rupert Scholz (Hrsg.), Wege und Verfahren des Verfassungslebens – Festschrift für Peter Lerche zum 65. Geburtstag, 1993, 151, 160f.; *Walter Frenz* Gemeindliche Selbstverwaltungsgarantie und Verhältnismäßigkeit, Die Verwaltung 28 (1995), 33ff. A. A. z. B. *Günter Püttner* in: Josef Isensee/Paul Kirchhof (Hrsg.), HStR IV, § 107 Rdn. 24; *Dirk Frers* Zum Verhältnis zwischen Gemeinde und Gemeindeverband nach Art. 28 Abs. 2 GG, DVBl. 1989, 449; *Joachim Kronisch* (o. Fn. 6) 67; *Jörn Ipsen* (o. Fn. 8) 194, 209ff.; *Hartmut Maurer* (o. Fn. 6) 1037, 1044f.; *Hans-Uwe Erichsen* (o.

Verfassungsverständnis des an allen hier maßgeblichen Leitentscheidungen beteiligten ehemaligen Verfassungsrichters *Böckenförde* zurückzuführen sein. *Böckenförde* geht davon aus, daß das Grundgesetz nur eine Rahmenordnung errichtet hat.[43] Die Rechtsprechung des Bundesverfassungsgerichts zu den Grundrechten sei aber längst über diesen Rahmen hinausgegangen.[44] Die Schuld daran wird auch und gerade dem Verhältnismäßigkeitsprinzip gegeben, das von *Ossenbühl* als „Gleich- und Weichmacher der Verfassungsmaßstäbe" bezeichnet worden ist.[45] Es liegt bei dieser Sichtweise nahe, die staatsorganisationsrechtlichen Gewährleistungen strikt von den grundrechtlichen abzuheben. Hatte das Bundesverfassungsgericht noch in seiner ersten einschlägigen Entscheidung dahingestellt sein lassen, ob Art. 28 Abs. 2 GG ein Grundrecht oder nur eine institutionelle Garantie darstellt,[46] wird nun nicht mehr nur die Qualifizierung als Grundrecht, sondern auch jegliche Interpretation des Selbstverwaltungsrechts nach Art eines Grundrechts zurückgewiesen. Dies wirkt sich zu Lasten einer Verhältnismäßigkeitsprüfung aus. Der Rechtsprechung kommt es dabei ersichtlich darauf an, dem Gesetzgeber einen möglichst weiten Gestaltungsspielraum zu sichern und die verfassungsgerichtliche Kontrolldichte im Vergleich zu derjenigen im Grundrechtsbereich zurückzunehmen. Mehrere *Landesverfassungsgerichte* haben dem Bundesverfassungsgericht in dieser Frage allerdings die Gefolgschaft versagt. So hat etwa der Niedersächsische Staatsgerichtshof davon gesprochen, daß sich aus der Unterscheidung zwischen einem Kernbereich kommunaler Selbst-

Fn. 2) 374 f. (m. zahlr. N. aus der Rspr. in Fn. 121); *Markus Kenntner* (o. Fn. 8) 701, 708 ff.; *Michael Nierhaus* (o. Fn. 4) Art. 28 Rdn. 56.

[43] Vgl. *Ernst-Wolfgang Böckenförde* Die Methoden der Verfassungsinterpretation – Bestandsaufnahme und Kritik, NJW 1976, 2089 f.; *dens.* Zur Lage der Grundrechtsdogmatik nach 40 Jahren Grundgesetz, 1989, 71. Vgl. ferner *Rainer Wahl* Der Vorrang der Verfassung, Der Staat 20 (1981), 485, 502 ff.; *dens.* Der Vorrang der Verfassung und die Selbständigkeit des Gesetzesrechts, NVwZ 1984, 401, 407.

[44] Vgl. die vorzügliche Analyse von *Ernst-Wolfgang Böckenförde* Zur Lage der Grundrechtsdogmatik nach 40 Jahren Grundgesetz (o. Fn. 43), 63 ff.

[45] VVDStRL 39 (1981), 147, 189 (Diskussionsbeitrag); vgl. auch *dens.* (o. Fn. 42) 151.

[46] BVerfGE 1, 167, 173. Für die Einordnung als Freiheitsrecht (in Bayern) dagegen Bay. VerfGH, BayVBl. 1986, 298, 300.

verwaltung und dessen zu sicherndem Vorfeld keine klaren Abgrenzungen gewinnen ließen, es vielmehr der Überprüfung der Gesetze am Maßstab des Verhältnismäßigkeitsgrundsatzes bedürfe.[47]

II. Tragfähigkeit der Selbstverwaltungskonzeption des Bundesverfassungsgerichts

Dem der Rechtsprechung des Bundesverfassungsgerichts zugrundeliegenden dogmatischen Verständnis der verfassungsrechtlichen Garantie gemeindlicher Selbstverwaltung kann in wesentlichen Teilen nicht gefolgt werden.[48]

1. Notwendigkeit der Relativierung einer institutionellen Ausdeutung der Selbstverwaltungsgarantie

Vor allem bestehen *Bedenken* dagegen, Art. 28 Abs. 2 S. 1 GG ganz oder überwiegend als institutionelle Garantie zu interpretieren. Es ist bereits nicht zweifelsfrei, ob ein institutionelles Rechtsdenken dem Grundgesetz überhaupt gerecht zu werden vermag.[49] Soweit es der Weimarer Lehre von den institutionellen Garantien darum gegangen ist, eine Bindung des Gesetzgebers an das Verfassungsrecht zu begründen, hat sich dieses heute erledigt, weil das Grundgesetz alle Staatsgewalt und damit auch den Gesetzgeber der Verfassung unterstellt. Um den Nachweis zu erbringen, daß verfassungsrechtliche Verbürgungen nicht abgeschafft oder ausgehöhlt werden dürfen, bedarf es nicht der Rechtsfigur einer institutionellen Garantie. Diese Rechtskonstruktion hat somit allenfalls dann ihre Berechtigung, wenn die verfassungsrechtlichen Gewährleistungen nicht unmittelbar aus sich heraus gelten, sondern auf vorgängige Ausgestaltung durch den Gesetzgeber angelegt sind. Auch in solchen Fällen

[47] NVwZ 1997, 58, 59. Für eine Verhältnismäßigkeitsprüfung im Falle des Entzugs gemeindlicher Aufgaben auch Bbg. VerfG, LKV 1997, 449, 450 u. 452. Vgl. auch BVerwG, NVwZ 1994, 900, 901.

[48] Krit. z. B. auch *Jörn Ipsen, Hartmut Maurer und Markus Kenntner.* Vgl. die N. in Fn. 42.

[49] Zur Kritik des institutionellen Rechtsdenkens vgl. statt vieler *Kay Waechter*, (o. Fn. 24) 47 ff. (von Einrichtungsgarantien als „dogmatische Fossilien" sprechend).

ist der Gesetzgeber nicht „frei“,[50] sondern verpflichtet, die reale Geltung der verfassungsrechtlichen Gewährleistung durch Berücksichtigung ihrer typusbestimmenden Merkmale zu garantieren.[51] Objektivrechtlich dürfte der Gesetzgeber in solchen Fällen zur Optimierung des verfassungsrechtlichen Leitgedankens in Abwägung mit gegenläufigen Belangen verpflichtet sein.[52] Strikt einzuhalten und subjektivrechtlich unterfangen ist lediglich das in der Verfassungsnorm mitenthaltene Untermaßverbot.[53] Ob man diese Zusammenhänge als Ausprägung institutionellen Rechtsdenkens bezeichnen will, ist eine Frage der terminologischen Verständigung.

Für die Auslegung des Art. 28 Abs. 2 S. 1 GG ist entscheidend, daß das Bundesverfassungsgericht die *einfachgesetzliche Normprägung* dieser Vorschrift bei weitem *überschätzt.* Im Gegensatz z. B. zur Eigentumsgewährleistung des Art. 14 Abs. 1 S. 2 GG hängt der Inhalt des Selbstverwaltungsrechts gerade nicht ausschließlich von der vorherigen Ausgestaltung durch den Gesetzgeber ab. Vielmehr wird den Gemeinden das Selbstverwaltungsrecht durch Art. 28 Abs. 2 S. 1 GG verfassungsunmittelbar garantiert. Nach dem klaren Wortlaut der Vorschrift wird nicht nur die gemeindliche Selbstverwaltung, sondern das Recht der Gemeinden auf Selbstverwaltung geschützt.[54] Ferner umschreibt der Grundgesetzgeber den Inhalt des Selbstverwaltungsrechts selbst, indem er es auf die eigenverantwort-

[50] Trägern oder Organen von Staatsgewalt kommt ohnehin keine Freiheit, sondern allenfalls ein pflichtgebundener Gestaltungsspielraum zu.

[51] Vgl. *Klaus Stern* Das Staatsrecht der Bundesrepublik Deutschland, Bd. III/1, 1988, § 68 VI 3 (855).

[52] Näher zum Charakter von Optimierungsgeboten *Thomas Würtenberger* Rechtliche Optimierungsgebote oder Rahmensetzungen für das Verwaltungshandeln, VVDStRL 58 (1999), 139, 141 ff. Zum Optimierungsgebot im Planungsrecht siehe *Werner Hoppe* Die Bedeutung von Optimierungsgeboten im Planungsrecht, DVBl. 1992, 853, 854.

[53] Vgl. BVerfGE 88, 203, 254; *Arno Scherzberg* Grundrechtsschutz und „Eingriffsintensität“, 1989, 208 ff.; *Dirk Ehlers* Eigentumsschutz, Sozialbindung und Enteignung bei der Nutzung von Boden und Umwelt, VVDStRL 51 (1992), 211, 216 ff.

[54] Wenn der Grundgesetzgeber von der Formulierung abgesehen hat, daß die Gemeinden das Recht auf Selbstverwaltung haben, ist dies allein auf die bereits angesprochene Kompetenzverteilung von Bund und Ländern in Kommunalangelegenheiten zurückzuführen.

liche Regelung aller Angelegenheiten der örtlichen Gemeinschaft bezieht. Für die Annahme einer erstmaligen Ausfüllung der Selbstverwaltung durch den Gesetzgeber bleibt insoweit kein Raum. Dementsprechend bestimmt Art. 28 Abs. 2 S. 1 GG, anders als Satz 2 der Vorschrift, gerade nicht, daß die Gemeinden ein Selbstverwaltungsrecht lediglich „nach Maßgabe der Gesetze" haben. Ihnen steht das Selbstverwaltungsrecht für alle Angelegenheiten der örtlichen Gemeinschaft vielmehr von Verfassungs wegen unmittelbar zu, wenn auch nur in den Grenzen des gesetzlich gezogenen Rahmens. Noch klarer kommt die verfassungsunmittelbare Gewährung des gemeindlichen Selbstverwaltungsrechts in den einschlägigen *landesverfassungsrechtlichen* *Garantien* zum Ausdruck. So legt etwa Art. 78 Abs. 1 i.V.m. Abs. 2 der Verfassung des Landes Nordrhein-Westfalen fest, daß die Gemeinden und Gemeindeverbände in ihrem Gebiet die alleinigen Träger der öffentlichen Verwaltung mit dem Recht der Selbstverwaltung durch ihre gewählten Organe sind, soweit die Gesetze nichts anderes vorschreiben. Wird den Gemeinden eine zu den Angelegenheiten der örtlichen Gemeinschaft gehörende Aufgabe entzogen, wie im Rastede-Fall geschehen, geht es entgegen der Annahme des Bundesverfassungsgerichts daher gerade nicht um die gesetzliche Ausgestaltung und Formung der gemeindlichen Selbstverwaltung, sondern um deren Beschränkung. Mit alledem soll nicht gesagt werden, daß Art. 28 Abs. 2 S. 1 GG und die korrespondierenden landesverfassungsrechtlichen Gewährleistungen überhaupt keiner Ausgestaltung durch den Gesetzgeber zugänglich sind.[55] Wohl aber kann nicht die Rede davon sein, daß die Gemeinden erst dann ein Recht auf Selbstverwaltung haben, wenn der Gesetzgeber ihnen ein solches zugestehen will.

2. Schutzgehalt des Selbstverwaltungsrechts

Gegen die dem Selbstverwaltungsrecht entnommenen Garantieebenen ist prinzipiell nichts einzuwenden. Jedoch sind bei der Bestimmung der einzelnen Garantieinhalte die Akzente zum Teil anders zu setzen.

[55] Vgl. die Ausf. zu II. 3.

a) Rechtssubjektsgarantie

Zunächst werden die Gemeinden entgegen der Annahme des Bundesverfassungsgerichts und der ganz herrschenden Lehre[56] nicht nur institutionell, sondern „*individuell*"[57] als Rechtssubjekte garantiert.[58] Die Garantie steht allerdings unter dem Vorbehalt des Gesetzes. Allein bei Zugrundelegung dieser Ansicht läßt sich erklären, warum z. B. ungerechtfertigte Neugliederungsmaßnahmen[59] die einzelne Gemeinde in ihrem Selbstverwaltungsrecht verletzen oder warum jede einzelne Gemeinde einen Anspruch auf angemessene Finanzausstattung im Sinne einer finanziellen Mindestausstattung[60] hat.

b) Inhaltliche Elemente des Selbstverwaltungsrechts

Inhaltlich garantiert Art. 28 Abs. 2 S. 1 GG i.V.m. Abs. 1 S. 2 der Vorschrift den Gemeinden einen bestimmten Aufgabenkreis sowie die Eigenverantwortlichkeit und Bürgerschaftlichkeit der Aufgabenwahrnehmung.

Den Aufgabenkreis umschreibt das Grundgesetz mit den *Angelegenheiten der örtlichen Gemeinschaft*. Hierunter versteht das Bundesverfassungsgericht „diejenigen Bedürfnisse und Interessen, die in der örtlichen Gemeinschaft wurzeln oder auf sie einen spezifischen Bezug haben".[61] Auf die Verwaltungskraft der Gemeinde komme es

[56] Vgl. *Rolf Stober* Kommunalrecht in der Bundesrepublik Deutschland, 3. Aufl. 1996, 63 f.; *Hans-Uwe Erichsen* (o. Fn. 2) 363; *Kay Waechter* Kommunalrecht, 3. Aufl. 1997, Rdn. 50 ff.; *Horst Dreier* (o. Fn. 4) Art. 28 Rdn. 94.
[57] Der eingebürgerte Sprachgebrauch (vgl. BVerfGE 86, 90, 107) ist unpräzise, da die Gemeinden keine Individuen sind.
[58] So auch *Jörn Ipsen* (o. Fn. 8) 194, 201 u. 206. Vgl. auch *Eberhard Schmidt-Aßmann* (o. Fn. 4) 1. Abschn. Rdn. 11 (beschränkt individuelle Rechtssubjektsgarantie). Insoweit zust. *Wolfgang Löwer* (o. Fn. 4) Art. 28 Rdn. 43.
[59] Vgl. BVerfGE 86, 90, 107.
[60] In der Rspr. der Landesverfassungsgerichte ist ein solcher Anspruch anerkannt. Vgl. die umfangreichen N. bei *Hans-Günter Henneke* Öffentliches Finanzwesen, Finanzverfassung, 2000, Rdn. 840 mit Fn. 3. Das BVerfG hat die Frage bisher offengelassen. Vgl. BVerfGE 26, 172, 181; 71, 25, 36 f.; 83, 363, 386; BVerfG-K, NVwZ 1999, 520, 521.
[61] BVerfGE 79, 127, 151.

dabei nicht an.[62] Wirtschaftlichkeitserwägungen sollen vielmehr erst für die Frage der Rechtfertigung eines Aufgabenentzugs bedeutsam sein.[63] Diese Umschreibung des Aufgabenkreises vermag schon deshalb nicht vollends zufrieden zu stellen, weil sie eine definitio per idem enthält. Zudem darf der Gesichtspunkt der Verwaltungskraft nicht völlig ausgeblendet werden. Nach der hier vertretenen Auffassung sind zu den Angelegenheiten der örtlichen Gemeinschaft diejenigen Angelegenheiten zu zählen, die das Zusammenleben der Gemeindeeinwohner betreffen, unter Berücksichtigung der geschichtlichen Entwicklung der gemeindlichen Selbstverwaltung ihrer Art nach einer Erledigung durch die Gemeinden zugänglich sind, als Staatsaufgaben wahrgenommen werden dürfen und verfassungsrechtlich nicht anderweitig zugewiesen wurden.[64]

Die Aufgabengarantie des Art. 28 Abs. 2 S. 1 GG schützt die Gemeinden nicht nur vor dem Entzug von Aufgaben und einem Verbot der Übernahme neuer Aufgaben, sondern auch vor *Aufgabenübertragungen*.[65] Wegen der Regulierung der Selbstverwaltung und Bindung der Verwaltungskapazitäten ist es rechtsfertigungsbedürftig, wenn der Gesetzgeber die Gemeinden zur Übernahme und Durchführung von Selbstverwaltungsaufgaben, Aufgaben zur Erfüllung nach Weisung oder staatlichen Auftragsangelegenheiten verpflichtet.[66] Vor allem ist

62 BVerfGE 79, 127, 152. Anders noch BVerfGE 8, 122, 134; 50, 195, 201; 52, 95, 120.

63 BVerfGE 79, 127, 158.

64 Vgl. bereits *Dirk Ehlers* (o. Fn. 4) 103, 114. Zur Beschränkung auf Staatsaufgaben und zur Notwendigkeit einer Berücksichtigung anderweitiger Verfassungszuweisungen vgl. auch *Janbernd Oebbecke* Der Schutz der kommunalen Aufgabenwahrnehmung durch die Selbstverwaltungsgarantie des Art. 28 II GG, in: Hans-Günter Henneke (Hrsg.), Die Erfüllung von Gemeindeaufgaben in Anstaltsform (erscheint demnächst).

65 Vgl. VerfGH NW, DVBl. 1993, 197, 198; *Helmut Petz* Aufgabenübertragungen und kommunales Selbstverwaltungsrecht, DÖV 1991, 320, 323 ff.; *Wolfgang Löwer* (o. Fn. 4) Art. 28 Rdn. 54; *Friedrich Schoch* Verfassungsrechtlicher Schutz der kommunalen Finanzautonomie, 1997, 116 ff.; *Horst Dreier* (o. Fn. 4) Art. 28 Rdn. 111. A. A. z. B. Saarl. VerfGH, NVwZ-RR 1995, 153.

66 Auch bei den Pflichtaufgaben zur Erfüllung nach Weisung handelt es sich um Selbstverwaltungsaufgaben (besonderer Art). Vgl. z. B. VerfGH NW, DVBl. 1985, 685, 687; OVG NW, NVwZ-RR 1995, 502, 503; *Dirk Ehlers* (o. Fn. 5) 44, 48; *Hans-Uwe Erichsen* (o. Fn. 2) 69 f.

der Gesetzgeber verpflichtet, die finanziellen Konsequenzen mit zu berücksichtigen.[67]

Mit der Gewährleistung der *Eigenverantwortlichkeit* wird den Gemeinden das Recht zugestanden, selbst über das Ob, das Wann und das Wie der Aufgabenwahrnehmung zu befinden. Eine Zweckmäßigkeitskontrolle des Staates – etwa in Gestalt des Einfließenlassens von Ermessenserwägungen bei der Entscheidung über Genehmigungen – ist damit unvereinbar.[68]

Schließlich berechtigt und verpflichtet Art. 28 Abs. 2 S. 1 GG i.V.m. Abs. 1 S. 2 der Vorschrift die Gemeinden dazu, die Wahrnehmung der eigenen Angelegenheiten bürgerschaftlich zu organisieren. Dies bedeutet, daß die Selbstverwaltungsentscheidungen unmittelbar oder mittelbar auf die Gemeindebürger zurückgeführt werden können müssen. Fehlt es einer kommunalen Körperschaft an einer unmittelbar demokratisch legitimierten Vertretung des Volkes, ist dies ein Indiz dafür, daß der Verband keinen verfassungsrechtlichen Selbstverwaltungsschutz genießt.[69]

c) Subjektive Rechtsstellung

Die subjektive, von Art. 19 Abs. 4 GG nicht erfaßte[70], Rechtsstellung der Gemeinden entfaltet nur gegenüber den Trägern deutscher

67 Näher dazu *Friedrich Schoch* Die finanziellen Grundlagen der kommunalen Selbstverwaltung (in diesem Band).

68 Grundlegend VerfGH NW, NWVBl. 1996, 426, 427; vgl. auch *Dirk Ehlers* Die Rechtsprechung zum nordrhein-westfälischen Kommunalrecht der Jahre 1984–1989, Teil 2, NWVBl. 1990, 80, 85; *Hans-Uwe Erichsen* (o. Fn. 2) 351.

69 Daher dürften die Landschaftsverbände in Nordrhein-Westfalen sich nicht auf Art. 78 Abs. 1 LV NW bzw. Art. 28 Abs. 2 S. 2 GG berufen können. A. A. die wohl h. M. Vgl. *Werner Hoppe* Die Begriffe Gebietskörperschaft und Gemeindeverband und der Rechtscharakter der nordrhein-westfälischen Landschaftsverbände, 1957, 74 ff.; *Janbernd Oebbecke* (o. Fn. 5), Rdn. 35 f.; *Hans-Uwe Erichsen* (o. Fn. 2) 301, der aber zugleich annimmt, daß die Landschaftsverbände an der institutionellen Rechtssubjektsgarantie gemeindeverbandlicher Selbstverwaltung nicht teilnehmen. Im Ergebnis ist dieser Auffassung zu folgen. Verpflichten weder das Grundgesetz noch die Landesverfassung den Gesetzgeber zur Einrichtung von Landschaftsverbänden, müssen diese auch wieder abgeschafft werden können.

70 Wie hier *Eberhard Schmidt-Aßmann* in: Theodor Maunz/Günter Dürig, GG, Art. 19 IV (1985), Rdn. 43; *Wolfgang Löwer* (o. Fn. 4) Art. 28 Rdn. 41. A. A. z. B. *Klaus Stern* in: BK, Art. 28 Rdn. 176 (Zweitbearbeitung 1964).

Staatsgewalt Schutzwirkungen, bindet also weder die Europäischen Gemeinschaften[71] noch Private.[72] Daher läßt sich aus Art. 28 Abs. 2 GG z. B. kein Schutz der Kommunalwirtschaft vor der Privatwirtschaft herleiten.[73] Das Selbstverwaltungsrecht wird nicht durch die Zulassung privater Wirtschaftskonkurrenz, sondern erst dann berührt, wenn der Staat das Handeln der Kommunen (sei es auch zugunsten der Privatwirtschaft) einschränkt. Inhaltlich vermittelt die subjektive Rechtsstellung den Gemeinden sowohl ein *Abwehrrecht* als auch in bestimmten Fällen ein *Recht auf Schutz und Leistung*, etwa auf Anhörung, auf gemeindefreundliches Verhalten oder auf Mitwirkung an staatlichen Planungen.[74] Da das Selbstverwaltungsrecht die Kommunen vor allen nicht gerechtfertigten staatlichen Einmischungen schützt, liegt eine Verletzung auch dann vor, wenn *untergesetzliche*, das Selbstverwaltungsrecht schmälernde *Rechtsnormen* nicht die Vorgaben des ermächtigenden Gesetzes einhalten. Gleichwohl lehnt der Verfassungsgerichtshof für das Land Nordrhein-Westfalen eine Vollprüfung von untergesetzlichen Normen im

[71] Vgl. *Hans-Uwe Erichsen* (o. Fn. 2) 419 ff.; *Dirk Ehlers* Steuerung kommunaler Aufgabenerfüllung durch das Gemeinschaftsrecht, in: Hans-Uwe Erichsen (Hrsg.), Kommunale Verwaltung im Wandel, 1999, 21 ff.; *Friedrich Schoch* Kommunale Selbstverwaltung und Europarecht, in: Hans-Günter Henneke (Hrsg.), Kommunen und Europa – Herausforderungen und Chancen, 1999, 11 ff. Der Vorrang des Gemeinschaftsrechts wirkt sich auch auf jene staatlichen Maßnahmen aus, die europäisches Gemeinschaftsrecht umsetzen, ohne daß dem Staat ein Spielraum zukommt.

[72] A. A. z. B. *Edzard Schmidt-Jortzig* (o. Fn. 17) Rdn. 523; *Heiko Faber* in: GG-Alternativkommentar, Bd. 1, 2. Aufl. 1989, Art. 28 Rdn. 48.

[73] Vgl. demgegenüber *Joachim Wieland/Johannes Hellermann* Das Verbot ausschließlicher Konzessionsverträge und die kommunale Selbstverwaltung, DVBl. 1996, 401, 407 ff., und *Martin Pagenkopf*, Einige Betrachtungen zu den Grenzen für privatwirtschaftliche Betätigung der Gemeinden – Grenzen für Grenzzieher?, GewArch 2000, 177, 178, die nicht hinreichend zwischen der zu bejahenden Frage, ob Art. 28 II 1 GG die Kommunalwirtschaft vor staatlichen Handlungsverboten schützt, und der zu verneinenden Frage, ob sich der Schutz auch auf die Marktöffnung bezieht, trennen. Wie hier *Janbernd Oebbecke* (o. Fn. 64). Vgl. ferner BayVerfGH, BayVBl. 1996, 590, 592; *Fritz Ossenbühl* Energierechtsreform und kommunale Selbstverwaltung, 1998, 16; *Ulrich Hösch* Öffentlicher Zweck und wirtschaftliche Betätigung von Kommunen, DÖV 2000, 393, 394. Vgl. ferner VerfGH RP DVBl. 2000, 992 (996), m. Anm. *Henneke* (998).

[74] Vgl. dazu statt vieler *Horst Dreier* (o. Fn. 4) Art. 28 Rdn. 98 mwN.

Rahmen eines kommunalen Verfassungsbeschwerdeverfahrens ab.[75] Die prinzipale verfassungsgerichtliche Kontrolle erstrecke sich nur darauf, ob der allgemeine gesetzliche Ermächtigungsrahmen eingehalten worden sei. Die Überprüfung der sonstigen gesetzlichen Vorgaben sei nicht Sache des Verfassungsgerichts, sondern der Fachgerichte. Dies läuft auf eine partielle Rechtsschutzverweigerung und wegen der Schwierigkeit der Unterscheidung von allgemeinen und sonstigen einfachgesetzlichen Vorgaben auf die Inkaufnahme einer erheblichen Rechtsunsicherheit hinaus.[76] Unbefriedigend ist ferner, daß *Unterlassungen des Gesetzgebers* nach herrschender Meinung[77] nicht mit der kommunalen Verfassungsbeschwerde gerügt werden können. Dies kann namentlich dann zu Rechtsschutzverlusten führen, wenn der Gesetzgeber seinen finanziellen Pflichten nicht nachkommt.[78] Sollten sich die prozessualen Vorschriften, welche das Gesetz[79] oder das Landesrecht[80] als Angriffsgegenstand der kommunalen Verfassungsbeschwerde benennen, nicht erweiternd auslegen

[75] Vgl. VerfGH NW, OVGE 39, 303, 312 = NWVBl. 1988, 11, 13. Ausf. dazu *Max Dietlein* Einfachrechtliche Kontrollmaßstäbe im kommunalen Verfassungsbeschwerdeverfahren gegen untergesetzliche Normen, NWVBl. 1992, 1 ff.

[76] Vgl. *Dirk Ehlers* Die Rechtsprechung zum nordrhein-westfälischen Kommunalrecht, Teil 1, NWVBl. 1990, 44, 45. Kritisch ferner *Werner Hoppe/Bernhard Stüer* Die kommunale Gebietsreform in den östlichen Ländern, DVBl. 1992, 641, 650; *Werner Hoppe* Plädoyer für eine verwaltungsgerichtliche Normenkontrolle von Gebietsentwicklungsplänen in Nordrhein-Westfalen – gegen die normenkontrollfeindliche Haltung des nordrhein-westfälischen Gesetzgebers –, in: Bernd Bender/Rüdiger Breuer/Fritz Ossenbühl/Horst Sendler (Hrsg.), Rechtsstaat zwischen Sozialgestaltung und Rechtsschutz, Festschrift für Konrad Redeker, 1993, 377, 383 f. Dazu außerdem *Martin Beckmann* Gebietsentwicklungspläne als Gegenstand der kommunalen Verfassungsbeschwerde in NW, Städte- und Gemeinderat 1990, 87, 88.

[77] Vgl. VerfGH NW, OVGE 14, 369, 371; 19, 308, 312 f.; *Thomas Clemens* in: Dieter C. Umbach/Thomas Clemens, Bundesverfassungsgerichtsgesetz, 1992, § 91 Rdn. 35 f.; *Hans-Uwe Erichsen* (o. Fn. 2) 392.

[78] Vgl. zu einem solchen Beispiel VerfGH NW, DVBl. 2000, 1283 ff. Entgegen der Annahme des Gerichts dürfte wegen des verfassungsrechtlichen Charakters der Streitigkeit auch der Rechtsweg zu den Verwaltungsgerichten nicht offenstehen. Zudem kann das Unterlassen des Gesetzgebers nicht zum Gegenstand einer Normenkontrollvorlage nach Art. 100 Abs. 1 GG oder den entsprechenden Landesbest. gemacht werden.

[79] Z. B. § 91 BVerfGG.

[80] Z. B. § 52 Abs. 1 VGHG NW.

lassen[81], empfiehlt sich eine Änderung des Verfassungsprozeßrechts.[82]

3. Wirkungsweise des Gesetzmäßigkeitsprinzips

Verfassungsrechtliche Gewährleistungen können einer gesetzgeberischen Ausgestaltung oder Beschränkung zugänglich sein. Wie schon angeklungen ist, trifft auf die kommunale Selbstverwaltung das eine wie das andere zu.

Um gesetzliche *Ausgestaltung* geht es zunächst, wenn die gesetzlichen Regelungen dazu dienen, die Gemeinde als Rechtssubjekte zu errichten. Art. 28 Abs. 2 S. 1 GG setzt voraus, daß es Gemeinden gibt. Da es sich hierbei um juristische Personen handelt und diese weder von Natur aus bestehen noch verfassungsunmittelbar geschaffen worden sind, bedarf es der Regelung durch Gesetz. Der Gesetzgeber ist zugleich verpflichtet, den Gemeinden Handlungsfähigkeit einzuräumen, ihnen etwa ein öffentliches Dienstrecht oder Haushaltsrecht zur Verfügung zu stellen. Hierbei kommt dem Gesetzgeber ein erheblicher Ausgestaltungsspielraum zu. Z. B. sind ihm weder die Größe der Gemeinden noch die Art der Kommunalverfassung oder die Einzelheiten des Beamten- und Haushaltsrechts von Verfassungs wegen vorgegeben. Der Spielraum des Gesetzgebers verkürzt sich aber und die Rechtfertigungslast erhöht sich, wenn sich die Ausgestaltung zugleich als Eingriff erweist. Dies dürfte der Fall sein, wenn der Gesetzgeber nicht nur neues Recht begründet, sondern eine nach bisherigem Recht bestehende verfassungsrechtlich geschützte Position der Gemeinden schmälert. Ordnet das Gesetz etwa erstmalig an, daß eine Gleichstellungsbeauftragte bestellt werden muß, wird nicht nur die Gemeindeverwaltung ausgeformt, sondern die bisher bestehende Eigenverantwortlichkeit der Gemeinde in organisatorischer, personeller und finanzieller Hinsicht beeinträchtigt.

81 Für eine solche Auslegung *Christian Pestalozza* Verfassungsprozeßrecht, 3. Aufl. 1991, § 12 Rdn. 58; *Rolf Stober* (o. Fn. 56) 109. Näher zum Ganzen *Ehlers*, DVBl. 2000, (Heft 20).

82 Vgl. auch *Martin Beckmann* (o. Fn. 76) 87, 88; *Werner Hoppe* (o. Fn. 76) 377, 383 f.

Von größter Bedeutung ist ferner, daß die Gemeinden nach dem Prinzip vom *Parlamentsvorbehalt* der Grundlage eines Parlamentsgesetzes bedürfen, wenn sie in Grundrechte der Bürger eingreifen[83] oder sonstige wesentliche Entscheidungen „im Bereich der Grundrechtsausübung"[84] treffen wollen. So erzeugt eine örtliche Planung nur kraft Gesetzes Bindungswirkungen gegenüber Privaten oder anderen Hoheitsträgern. Fehlt es an einem Parlamentsgesetz, dürfen die Gemeinden weder Abgaben erheben noch einen Anschluß- und Benutzungszwang verhängen oder auch nur gezielte Warnungen aussprechen.[85] Der Parlamentsvorbehalt hat somit nicht nur für die Ausformung des Staat-Bürger-Verhältnisses Bedeutung. Er ist zugleich ein Instrument zur gesetzgeberischen Ausgestaltung der kommunalen Selbstverwaltung. Ein Anspruch auf Erlaß eines Parlamentsgesetzes haben die Gemeinden nur, wenn das in Art. 28 Abs. 2 S. 1 GG hineinzulesende Untermaßverbot mißachtet wird.

Eine gesetzgeberische Ausgestaltung liegt schließlich vor, wenn der Gesetzgeber den Gemeinden Zuständigkeiten und *Befugnisse* einräumt, die *über* den Rahmen des *Art. 28* Abs. 2 S. 1 GG *hinaus*gehen, weil sie nicht die Angelegenheiten der örtlichen Gemeinschaft betreffen. Zu denken ist etwa an die Erlaubnis, sich auch anderenorts – z. B. im Ausland – wirtschaftlich zu betätigen.[86] Auf die Frage, wie solche gesetzlichen Regelungen verfassungsrechtlich zu beurteilen sind, ist in anderem Zusammenhang eingegangen worden.[87]

[83] Allgemeine Auffassung. Vgl. statt vieler *Hans-Uwe Erichsen* (o. Fn. 2) 48; *Eberhard Schmidt-Aßmann* (o. Fn. 4) 1. Abschn. Rdn. 96.

[84] Vgl. zur sog. Wesentlichkeitslehre BVerfGE 61, 260, 275.

[85] Zum Eingriffscharakter von Warnungen vgl. etwa BVerwG, NJW 1985, 2274, 2276; DVBl. 1991, 699 ff.; *Friedrich Schoch* Staatliche Informationspflicht und Berufsfreiheit, DVBl. 1991, 667, 669 f.; *Tobias Leidinger* Hoheitliche Warnungen, Empfehlungen und Hinweise im Spektrum staatlichen Informationshandelns, DÖV 1993, 925, 928 f.

[86] Vgl. z. B. Art. 87 Abs. 2 und 3 BayGO, § 107 Abs. 3 und 4 GO NW.

[87] Vgl. *Dirk Ehlers* Rechtsprobleme der Kommunalwirtschaft, DVBl. 1998, 497 ff.; *dens.* Wirtschaftliche Betätigung der Gemeinden und Landkreise – zum rechtlichen Rahmen, NLT-Information 2/1999 des Niedersächsischen Landkreistages, 17 ff.; *dens.* Das neue Kommunalwirtschaftsrecht in Nordrhein-Westfalen, NWVBl. 2000, 1 ff.

Weitere Fälle einer Ausgestaltung der kommunalen Selbstverwaltung durch Gesetz sind nicht ersichtlich. Wollte man z. B. auch das Ob einer kommunalen Leistungserbringung von dem Bestehen gesetzlicher Ermächtigungen abhängig machen, bliebe von einer „Selbst"-Verwaltung kaum noch etwas übrig. Die Gemeinden könnten weder Allzuständigkeit beanspruchen noch hätten sie die Möglichkeit, spontan zu reagieren. Indessen sind sie gerade nicht auf den bloßen Gesetzesvollzug beschränkt. Gerade weil ihnen von Verfassungs wegen die eigenverantwortliche Regelung aller Angelegenheiten der örtlichen Gemeinschaft zusteht, müssen Gesetze, die den Selbstverwaltungsspielraum verkürzen, als Eingriffsgesetze begriffen werden, wenn und soweit sie die Eingriffsschwelle überschreiten. Zur Bestimmung der Eingriffsschwelle kann auf die Kriterien zurückgegriffen werden, die im Grundrechtsbereich entwickelt worden sind.[88]

4. Unzulänglichkeit einer Bindung des Gesetzgebers an den Kernbereich und an bestimmte Elemente des Randbereichs der Selbstverwaltungsgarantie

Die Bindungen, die das Bundesverfassungsgericht dem Gesetzgeber in Gestalt der Verpflichtung zur Berücksichtigung des Kernbereichs sowie bestimmter Elemente des Randbereichs gemeindlicher Selbstverwaltung gezogen hat, genügen nicht hinreichend den Vorgaben des Art. 28 Abs. 2 S. 1 GG. Abgesehen davon, daß sich die an die Wesensgehaltsbestimmung eines Grundrechts nach Art. 19 Abs. 2 GG erinnernde Annahme eines für den Gesetzgeber unantastbaren *Kernbereichs* gemeindlicher Selbstverwaltung nicht mit der Ansicht verträgt, die Einräumung der gemeindlichen Selbstverwaltung bedürfe stets der gesetzlichen Ausgestaltung und Formung, ist es bisher nicht gelungen, den Kernbereich einigermaßen präzise zu umschreiben. Offengeblieben ist auch, ob der Kernbereichsgedanke jeder einzelnen Gemeinde oder den Gemeinden insgesamt zugute kommen soll. Zudem unterscheidet Art. 28 Abs. 2 S. 1 GG nicht zwischen einem Kernbereich und einem Randbereich. Dies spricht dafür, auf die verräumlichende, bildhafte Vorstellung eines Kernbereichs zugunsten einer Abwägung der durch das Selbstverwaltungs-

[88] Vgl. dazu statt vieler *Bodo Pieroth/Bernhard Schlink* Staatsrecht II – Grundrechte, 13. Aufl. 1997, Rdn. 238 ff.

recht und durch den Gesetzesvorbehalt geschützten Rechtsgüter zu verzichten. Auch das verhindert die Beseitigung oder Aushöhlung der Selbstverwaltung.[89] Hält man entgegen der hier vertretenen Ansicht gleichwohl an der Kernbereichsvorstellung fest, muß man sich des Umstandes bewußt bleiben, daß hiermit nur Extremfälle erfaßt werden können.[90]

Für einen effektiven Schutz der gemeindlichen Selbstverwaltung kommt somit fast alles auf die dem Gesetzgeber im *Randbereich* der gemeindlichen Selbstverwaltungsgarantie gezogenen Grenzen an. Insoweit können der Rechtsprechung des Bundesverfassungsgerichts aber keine exakten verallgemeinerungsfähigen Kriterien entnommen werden. Wenn das Gericht aus Art. 28 Abs. 2 S. 1 GG ein Aufgabenverteilungsprinzip im Sinne eines Regel-Ausnahme-Verhältnisses zugunsten der kommunalen gegenüber der staatlichen Zuständigkeit ableitet,[91] stellt sich die Frage, wann der Regel- und wann der Ausnahmefall gegeben sein soll. Das Gericht meint hierzu, daß die einen Aufgabenentzug tragenden Gründe gegenüber dem verfassungsrechtlichen Aufgabenverteilungsprinzip des Art. 28 Abs. 2 S. 1 GG überwiegen müssen.[92] Das spricht für eine Verhältnismäßigkeitsprüfung. Gerade diese soll aber nicht angestellt werden. Hebt man mit der Gleichstellungsbeauftragten-Entscheidung des Bundesverfassungsgerichts im Sinne der überwunden geglaubten Subtraktionsmethode[93] darauf ab, ob den Gemeinden bei der eigenverantwortlichen

[89] Zur Insuffizienz des Kernbereichsschutzes nach der sog. Subtraktionsmethode, die erst Wirkungen zeitigt, wenn der Patient kurz vor dem Exitus steht (vgl. *Wolfgang Löwer*, o. Fn. 4 Art. 28 Rdn. 48), vgl. statt vieler *Edzard Schmidt-Jortzig* (o. Fn. 15) 40f.; *Franz Ludwig Knemeyer* Die verfassungsrechtliche Gewährleistung des Selbstverwaltungsrechts der Gemeinden und Landkreise, in: Albert v. Mutius (Hrsg.), Selbstverwaltung im Staat der Industriegesellschaft, FG für v. Unruh, 1983, 209, 212; *Klaus Stern* (o. Fn. 20) § 12 II 4; *Heiko Faber* (o. Fn. 72) Art. 28 Abs. 1, 2 Rdn. 29ff.; *Friedrich Schoch* (o. Fn. 38) 18, 31; *Michael Nierhaus* (o. Fn. 4) Art. 28 Rdn. 50.

[90] Es gibt bisher wenig Gerichtsentscheidungen, die auf eine Verletzung des Kernbereichs gestützt worden sind.

[91] Vgl. die Ausf. zu I. 4. a).

[92] BVerfGE 79, 127, 154.

[93] In der Rastede-Entscheidung hat auch das BVerfG (E 79, 127, 148) die Substraktionsmethode (die danach fragt, welche Handlungsmöglichkeiten den Gemeinden nach der gesetzlichen Begrenzung verbleiben) als nicht ausreichend angesehen.

Regelung der Angelegenheiten der örtlichen Gemeinschaft ein hinreichender Spielraum offengehalten worden ist,[94] wird der Verfassungsschutz zum stumpfen Schwert. Zum einen bleibt völlig unklar, was „hinreichend" ist. Des weiteren wird fast jedes einzelne Gesetz, selbst wenn es die Selbstverwaltung empfindlich beeinträchtigt, den Gemeinden noch einen hinreichenden Spielraum belassen. Eine Berücksichtigung von Kumulationen ließe sich nur erreichen, wenn man eine Gesamtbetrachtung anstellt, was schon technisch auf große Schwierigkeiten stößt. Schließlich greift der Schutz erst, wenn das Faß bereits übergelaufen ist, d. h. die Verletzung feststeht. Dem Gesetzgeber wird damit ein weitreichender Freifahrschein ausgestellt. Solange er den Gemeinden etwas Hinreichendes beläßt, kann er kontrollfrei schalten und walten, wie er will. Z. B. kommt es weder auf die Zielsetzung des Gesetzgebers[95] noch auf die Verfassungsmäßigkeit des Gesetzes im allgemeinen an.[96]

5. Notwendigkeit einer Verhältnismäßigkeitsprüfung

Aus dem Gesagten läßt sich unschwer entnehmen, daß im Falle einer Verkürzung des kommunalen Selbstverwaltungsrechts auf eine Verhältnismäßigkeitsprüfung nicht verzichtet werden kann. Da sich der Grundsatz der Verhältnismäßigkeit nicht nur aus den Grundrechten, sondern auch aus dem Rechtsstaatsprinzip ergibt[97], entfaltet er ebenfalls im Staatsorganisationsrecht Bindungswirkungen. In seinem Maastricht-Urteil[98] erkennt das Bundesverfassungsgericht sogar an, daß das Verhältnismäßigkeitsprinzip[99] die Regelungsintensität von Maßnahmen der Europäischen Gemeinschaft zugunsten der

94 Vgl. die Ausf. zu I. 4. b).

95 Vgl. BVerfGE 91, 228, 241 f., wonach für den Fall, daß der Gesetzgeber den Gemeinden Raum zu selbstverantwortlichen Maßnahmen läßt, eine Kontrolle dahingehend, ob die vom Gesetzgeber getroffenen Organisationsentscheidungen auf hinreichend gewichtigen Zielsetzungen beruhen, nicht stattfindet.

96 Zur Kritik vgl. Nds. StGH, NVwZ 1997, 58, 59.

97 Vgl. BVerfGE 19, 342, 348 f.; 43, 101, 106; 76, 1, 50 f.; *Hartmut Maurer* (o. Fn. 3) 1037, 1044.

98 Vgl. BVerfGE 89, 155, 212.

99 Dieses Prinzip wird heute ausdrücklich in Art. 5 Abs. 3 EGV garantiert. Zur Wirkungsweise vgl. *Stephanie Heinsohn* Der öffentlichrechtliche Grundsatz der Verhältnismäßigkeit, Diss. 1997, 105 ff.

Wahrung der nationalen Identität der Mitgliedstaaten beschränkt. Es wäre mehr als merkwürdig, wenn das Verhältnismäßigkeitsprinzip zwar die Organisation eines Staatenverbundes, nicht aber die Staatsorganisation selbst zu beeinflussen vermöchte. Schon der Blick auf die Abgrenzung der Befugnisse der Staatsverwaltung und der Kommunalverwaltung zeigt, daß dies nicht richtig sein kann. So steht es im Ermessen der Kommunalaufsichtsbehörden, ob gegen ein rechtswidriges Verhalten einer Gemeinde eingeschritten werden soll.[100] Es ist bisher – soweit ersichtlich – noch niemals bezweifelt worden, daß die Ausübung des Ermessens durch Verhältnismäßigkeitsüberlegungen gesteuert wird. Da das Rechtsstaatsprinzip alle Staatsgewalten in Pflicht nimmt, bindet der Verhältnismäßigkeitsgrundsatz auch den Gesetzgeber.

Dies besagt allerdings noch nicht, daß der Grundsatz immer zum Zuge kommt. Eine volle *Verhältnismäßigkeitsprüfung verlangt dreierlei.* Zunächst darf der Staat nur zulässige Zwecke verfolgen.[101] Sodann müssen die eingesetzten Mittel als solche verwendet werden dürfen. Schließlich muß die Zweck-Mittel-Relation stimmen, d. h. es dürfen nur Mittel eingesetzt werden, die zur Erreichung des angestrebten Zwecks geeignet, erforderlich und angemessen sind. Die zuerst genannten Komponenten der Verhältnismäßigkeitsprüfung müssen bei allen Handlungen eines Trägers von Staatsgewalt gegeben sein. Aus dem Rechtsstaatsprinzip ergibt sich, daß der Staat in all seinen Erscheinungsformen einer Gemeinwohlbindung unterliegt. Sämtliche Handlungen sind daher einem Begründungs- und Rechtfertigungszwang unterworfen. Demgemäß dürfen die Träger von Staatsgewalt unabhängig von der Justitiabilität der getroffenen Maßnahmen immer nur zulässige Zwecke verfolgen und zulässige Mittel einsetzen, die zudem zur Zweckerreichung geeignet sein müssen.

[100] Vgl. z. B. §§ 118 ff. GO NW. Zur Frage, ob die Kann-Bestimmungen i. S. eines Ermessens oder i. S. gebundener Entscheidungen auszulegen sind, vgl. *Dirk Ehlers* (o. Fn. 68) 80, 84 ff.; *Hans-Uwe Erichsen* (o. Fn. 2) 354.

[101] Zur Unterscheidung von Zielen und Zwecken vgl. *Dirk Ehlers* Ziele der Wirtschaftsaufsicht, 1997, 8 f. Angeknüpft wird hier an die gebräuchliche Terminologie.

Dagegen setzt eine *Erforderlichkeits- und Angemessenheitsprüfung* die Abwägung mit einer anderweitigen Rechtsposition voraus, die der Staat als Grundentscheidung zu respektieren hat. Im Falle gesetzgeberischer Entscheidungen muß es sich um verfassungsrechtliche Gewährleistungen handeln, wobei aber unerheblich ist, ob diese grundrechtlicher oder staatsorganisatorischer Art sind.[102] Im Schrifttum kaum thematisiert wird, ob eine Erforderlichkeits- und Angemessenheitsprüfung auch dann möglich und notwendig ist, wenn der Gesetzgeber den Schutzbereich normgeprägter verfassungsrechtlicher Garantien ausgestaltet. In solchen Fällen ist noch keine anderweitige, dem Gesetzgeber vorgegebene Rechtsposition vorhanden. Vielmehr soll sie erst geschaffen werden. Gleichwohl muß der Gesetzgeber auch in solchen Fällen in der Regel eine Abwägung treffen und damit Proportionalitätsüberlegungen anstellen. So ist er bei der zukunftsgerichteten Inhalts- (nicht Schranken-) Bestimmung des Eigentums verpflichtet, eine Abwägung zwischen den von Art. 14 Abs. 1 S. 1 GG erfaßten Privatnützigkeitsinteressen des einzelnen und den durch Art. 14 Abs. 2 GG geschützten sozialen Belangen der Allgemeinheit vorzunehmen.[103] Diese Abwägung hat sich nach der Rechtsprechung des Bundesverfassungsgerichts am Verhältnismäßigkeitsgrundsatz auszurichten,[104] wobei gedanklich von einer Grundentscheidung für die Privatnützigkeit ausgegangen werden dürfte. Vergleichbare Abwägungsdirektiven können für die Ausgestaltung des Selbstverwaltungsrechts gelten, wenn und soweit es darum geht, kommunale und staatliche Interessen miteinander in Einklang zu bringen.

Jedenfalls bedarf es im Falle eines *Eingriffs* in verfassungsrechtlich eingeräumte Rechtspositionen immer des Nachweises, daß der Eingriff erforderlich und angemessen ist. Anders lassen sich die verfassungsrechtlich garantierten Rechtspositionen nicht sachgemäß zuordnen. Allein der Erforderlichkeits- und Angemessenheitstest bietet Schutz vor unnötigen oder zu weit gehenden Beschränkungen der verfassungsrechtlich gewährten Rechtspositionen. Da der Gesetzge-

[102] Vgl. auch *Markus Kenntner* (o. Fn. 8) 701, 711.
[103] Vgl. *Dirk Ehlers* (o. Fn. 53) 211, 226.
[104] Vgl. z. B. BVerfGE 50, 290, 341; 53, 257, 292; 71, 230, 246f.; 74, 203, 214; 75, 78, 97f.; 76, 220, 238; 91, 294, 308; 95, 64, 84ff. Neuerdings insbesondere BVerfG-K, NJW 2000, 798, 799.

ber nicht nur durch Sondergesetze gegenüber einzelnen Gemeinden in das Selbstverwaltungsrecht einzugreifen vermag, sondern auch die allgemeinen gesetzlichen Regelungen der Selbstverwaltung zumeist Eingriffscharakter haben, muß er zumindest in der Regel alle Anforderungen des Verhältnismäßigkeitsgrundsatzes beachten.

Die Bindung an den Verhältnismäßigkeitsgrundsatz erhöht die Anforderungen an die Verfassungsmäßigkeit staatlicher Beeinträchtigungen des Selbstverwaltungsrechts. Insbesondere ist es nicht angängig, mit der Gleichstellungsbeauftragten-Entscheidung des Bundesverfassungsgerichts gesetzliche Schmälerungen des Selbstverwaltungsrechts ganz von einer verfassungsrechtlichen Kontrolle freizustellen, sofern den Gemeinden nur ein hinreichender Spielraum verbleibt. Andererseits unterliegt auch das Übermaßverbot einem Übermaßverbot[105], was besagen soll, daß es nur maßvoll zur Anwendung gebracht werden darf. Eine Verhältnismäßigkeitsprüfung kann ganz unterschiedliche Auswirkungen zeitigen, je nachdem, wie die Gewichte zwischen dem Erstentscheider und dem gerichtlichen Kontrolleur verteilt werden. Bereits im Grundrechtsbereich gehen die dem Verhältnismäßigkeitsgrundsatz entnommenen Bindungen nicht selten zu weit.[106] Im Staatsorganisationsrecht muß erst recht beachtet werden, daß dem Gesetzgeber von Verfassungs wegen erhebliche Spielräume zukommen sollen. Insofern enthält die auf Minderung der verfassungsgerichtlichen *Kontrolldichte* abzielende Rechtsprechung des Bundesverfassungsgerichts zu Art. 28 Abs. 2 GG einen zutreffenden Grundgedanken. Nur schießt das Gericht weit über das Ziel hinaus, indem es glaubt, im Regelfall[107] ohne Verhältnismäßigkeitsprüfung auskommen zu können.

III. Konsequenzen für den Vermögensschutz von Gemeinden

Welche unterschiedlichen Konsequenzen sich aus dem vom Bundesverfassungsgericht und dem hier zugrundegelegten Selbstverwal-

105 Vgl. auch *Fritz Ossenbühl* (o. Fn. 42) 151 ff., der von einem „Maßhalten mit dem Übermaßverbot" spricht.

106 Vgl. zur Problemstellung statt vieler *Arno Scherzberg* Wertkonflikte vor dem Bundesverfassungsgericht, DVBl. 1999, 356, 361 ff.

107 Zur Überprüfung von Einzelfallgesetzen am Maßstab der Verhältnismäßigkeit vgl. die Ausf. zu I. 5.

tungsverständnis ergeben können, läßt sich in diesem Rahmen nicht umfassend darstellen. Der Blick soll nur kurz auf den Vermögensschutz der Gemeinden gelenkt werden, weil sich Rechtsprechung und Literatur hiermit bis auf den heutigen Tag schwertun. Lange Zeit drehte sich die Diskussion nur um die Frage, ob sich die Kommunen auf den Eigentumsschutz des Art. 14 GG berufen können. Zu Recht hat das Bundesverfassungsgericht dazu in seiner Sasbach-Entscheidung ausgeführt, daß Art. 14 GG nicht das Privateigentum, sondern nur das Eigentum Privater schützt.[108] Allerdings hat das Gericht dahingestellt sein lassen, ob Ausnahmefälle anzuerkennen sind, wenn die Gemeinde in ihrem Eigentum außerhalb der Wahrnehmung öffentlicher Aufgaben beeinträchtigt wird. Abgesehen davon, daß eine Gemeinde immer öffentliche Aufgaben erfüllen muß und sich nur zwischen unmittelbarer und mittelbarer Erfüllung öffentlicher Aufgaben unterscheiden läßt, ist die Frage zu verneinen. Als Träger von Staatsgewalt können sich die Gemeinden lediglich auf die Justizgrundrechte, nicht auf Freiheitsrechte berufen.

Wegen dieses weithin anerkannten Befundes wird in der Regel nur noch geprüft, ob die Eigentums- oder Vermögensinteressen der Gemeinden *einfachgesetzlich* geschützt werden. Beispielsweise kann die privatrechtliche Eigentümerstellung der Gemeinde eine abwägungserhebliche Position im Planungsrecht vermitteln.[109] Der einfachgesetzliche Schutz kommunaler Vermögensinteressen besagt indessen nichts über die Frage, ob die Nutzung kommunalen Vermögens dem auch vom Gesetzgeber zu respektierenden verfassungsrechtlich garantierten Recht auf Selbstverwaltung unterfällt.

Näheren Aufschluß über diesen Problemkreis hätte man sich von einer *Entscheidung* des Bundesverfassungsgerichts über die Verfas-

[108] BVerfGE 61, 82, 108 f. Für einen prinzipiellen grundrechtlichen Eigentumsschutz nach bayerischem Verfassungsrecht BayVerfGH 5, 1, 5 f.; 34, 55, 57 f.; 37, 101, 107 f. Vgl. auch *Lutz Englisch* Die verfassungsrechtliche Gewährleistung kommunalen Eigentums im Geltungskonflikt von Bundes- und Landesverfassung, 1994, 86 ff., wonach die Objekte „privatautonomer" Vermögensgestaltung der Gemeinden (erwerbswirtschaftliche gemeindliche Unternehmen, fiskalisch genutzte gemeindliche Grundstücke und kommunale Vermögensanlagen ohne Inanspruchnahme öffentlich-rechtlichen Sonderrechts) als Gegenstände des kommunalen Fiskalvermögens durch Art. 14 GG grundrechtlich geschützt werden.
[109] Vgl. BVerwG, DÖV 1992, 748 f.

sungsmäßigkeit des § 50 Abs. 1 TKG erhofft, der eine unentgeltliche Nutzungsberechtigung an öffentlichen Verkehrswegen für die Durchleitung von Telekommunikationslinien vorsieht. Die Zweite Kammer des Zweiten Senats des Bundesverfassungsgerichts hat indessen die Verfassungsbeschwerde verschiedener Gemeinden, die sich gegen die Unentgeltlichkeit der Nutzung von Gemeindestraßen wandten, mangels hinreichender Aussicht auf Erfolg nicht zur Entscheidung angenommen.[110] Begründet wird dies im wesentlichen damit, daß die Verwaltung des gemeindeeigenen Vermögens keine sachliche Aufgabe der Gemeinden im Sinne von Art. 28 Abs. 2 GG sei. Sie müsse vielmehr dem gemeindeinternen, auf die Erfüllung bestimmter Aufgaben nicht unmittelbar bezogenen Bereich der Eigenverantwortlichkeit der Gemeindeverwaltung zugeordnet werden, zu dem auch die Finanzhoheit zähle. Hiermit werde aber nur garantiert, daß den Kommunen das eigene Wirtschaften mit Einnahmen und Ausgaben nicht aus der Hand genommen werde.[111] Daraus folge kein Schutz jeder einzelnen vermögenswerten Rechtsposition. Einen so weitgehenden Schutz könne allein Art. 14 Abs. 1 S. 1 GG gewähren, der den Gemeinden gerade nicht zur Seite stehe. Daher sei die Finanzhoheit und damit zugleich der Schutzbereich der Selbstverwaltungsgarantie durch die Regelung der Selbstverwaltungsgarantie überhaupt nicht betroffen.

Dieser *Argumentation* ist zu *widersprechen*. Die Verwaltung gemeindeeigenen Vermögens ist jedenfalls dann eine Selbstverwaltungsaufgabe der Gemeinde, wenn die Nutzung in Zusammenhang mit der Wahrnehmung öffentlicher Zwecke gegenüber dem Bürger steht.[112]

[110] NVwZ 1999, 520 ff.

[111] Vgl. auch *Lutz Englisch* (o. Fn. 108) 103 ff., nach dessen Auffassung Einnahmen aus der kommunalen Vermögensverwaltung nur soweit dem Schutz der Selbstverwaltungsgarantie unterfallen, wie sie als Mindestausstattung zur Erfüllung der einer Gemeinde gem. Art. 28 Abs. 2 S. 1 GG überantworteten Aufgaben anzusehen sind.

[112] Nach BVerfGE 61, 82, 108, soll die Nutzung von Gemeindevermögen in der Regel nur im Zusammenhang mit der Wahrnehmung öffentlicher Aufgaben zulässig sein. Kritisch hierzu *Janbernd Oebbecke* (o. Fn. 64) mit Hinweis darauf, daß die Kommune ein florierendes Unternehmen oder Anteile daran, die sie durch Erbschaft, Schenkung oder zur Abgeltung von Forderungen erhält, nicht sofort abstoßen muß.

Ein solcher Zusammenhang ist nicht nur im Falle der Erzielung von Gewinnen durch das Erbringen gemeindlicher Leistungen, sondern auch dann gegeben, wenn die für die Leistungserbringung benötigten Sachen nebenbei gewinnbringend genutzt werden können und sollen. Dies trifft auf die den Gemeingebrauch nicht beschränkende kommerzielle Nutzung der Gemeindestraßen zu. Einerseits sind die Gemeinden zum Bau und zur Unterhaltung von Straßen sowie zum Erwerb des Eigentums an den der Straße dienenden Grundstücken verpflichtet.[113] Andererseits dürfte es das Wirtschaftlichkeits- und Sparsamkeitsprinzip[114] sogar gebieten, die Straßen soweit wie möglich wirtschaftlich zu nutzen. Auch die Straßengesetze gestatten den Gemeinden ausdrücklich die Einräumung von Rechten zur Benutzung ihres Straßeneigentums nach bürgerlichem Recht.[115] Da es sich hierbei nicht um eine Fremdverwaltungsaufgabe handelt, kann nur eine Selbstverwaltungsaufgabe der Gemeinde in Betracht kommen. Dagegen schwebt dem Bundesverfassungsgericht offenbar vor, zu den Angelegenheiten der örtlichen Gemeinschaft nur solche Aufgaben zu zählen, die der unmittelbaren Erfüllung öffentlicher Zwecke gegenüber dem Bürger dienen. Deshalb soll die Verwaltung gemeindeeigenen Vermögens, die wegen der Einstellung des erwirtschafteten Gewinns in den Haushalt nur mittelbar im öffentlichen Interesse liegt, dem gemeindeinternen Bereich der Eigenverantworlichkeit der Gemeindeverwaltung in Gestalt der Finanzhoheit zuzurechnen sein. Abgesehen davon, daß der Abschluß bürgerlich-rechtlicher Geschäfte nicht nur interne Bedeutung hat, bezieht sich die Eigenverantwortlichkeit auf die Aufgabenwahrnehmung, setzt also eine Aufgabenzuständigkeit voraus. Vor allem aber stellt sich die Frage, warum nicht einzelne vermögenswerte Rechtspositionen der Gemeinden geschützt sein sollen, sondern nur das gemeindliche Wirtschaften als solches. Erkenntnisleitend ist offensichtlich wiederum die institutionelle Betrachtungsweise des Bundesverfassungsgerichts, wonach auch die kommunale Finanzhoheit erst dann zum Zuge kommt, wenn den Gemeinden kein hinreichender finanzieller Spielraum mehr verbleibt.

[113] Vgl. z. B. §§ 47 Abs. 1, 11 Abs. 1 StrWG NW.
[114] Vgl. z. B. § 75 Abs. 2 GO NW.
[115] Vgl. z. B. § 23 StrWG NW.

Damit werden die *Gemeinden* jedoch in einem weitgehenden Umfange *schutzlos* gestellt. So dürfte der Gesetzgeber von heute auf morgen die Vermietung gemeindlicher Gewerbeflächen verbieten oder eine Konfiskation einzelner Eigentumsgegenstände der Gemeinden anordnen, ohne daß die Gemeinden in der Lage wären, eine gerichtliche Überprüfung der Maßnahmen zu erreichen. Zudem könnte bei Zugrundelegung der Rechtsprechung des Bundesverfassungsgerichts dem Energiegesetzgeber recht sein, was dem Telekommunikationsgesetzgeber billig ist. Mögen sich die kommunalen Wegenutzungsentgelte für die Verlegung von Energieleitungen in Gemeindestraßen auch auf nahezu 6 Mrd. DM jährlich belaufen, wird auch im Falle ihrer Abschaffung ein eigenes Wirtschaften der Kommunen mit Einnahmen und Ausgaben noch nicht in Frage gestellt. Demgegenüber ist mit Nachdruck zu betonen, daß die berechtigten Interessen des Staates auf der Rechtfertigungsebene zur Geltung zu bringen sind und nicht dadurch, daß man dem Staat durch Verengung des Schutzbereiches des verfassungsrechtlich gewährten Selbstverwaltungsrechts der Gemeinden jeglichen Rechtfertigungszwang erspart.

IV. Fazit

Als Resümee läßt sich festhalten, daß für das Verständnis der verfassungsrechtlichen Gewährleistung gemeindlicher Selbstverwaltung ausschlaggebend ist, ob diese als ausgestaltungsbedürftige Einrichtungsgarantie oder als subjektives Recht mit einem verfassungsunmittelbar bestimmten Schutzbereich angesehen wird. Nach der hier vertretenen Auffassung trifft sowohl das eine als auch das andere zu. Indessen gehen das Bundesverfassungsgericht und die von ihm inspirierte herrschende Lehre in viel zu weitem Umfange von der Notwendigkeit einer normativen Ausgestaltung aus. Auch wird verkannt, daß eine gesetzgeberische Ausgestaltung zugleich Eingriffscharakter haben kann. Die von der Rechtsprechung zur Begrenzung des gesetzgeberischen Gestaltungsspielraums entwickelte Kern- und Randbereichslehre ist nicht hinreichend, weil sie weder Berechenbarkeit noch einen effektiven Schutz von Gemeinden gewährleistet. Auf eine volle Verhältnismäßigkeitsprüfung kann auch im Staatsorganisationsrecht nicht verzichtet werden, wenn sich ein Träger von Staatsgewalt wie im Falle der Gemeinden auf ein Recht berufen kann, das der Handelnde als Grundentscheidung zu respektieren hat. Die berechtigten Interessen des Staates sind bei der Anwendung des Verhältnismäßigkeitsgrundsatzes zur Geltung zu bringen. Gefordert ist nicht eine Einzelkorrektur der Rechtsprechung, sondern ein Überdenken der dogmatischen Grundannahmen. Schreitet das Bundesverfassungsgericht auf dem eingeschlagenen methodischen Weg fort, läßt sich eine Minimalisierung des verfassungsrechtlich garantierten Rechts auf kommunale Selbstverwaltung nicht ausschließen.

Die finanzverfassungsrechtlichen Grundlagen der kommunalen Selbstverwaltung

Friedrich Schoch, Freiburg

I. Verfassungsrecht als Strukturvorgabe für die kommunale Finanzausstattung

1. Geltung des Rechts gegen politische Bindungslosigkeit

Wer auf einem Symposion über „Grundfragen des Verwaltungsrechts und des Kommunalrechts" zu den finanzverfassungsrechtlichen Grundlagen der kommunalen Selbstverwaltung zu referieren hat, sieht sich im Jahr 2000 unvermittelt mit der Frage konfrontiert, ob dem *Verfassungsrecht* bei der Bemessung der kommunalen Finanzausstattung weiterhin eine maßgebliche Rolle zukommen soll. Bekanntlich hat die Landesverfassungsgerichtsbarkeit in Baden-Württemberg, Brandenburg, Niedersachsen und Sachsen-Anhalt in den vergangenen fünf Jahren „entdeckt", dass es gegenüber gewillkürten Entscheidungen der Landesgesetzgeber zu Lasten kommunaler Haushalte Schutzvorschriften im Landesverfassungsrecht gibt. Aufgrund dieser „Entdeckung" sind z. B. Finanzausgleichsgesetze ganz[1]

[1] NdsStGH, DVBl. 1995, 1175 (m. Anm. *Hans-Günter Henneke*) = DÖV 1995, 994 = NVwZ 1996, 585 = NdsVBl. 1995, 225; dazu Bespr. *Hans-Günter Henneke* Jenseits von Bückeburg – Gesetzgeberische Gestaltungsspielräume für den kommunalen Finanzausgleich, NdsVBl. 1996, 9 ff.; *Kyrill-Alexander Schwarz* Finanzierung pflichtiger Selbstverwaltungsaufgaben, Stadt und Gemeinde 1996, 49 ff.; ferner bezogen auf den Finanzausgleich in Niedersachsen *Heinrich Albers* Die Ausgleichsregelungen des kommunalen Finanzausgleichs in Niedersachsen im Spannungsfeld von verfassungsrechtlichen Vorgaben und politischen Zielen, NdsVBl. 1996, 169 ff.; jene Entscheidung des NdsStGH unter dem Aspekt des Formenmissbrauchs bei der landesgesetzlichen Aufgabenübertragung auf Kommunen analysierend *Kyrill-Alexander Schwarz* Kommunale Aufgaben und Formenmissbrauch bei Aufgabenübertragung, NVwZ 1997, 237 ff. – Erneute Verfassungswidrigkeit des kompletten NFAG feststellend NdsStGH, DVBl. 1998, 185 (m. Anm. *Ferdinand Kirchhof*) = DÖV 1998, 382 = NVwZ-RR 1998, 529 = NdsVBl. 1998, 43; dazu Bespr. *Hans-Günter Henneke* Das Gebot der aufgabengerechten Einnahmeverteilungssymmetrie zwischen Land und Kommunen, Der Landkreis 1997, 586 ff.; *ders.* Der kommunale Finanzausgleich zwischen Verfassungsrecht und Politikgestaltung, Der Landkreis 1998, 22 f.; *ders.* Wer falsche Fragen stellt, bekommt falsche Antworten, Der Landkreis 1999, 172 ff.; *Hans-*

oder teilweise[2] für verfassungswidrig erklärt worden; ferner wurde beim Abwälzen ausgabenwirksamer Aufgaben auf die Kommunen (d. h.: Entscheidungen zu Lasten fremder Kassen) das sog. finanzverfassungsrechtliche Konnexitätsprinzip in Stellung gebracht[3] (d. h.: Aufgabenüberbürdung grundsätzlich nur bei einem entsprechenden bzw. angemessenen Mehrlastenausgleich). Nach dieser „Landgewinnung durch Recht" ist nun gleichsam die „Gegenbewegung" in Aktion getreten.

Die Protagonisten einer primär *politischen* Entscheidung zur kommunalen Finanzausstattung empfinden beinahe schon die bloße Anwesenheit von Verfassungsrecht im politischen Prozess als Störfaktor, diskreditieren die Forderung nach Beachtung verfassungsrechtlicher Bindungen als typisch deutsches Verrechtlichungsdenken und

Henning von Hoerner Neuverteilung der Finanzen zwischen Land und Kommunen 1998/1999, DNG 1998, 9 ff.; *Kyrill-Alexander Schwarz* Die finanzielle Absicherung der kommunalen Selbstverwaltung, GemHH 1998, 12 ff. – Zu verfassungsrechtlichen Vorgaben der kommunalen Finanzausstattung in Niedersachsen umfassend *Hans-Günter Henneke* Landesfinanzpolitik und Verfassungsrecht 1998, 25 ff.; ferner *ders.* Zwischen Bückeburg und Maastricht: Der Verfassungsrahmen für die Finanzpolitik in Niedersachsen, ZG 1998, 1 ff.; *ders.* Jenseits von Bückeburg (Zweite Folge) – Gesetzgeberische Bindungen und Gestaltungsspielräume für den kommunalen Finanzausgleich, NdsVBl. 1998, 25 ff.; *Ferdinand Kirchhof* Finanzierung der Kreisaufgaben – Verfassungsanspruch und Realität, NLT 3/98, 23 ff.

2 StGH BW, DVBl. 1999, 1351 (m. Anm. *Helmut Goerlich*) = DÖV 1999, 687 = VBlBW 1999, 294 = JZ 1999, 1049 (m. Anm. *Ferdinand Kirchhof*); dazu Bespr. *Edgar Wais* Der Staatsgerichtshof Baden-Württemberg entscheidet erstmalig zu Gunsten der Landkreise, Die Neue Verwaltung 1999, 18 f.; *Olaf Otting* Gestärkte Position, Der Gemeinderat 1999, 52 f.; *Hans-Günter Henneke* Die prozedurale Absicherung der zur Erfüllung kommunaler Aufgaben erforderlichen Finanzmittel, Der Landkreis 1999, 517 f.; zu ersten Verbesserungen des Finanzausgleichsrechts in Baden-Württemberg *Wolfgang Rückert* Finanzausgleichsnovelle bringt ab 1. Januar 2000 deutliche Verbesserung für die Stadt- und Landkreise, Landkreisnachrichten BW 1999, 80 ff. – Analyse des baden-württembergischen Landesverfassungsrechts bei *Gerhard Werner* Die Gemeinde- und Kreisfinanzierung auf dem verfassungsrechtlichen Prüfstand, VBlBW 1997, 1 ff.

3 Für Brandenburg am Beispiel der Durchführung des Wohngeldgesetzes BbgVerfG, DÖV 1998, 336 = LKV 1998, 195. – Für Sachsen-Anhalt am Beispiel des ÖPNV LVerfG LSA, DVBl. 1998, 1288 = NVwZ-RR 1999, 96 sowie NVwZ-RR 2000, 1 und (allerdings nur teilweise) am Beispiel des Kinderbetreuungsgesetzes LVerfG LSA, NVwZ-RR 1999, 464. – Für Niedersachsen generell in Bezug

versuchen mit unterschiedlichen Strategien die der Politik gewiss lästigen „Fesseln" des Verfassungsrechts abzustreifen: Geltendes Landesverfassungsrecht wird „interpretatorisch" teilweise zu entleeren versucht,[4] jüngst novellierte und verbesserte finanzverfassungsrechtliche Schutzvorschriften zugunsten der Kommunen werden seitens der Ministerialbürokratie schon vor ihrer ersten praktischen Bewährungsprobe kritisiert,[5] die Einforderung von Verfassungsrecht wird als unterschwelliges Misstrauen gegenüber dem politischen Prozess (fehl)gedeutet[6] und nicht zuletzt werden diejenigen Landesverfassungsgerichte, die es „gewagt" haben, Parlamentarier an die Existenz bindenden Verfassungsrechts zu erinnern, gewarnt (u. z. ebenfalls aus der Ministerialbürokratie heraus), es mit der Genauigkeit verfassungsrechtlicher Bindungen nicht zu weit zu treiben.[7]

Vor diesem Hintergrund ist an dieser Stelle eine *grundsätzliche Standortbestimmung* angezeigt. Lässt man die aktuellen Aufgeregtheiten einmal beiseite und analysiert man mit der gebotenen juristischen Nüchternheit die Ausgangslage, kann gar kein Zweifel daran bestehen, dass in Bezug auf die kommunale Finanzausstattung eine *Struktursicherung durch Recht* sachlich notwendig sowie dogmatisch unumgänglich ist (nachfolgend 2.) und dass diejenigen Landesverfassungsgerichte, die die innere Unabhängigkeit und den Mut aufbringen, bestehendes Verfassungsrecht in der parlamentarischen

auf die Aufgaben des übertragenen Wirkungskreises die in Fn. 1 nachgewiesenen Entscheidungen des NdsStGH.

4 *Ulf Gundlach* Die „Finanzgarantie" des Art. 87 III der Verfassung des Landes Sachsen-Anhalt, LKV 1999, 201 ff. (zu Art. 87 Abs. 3 Verf LSA).

5 *Paul Schumacher* Eine neue Regelung für Aufgabenübertragungen in der Brandenburger Landesverfassung, LKV 2000, 98 ff. (zur Verschärfung des finanzverfassungsrechtlichen Konnexitätsprinzips in Art. 97 Abs. 3 BbgVerf durch verfassungsänderndes Gesetz vom 07.04.1999, GVBl. S. 98; zur Vorbereitung dieser Verfassungsreform *Hans-Günter Henneke* Für ein striktes Konnexitätsprinzip in Brandenburg, Der Landkreis 1998, 606 ff.).

6 *Thomas Würtenberger* Der kommunale Finanzausgleich – politisch entschieden oder verfassungsrechtlich determiniert?, in: Festschrift für Walter Leisner, 1999, 973, 985.

7 *Herbert Mandelartz/Helmut Neumeyer* Kommunale Finanzprobleme und kommunaler Finanzausgleich – Verfassungsgerichte der Länder als Nothelfer?, DÖV 2000, 103 ff. (Landesverfassungsgerichte als untaugliche Nothelfer für die Lösung kommunaler Finanzprobleme abqualifizierend).

Praxis gegenüber Landtagsmehrheiten und Landesregierungen zur Geltung zu bringen, zu einem ganz wichtigen *Bedeutungsgewinn des Landesverfassungsrechts* beitragen (unten 3.).

2. Notwendigkeit einer Struktursicherung durch Recht

Recht – auch: Verfassungsrecht – ist selbstverständlich nicht in der Lage, Finanzmittel zu „produzieren". An Finanzen kann zwischen Staat und Kommunen nur verteilt werden, was erwirtschaftet worden ist. Das (Verfassungs-)Recht übernimmt in diesem Verteilungsprozess jedoch eine in ihrer Bedeutung nicht zu unterschätzende Ordnungs-, Steuerungs- und (da die Kommunen gegenüber Land und Bund strukturell der schwächere „Partner" sind) Schutzfunktion. Von daher geht es von vornherein nicht etwa um eine Verrechtlichung bestehender politischer Gestaltungskompetenzen; aber in dem komplexen Gefüge von

- Erfindung, Ausgestaltung, Ausweitung und Zuordnung öffentlicher Aufgaben,[8]
- Generierung, Anhebung oder Senkung und Verteilung öffentlicher Einnahmen[9] sowie
- Bestimmung der Finanzverantwortung im Gemeinwesen nach außenwirksamer Finanzierungskompetenz, haushaltsmäßiger Finanzierungslast und binnenstaatlicher (aufgabenbezogener und kostenausgleichender) Finanztransfers[10]

übernimmt im Verfassungsstaat das Recht eine *Strukturierungsleistung*, die in unserem Zusammenhang einer *Struktursicherung durch Recht* gleichkommt.[11]

8 Vgl. dazu *Hans-Günter Henneke* Reform der Aufgaben- und Finanzbeziehungen von Bund, Ländern und Kommunen, 1999, 14ff. (Analyse) und 61ff. (Reformvorschläge).

9 Umfassend dazu *Hans-Günter Henneke* Öffentliches Finanzwesen – Finanzverfassung, 2. Aufl. 2000, Rdn. 268ff.

10 Zu dieser für ein gegliedertes Staatswesen essentiellen Differenzierung *Ferdinand Kirchhof* Gutachten D zum 61. DJT 1996, 14; *ders.* Die Finanzierungsverantwortung für kommunale Aufgaben, in: Hans-Günter Henneke (Hrsg.), Steuerung der kommunalen Aufgabenerfüllung durch Finanz- und Haushaltsrecht, 1996, 19, 21.

11 Nichts anderes unternimmt die Entscheidung des BVerfG zum Länderfinanzausgleich, BVerfGE 101, 158 = DVBl. 2000, 42 = DÖV 2000, 113 = NJW 2000,

a) Strukturelle Fehlentwicklungen bei der kommunalen Finanzausstattung

An der Notwendigkeit einer solchen Sicherung kann nicht gezweifelt werden, wenn man einige elementare Fakten zur Kenntnis nimmt und deren Ursachen nicht negiert. Zum Tatsächlichen sei hier nur in Erinnerung gerufen, dass die kommunale Finanzkrise unterdessen *strukturelle Fehlentwicklungen* verursacht hat, die nur mit Mühe und auch nur langfristig behoben werden können. So sind z. B. in Niedersachsen die Landkreise (sowie viele Städte und Gemeinden) nicht mehr in der Lage, entsprechend den gesetzlichen Vorgaben ihre Verwaltungshaushalte auszugleichen,[12] in Nordrhein-Westfalen ist infolge der Überforderung vieler Kommunen (vor allem großer Städte) mit pflichtigen Aufgaben trotz bestehender Haushaltssicherungskonzepte eine ähnliche Entwicklung in Gang gesetzt,[13] und in den sog. neuen Ländern ist die Zahlungsunfähigkeit einzelner Kommunen[14] mittlerweile gerichtsbekannt.[15]

1097; krit. dazu *Hans Heinrich Rupp* Länderfinanzausgleich, JZ 2000, 269 ff.; *Joachim Linck* Das „Maßstäbegesetz" zur Finanzverfassung – ein dogmatischer und politischer Irrweg, DÖV 2000, 325 ff.; *Bodo Pieroth* Die Missachtung gesetzter Maßstäbe durch das Maßstäbegesetz, NJW 2000, 1086 f.; die Stärkung der klassischen Funktionen des Gesetzes hervorhebend demgegenüber *Christoph Degenhart* Maßstabsbildung und Selbstbindung des Gesetzgebers als Postulat der Finanzverfassung des Grundgesetzes, ZG 2000, 79 ff.; zu Fragen der Umsetzung des Urteils *Hans-Peter Bull/Veith Mehde* Der rationale Finanzausgleich – ein Gesetzgebungsauftrag ohnegleichen, DÖV 2000, 305 ff.; *Thomas Christmann* Vom Finanzausgleich zum Maßstäbegesetz, DÖV 2000, 315 ff.

12 *Hubert Meyer* Finanzierung fremdbestimmter kommunaler Aufgaben – Harmonie und Dissonanzen in der neueren Rechtsprechung der Landesverfassungsgerichte, NVwZ 1999, 843. – Erneut (vgl. bereits Nachw. o. Fn. 1) suchen die niedersächsischen Kommunen Rechtsschutz beim Staatsgerichtshof, Verfahren StGH 6/99.

13 Vgl. die detaillierten Zahlenangaben bei *Friedrich-Wilhelm Held* Steuerung kommunaler Aufgabenerfüllung durch Haushaltssicherungskonzepte und staatliche Genehmigungsvorbehalte bei Umlageerhebungen, in: Hans-Günter Henneke (Hrsg.), Steuerung der kommunalen Aufgabenerfüllung durch Finanz- und Haushaltsrecht, 1996, 63 ff. – Die Fakten wurden zuletzt in den verfassungsgerichtlichen Verfahren VerfGH 3/98, 4/98 und 5/98 präsentiert.

14 Umfassend zu der Thematik *Felix Engelsing* Zahlungsunfähigkeit von Kommunen und anderen juristischen Personen des öffentlichen Rechts, 1999.

15 BbgVerfG, NVwZ-RR 2000, 129, 134, mit der Forderung an das Land nach Gewährung von Bedarfszuweisungen an Kommunen, die nicht einmal mehr ein Mindestmaß an freiwilligen Selbstverwaltungsaufgaben finanzieren können. –

Die *Ursachen* für diese Misere stehen längst außer Streit. Sieht man vom „Fehlverhalten" einzelner Kommunen einmal ab und nimmt man die Grundlinien der Entwicklung in den Blick, lassen sich zwei signifikante Indikatoren feststellen:

– Auf der einen Seite sind die *ausgabenwirksamen Aufgaben* und *Standards*, die den Kommunen durch Bundes- und Landesrecht auferlegt sind, permanent gestiegen.[16] Empirische Untersuchungen zur Entwicklung der von den Kommunen wahrgenommenen Aufgaben zeigen, dass der Aufgabenbestand im gemeindlichen und städtischen Bereich im Durchschnitt zu etwa 95% fremdbestimmt ist[17] und dass die Quote auf Kreisebene sogar noch höher liegt.[18]

Allg. zu den Entwicklungen im Recht des Finanzausgleichs *Hubert Meyer* Grundstrukturen und Entwicklungen im kommunalen Finanzausgleich der neuen Bundesländer, LKV 1997, 390ff.; speziell zu Mecklenburg-Vorpommern *ders.* Zwischen Gestaltungsrecht und Willkür: Der kommunale Finanzausgleich in der Hand des Gesetzgebers, LKV 2000, 169ff.

16 Einzelheiten dazu bei *Friedrich Schoch* Finanzierungsverantwortung beim kommunalen Verwaltungsvollzug bundes- und landesrechtlich veranlasster Ausgaben, ZG 1994, 246ff.; *ders.* Finanzierungsverantwortung für gesetzgeberisch veranlasste Ausgaben, Der Landkreis 1994, 253ff.; *Friedrich Schoch/Joachim Wieland* Finanzierungsverantwortung für gesetzgeberisch veranlasste kommunale Aufgaben, 1995, 22ff.; *Rudolf Wendt* Finanzierungsverantwortung für gesetzgeberisch veranlasste kommunale Aufgaben, in: Festschrift für Klaus Stern, 1997, 603ff.; *Stefan Mückl* Finanzverfassungsrechtlicher Schutz der kommunalen Selbstverwaltung, 1998, 26ff.

17 Dazu zählen auch die weisungsfreien, aber vielfach gesetzlich durchnormierten pflichtigen Selbstverwaltungsaufgaben; dazu am Beispiel der Sozialhilfe StGH BW: „Die sozialhilferechtlichen Ansprüche sind bundesgesetzlich normiert. Sie sind kommunaler Ausgestaltung nicht mehr in dem Maß zugänglich, wie es einer originär kommunalen Selbstverwaltungsaufgabe entspräche. Die Ausführung der Sozialhilfeaufgaben durch die Gemeinden und Gemeindeverbände besteht im wesentlichen im Vollzug der bundesgesetzlichen Vorgaben, die für die Ausgestaltungsmöglichkeiten im Sinne einer kommunalen Selbstverwaltung kaum noch Raum lassen." So StGH BW, ESVGH 44, 1, 2 = DVBl. 1994, 206 = DÖV 1994, 297, 298 = VBlBW 1994, 52, 55.

18 *Diana Zacharias* Die Entwicklung der kommunalen Aufgaben seit 1975, DÖV 2000, 56ff. (am Beispiel des Kreises Mettmann), mit Hinweis darauf, dass die Kommunalverwaltungen zunehmend zu bloßen Vollzugsinstrumenten staatlicher Entscheidungsvorgaben degradiert würden; ferner *dies.* Auswirkungen der Entwicklung des kommunalen Aufgabenbestandes auf die Kommunalfinanzen, GemHH 2000, 61 ff. – Zur Aushöhlung kommunaler Handlungs- und Entscheidungsspielräume am Beispiel saarländischer Kommunen detailliertes Zahlenma-

– Auf der anderen Seite konnten die *Einnahmen* der Kommunen mit dem Anstieg der Ausgaben nicht Schritt halten; das gilt vor allem – aber nicht nur – für die Sozialausgaben.[19] Einnahmeverluste ohne Ausgabenreduzierung werden auch in Zukunft nicht zu vermeiden sein. So bewirkt der vorliegende Entwurf eines Steuersenkungsgesetzes des Bundes, sollte er realisiert werden, nach Schätzungen des BMF bis zum Jahr 2006 unmittelbare Steuerverluste der Städte und Gemeinden i.H.v. 8,3 Mrd DM, die infolge der geplanten Erhöhung der Gewerbesteuerumlage auf 12,6 Mrd DM anwachsen könnten.[20]

Es ist also im wesentlichen diese scherenartige Entwicklung zwischen Aufgaben- und Ausgabenlast einerseits sowie unzureichenden Finanzmitteln andererseits, die die kommunale Finanzkrise verursacht hat. Der StGH BW hat das Gefährdungspotential für die kommunale Finanzausstattung wie folgt auf den Punkt gebracht:

– Rückgang kommunaler Einnahmen bei einer nicht reduzierbaren Ausgabenlast für Pflichtaufgaben,
– außerordentlicher Anstieg der Ausgaben für Pflichtaufgaben ohne entsprechende Erweiterung der Einnahmenquellen,
– Erfüllung neuer oder ausgeweiteter Pflichtaufgaben unter Ausschöpfung der für die freiwilligen Selbstverwaltungsangelegenheiten vorgesehenen Finanzmittel.[21]

b) Schutzdefizite bei Aufgabenzuweisung und Einnahmenminderung

Trotz dieser eindeutigen Erkenntnisse stellen das geltende Verfassungsrecht und leider auch zum Teil die Rechtsprechung der Landes-

terial bei *Friedrich Schoch* Verfassungsrechtlicher Schutz der kommunalen Finanzautonomie, 1997, 48 ff.

19 Zahlenangaben dazu bei *Friedrich Schoch/Joachim Wieland* (o. Fn. 16) 34 ff. und 228 ff.; *Friedrich Schoch* (o. Fn. 18) 30 ff., 54 f., 58 ff.

20 Einzelheiten hierzu in der Stellungnahme der Bundesvereinigung der Kommunalen Spitzenverbände zum Entwurf eines Steuersenkungsgesetzes, abgedruckt in NST-N 2000, 106 ff.

21 StGH BW, DVBl. 1999, 1351, 1355 = DÖV 1999, 687, 690 = VBlBW 1999, 294, 300 f. = JZ 1999, 1049, 1052, mit Hinweis auf den Regelfall in der Praxis: „Gemengelage dieser Ursachen". – Diese strukturellen Verwerfungen bestehen

verfassungsgerichte die Kommunen partiell schutzlos. Dieser Befund gilt zunächst für die *Aufgabenzuweisung* und die *bundesgesetzliche Steuerpolitik*:

- Die kostenwirksame Aufgabenverlagerung auf Kommunen ist zwar rechtsdogmatisch als Eingriff in das kommunale Selbstverwaltungsrecht anerkannt,[22] die landesgesetzliche Aufgabenzuweisung ist jedoch ohne weiteres rechtfertigungsfähig (vgl. z. B. Art. 71 Abs. 3 S. 1 LV BW, Art. 78 Abs. 3 LV NW) und verschiebt die Problematik auf die Ebene der aufgabenangemessenen Finanzausstattung.[23]
- Die unmittelbare Belastung der Kommunen mit kostenträchtigen Aufgaben kraft Bundesgesetzes ist zwar nach überwiegender Auffassung in der Rechtswissenschaft aus Kompetenzgründen (Art. 84 Abs. 1 GG[24]) verfassungswidrig,[25] die Landesverfassungsgerichtsbarkeit sträubt sich jedoch, die Klärung der Frage – z. B. auf dem Gebiet des Sozialhilferechts[26] oder des Kinder-

unabhängig davon, dass im Jahr 2000 die Steuereinnahmen der Gemeinden steigen. Denn die Verhältnisse können und werden sich ändern, vgl. Text zu Fn. 20.

[22] VerfGH NW, DVBl. 1993, 197, 198 = NVwZ-RR 1993, 486, 487 = NWVBl. 1993, 7, 9; VerfGH NW, DVBl. 1997, 483 f. = NWVBl. 1997, 129, 130; *Helmut Petz* Aufgabenübertragungen und kommunales Selbstverwaltungsrecht, DÖV 1991, 320, 324 ff.; *Kyrill-Alexander Schwarz* (o. Fn. 1), NVwZ 1997, 237, 241 f.; *Rudolf Wendt* (o. Fn. 16) 608; *Friedhelm Hufen* Aufgabenentzug durch Aufgabenübertragung – Verfassungsrechtliche Grenzen der Überwälzung kostenintensiver Staatsaufgaben auf die Kommunen, DÖV 1998, 276 ff.

[23] Dazu unten III. 3.

[24] Zu den engen Voraussetzungen dieser Vorschrift für einen unmittelbaren bundesgesetzlichen Durchgriff auf die kommunale Ebene vgl. BVerfGE 22, 180, 209 f.; 77, 288, 299.

[25] *Friedrich Schoch/Joachim Wieland* Die Verfassungswidrigkeit des § 96 Abs. 1 Satz 1 BSHG, JZ 1995, 982 ff.; *dies.* (o. Fn. 16) 115 ff.; zustimmend *Rainer Grote* Empfehlen sich Maßnahmen, um in der Finanzverfassung Aufgaben- und Ausgabenverantwortung von Bund, Ländern und Gemeinden stärker zusammenzuführen?, JZ 1996, 832, 840; *Hans Peter Bull/Felix Welti* Schwachstellen der geltenden Finanzverfassung, NVwZ 1996, 838, 845; *Rudolf Wendt* (o. Fn. 16) 611; *Andreas Menzel* Kompetenzkonflikt zwischen Bund und Land in der Gesetzgebung, DVBl. 1997, 640; *Ferdinand Kirchhof* Urteilsanmerkung, JZ 1999, 1054, 1055; *Helmut Goerlich* Urteilsanmerkung, DVBl. 1999, 1358 f.; ausführlich zuletzt *Stefan Mückl* Bundesgesetzliche Aufgabenzuweisungen an die kommunale Ebene, ZG 1998, 197 ff., sowie *ders.* (o. Fn. 16) 113 ff.

[26] StGH BW, DVBl. 1999, 1351, 1352 f. = DÖV 1999, 687, 688 f. = VBlBW 1999, 294, 298 = JZ 1999, 1049, 1050.

und Jugendhilferechts[27] – im Wege der konkreten Normenkontrolle beim BVerfG herbeizuführen.

– Gegen die bundesgesetzliche Minderung kommunaler Steuereinnahmen bietet Art. 28 Abs. 2 GG nach Auffassung des BVerfG keinen Schutz, solange nicht detailliert dargetan ist, dass eine Minderung der Finanzausstattung die angemessene Aufgabenerfüllung unmöglich macht.[28] Generell neigt das BVerfG dazu, die Frage nach einer Rechtfertigung der kommunalen Aufgabenüberlastung auszublenden und die Problematik auf die Finanzierungsebene zu verschieben. Die Kommunen seien nicht davor geschützt, dass ihnen weitere kostenträchtige Aufgaben auferlegt würden. Sei diese Aufgabenauferlegung als solche mit Art. 28 Abs. 2 GG vereinbar, so ergebe sich aus ihren mittelbaren Folgen für die kommunale Einnahmen- und Ausgabenwirtschaft kein Verstoß gegen die Finanzhoheit.[29]

Nach der verfassungsgerichtlichen Praxis ist also letztlich entscheidend, ob die den Kommunen zugewiesenen Aufgaben angemessen oder doch wenigstens in dem erforderlichen Mindestmaß finanziert und folglich erfüllt werden können. Juristisch stellt dies den Verweis auf das Landesverfassungsrecht dar.

3. Bedeutungsgewinn des Landesverfassungsrechts

Der Grund hierfür liegt im Staats- und Verwaltungsaufbau nach dem Grundgesetz. In dem zweistufigen Staatsaufbau (Bund und Länder) mit drei Verwaltungsebenen (Bund, Länder, Kommunen) ist die kommunale Ebene – auch und gerade finanzverfassungsrechtlich – als Bestandteil des jeweiligen Landes zu qualifizieren.[30]

[27] LVerfG LSA, NVwZ-RR 1999, 393f. und 464f.

[28] BVerfGE 71, 25, 36f.; 83, 363, 386; BVerfG, DVBl. 1999, 697, 699 = DÖV 1999, 336, 337f. = NVwZ 1999, 520, 521.

[29] BVerfG, DVBl. 1987, 135f. = DÖV 1987, 341, 342 = NVwZ 1987, 123 = BayVBl. 1987, 556, 557; BVerfG, LKV 1994, 145 = ThürVBl. 1994, 83.

[30] Ausführlich *Friedrich Schoch/Joachim Wieland* (o. Fn. 16) 53ff.; *Friedrich Schoch* (o. Fn. 18) 96ff.

a) Land als Verpflichtungsadressat der kommunalen Finanzausstattungsgarantie

In der Sache ist völlig unstrittig, dass die Verfassungsgarantie zur kommunalen Selbstverwaltung (Art. 28 Abs. 2 GG: Aufgabengarantie sowie Eigenverantwortlichkeit der Aufgabenerfüllung) der finanziellen Untermauerung bedarf.[31] Die notwendige finanzielle Absicherung des Rechts auf kommunale Selbstverwaltung wird unterdessen einvernehmlich in der Formel zusammengefasst, Gemeinden und Gemeindeverbände hätten einen Anspruch auf eine aufgabenangemessene Finanzausstattung.[32] Dies bedeutet, so das BVerwG, dass die Finanzmittel ausreichen müssen, um den Kommunen die Erfüllung aller zugewiesener und im Rahmen der kommunalen Selbstverwaltung auch die Erfüllung selbst gewählter Aufgaben zu ermöglichen.[33]

[31] Vgl. nur etwa aus der jüngsten Vergangenheit BbgVerfG, NVwZ-RR 2000, 129, 130; *Kyrill-Alexander Schwarz* Prozedurale Absicherungen der Selbstverwaltungsgarantie – Neue verfassungsrechtliche Anforderungen an den kommunalen Finanzausgleich (Teil I), ZKF 1999, 266, 267; *Stefan Mückl* Kommunale Selbstverwaltung und aufgabengerechte Finanzausstattung, DÖV 1999, 841; *Thomas Würtenberger* (o. Fn. 6) 974 f.; *Ulf Gundlach* Die Kommunen im Steuer- und Abgabenstaat, LKV 2000, 7, 8. – Zuvor z. B. VerfGH NW, DVBl. 1989, 151, 152 = NVwZ-RR 1989, 493, 494 = NWVBl. 1989, 85, 86: „Die kommunale Selbstverwaltung kann sich wirksam nur entfalten, wenn Gemeinden und Gemeindeverbände über hinreichende finanzielle Mittel verfügen."

[32] StGH BW, DVBl. 1994, 206, 207 = DÖV 1994, 297, 299 = VBlBW 1994, 52, 56; BayVerfGH, NVwZ-RR 1997, 301, 302 = BayVBl. 1996, 462, 463; BayVerfGH, NVwZ-RR 1998, 601, 602 = BayVBl. 1997, 303, 304; BbgVerfG, NVwZ-RR 2000, 129, 130; NdsStGH, DVBl. 1995, 1175 = DÖV 1995, 994, 995 = NVwZ 1996, 585, 586 = NdsVBl. 1995, 225, 226; NdsStGH, DVBl. 1998, 185 = DÖV 1998, 382 = NVwZ-RR 1998, 529 = NdsVBl. 1998, 43; VerfGH NW, DVBl. 1989, 151, 152 = NVwZ-RR 1989, 493, 494 = NWVBl. 1989, 85, 86; VerfGH NW, DVBl. 1993, 1205 = DÖV 1993, 1003 = NVwZ-RR 1994, 68 = NWVBl. 1993, 381, 382; VerfGH NW, DVBl. 1998, 1280, 1281 = NVwZ-RR 1999, 81, 82 = NWVBl. 1998, 390, 391; VerfGH RP, DVBl. 1992, 981 = DÖV 1992, 706; VerfGH RP, NVwZ-RR 1993, 159, 160; SaarlVerfGH, NVwZ-RR 1995, 153, 154; LVerfG LSA, NVwZ-RR 1999, 393, 397 und 464, 466. Aus dem Schrifttum – stellvertretend – *Stefan Mückl* (o. Fn. 16) 64 ff.; *Kyrill-Alexander Schwarz* (o. Fn. 31) 267 f.; *Ulf Gundlach* (o. Fn. 31) 8.

[33] BVerwGE 106, 280, 287 = DVBl. 1998, 776, 779 = DÖV 1998, 731, 733 = NVwZ 1999, 883, 885.

Primärer Verpflichtungsadressat des Finanzausstattungsanspruchs der Kommunen ist das – jeweilige – Land.[34] Dies gilt auch und gerade im Falle der bundesgesetzlichen Aufgabenzuweisung an die Kommunen.[35] Denn bundesstaatlich werden die kommunalen Aufgaben und Ausgaben denen des Landes zugerechnet.[36] Infolgedessen ist es dem Land verfassungsrechtlich untersagt, die Kommunen zwecks angemessener Finanzausstattung an den Bund zu verweisen.[37] Der neu geschaffene Art. 28 Abs. 2 S. 3 GG[38] stellt keine Finanzausstattungsgarantie des Bundes zugunsten der Kommunen dar.[39] Und Art. 104a GG findet in seiner geltenden Fassung[40] nur im Verhältnis zwischen Bund und Ländern Anwendung, schützt aber nicht die Kommunen im Sinne einer allgemeinen Lastenverteilungsregelung vor den finanziellen Folgen ausgabenwirksamer Aufgabenzuweisungen.[41]

34 BVerfGE 86, 148, 218 f.; *Stefan Mückl* (o. Fn. 31) 842; *Hubert Meyer* „Delegiere, teile und herrsche" oder verfassungsrechtliche Finanzgarantien für Kommunen?, LKV 2000, 1, 5; *Friedrich Schoch* (o. Fn. 18) 154 ff.; *Kyrill-Alexander Schwarz* Finanzverfassung und kommunale Selbstverwaltung, 1996, 66.

35 Einzelheiten zur Verfassungsrechtslage bei *Friedrich Schoch* (o. Fn. 18) 158 ff.; *Stefan Mückl* (o. Fn. 16) 246 ff. – Zu den finanziellen Auswirkungen der Bundesgesetzgebung auf die Kommunen vgl. die Darstellung der Bundesregierung vom 27.01.2000 BT-Drucks. 14/2606.

36 BVerfGE 86, 148, 215; BVerwGE 96, 45, 56; StGH BW, DVBl. 1994, 206, 207 = DÖV 1994, 297, 299 = VBlBW 1994, 52, 56. – Ausführlich zur Finanzverantwortung im Bundesstaat *Hans-Günter Henneke* Finanzierungsverantwortung im Bundesstaat, DÖV 1996, 713 ff.

37 VerfGH NW, DVBl. 1997, 483, 486 = NVwZ 1997, 793, 795 = NWVBl. 1997, 129, 132.

38 Die Vorschrift lautet: „Die Gewährleistung der Selbstverwaltung umfasst auch die Grundlagen der finanziellen Eigenverantwortung; zu diesen Grundlagen gehört eine den Gemeinden mit Hebesatzrecht zustehende wirtschaftskraftbezogene Steuerquelle." – Zum Verhältnis des Art. 28 Abs. 2 S. 3 GG zu Art. 106 GG *Hans-Günter Henneke* Der Gewährleistungsgehalt der kommunalen Ertragskompetenzen in Art. 106 GG sowie Art. 28 Abs. 2 Satz 3 GG, Der Landkreis 1997, 482 ff.

39 Einzelheiten bei *Stefan Mückl* (o. Fn. 16) 67 ff.

40 Zur Reformbedürftigkeit des Art. 104a GG *Friedrich Schoch* Die Reformbedürftigkeit des Art. 104a GG, ZRP 1995, 387 ff.; *Rainer Grote* (o. Fn. 25) 832 ff.; *Hans Peter Bull/Felix Welti* (o. Fn. 25) 838 ff.; *Peter Selmer* Empfehlen sich Maßnahmen, um in der Finanzverfassung Aufgaben- und Ausgabenverantwortung von Bund, Ländern und Gemeinden stärker zusammenzuführen?, NJW 1996, 2062 ff.; ferner Beschlüsse des 61. DJT 1996, Verhandlungen, Band II/2 Teil M, S. 191 ff.

41 StGH BW, DVBl. 1994, 206, 207 = DÖV 1994, 297, 298 f. = VBlBW 1994, 52, 55; NVwZ-RR 1998, 701, 704 = VBlBW 1998, 295, 300; DVBl. 1999, 1351,

b) Sicherung kraftvoller Selbstverwaltung durch Landesverfassungsrecht

Als Zwischenergebnis muss somit festgehalten werden, dass – um eine Formulierung des StGH BW aufzugreifen – das Land „für eine Finanzausstattung der Gemeinden und Gemeindeverbände zu sorgen" hat, „die ihnen eine angemessene und kraftvolle Erfüllung ihrer Aufgaben erlaubt und nicht durch Schwächung der Finanzkraft zu einer Aushöhlung des Selbstverwaltungsrechts führt".[42] *Wie* das Land diese Verfassungspflicht erfüllt, soll – so eine verbreitete, undifferenzierte Auffassung[43] – der Entscheidung des (Landes-)Gesetzgebers obliegen, der über einen weiten normativen Gestaltungsspielraum verfüge. Soweit für diese verallgemeinernde These die Rechtsprechung des BayVerfGH[44] in Anspruch genommen wird, wird übersehen, dass das dortige Finanzverfassungsrecht in dem hier interessierenden Punkt vom sonstigen Landesrecht abweicht.[45] Und soweit der VerfGH NW als „Kronzeuge" fungiert, muss nüchtern konstatiert werden, dass dieser – unter fälschlicher Berufung insbesondere auf den VerfGH RP[46] – geltendes, differenzierendes Landesverfassungsrecht nicht zur Kenntnis nehmen will.[47] Analysiert man

1354 = DÖV 1999, 687, 690 = JZ 1999, 1049, 1051 = VBlBW 1999, 294, 300; BayVerfGH, NVwZ-RR 1997, 301, 304 = BayVBl. 1996, 462, 465; *Stefan Mückl* (o. Fn. 31) 850; *ders.* (o. Fn. 16) 195ff.; *Hubert Meyer* (o. Fn. 12) 844; *ders.* (o. Fn. 34) 1f.

42 StGH BW, DVBl. 1994, 206, 207 = DÖV 1994, 297, 299 = VBlBW 1994, 52, 56; DÖV 1994, 163, 164 = NVwZ-RR 1994, 227, 228; StGH BW, DVBl. 1999, 1351, 1354 = JZ 1999, 1049, 1052 = VBlBW 1999, 294, 300.

43 *Thomas Würtenberger* (o. Fn. 6) 975f.; *Ulf Gundlach* (o. Fn. 31) 9; *Herbert Mandelartz/Helmut Neumeyer* (o. Fn. 7) 110.

44 BayVerfGH, NVwZ-RR 1997, 301, 303 = BayVBl. 1996, 462, 463; NVwZ-RR 1998, 601, 602 = BayVBl. 1997, 303, 304; BayVBl. 1998, 207, 208.

45 Vgl. demgegenüber aber *Stefan Mückl* (o. Fn. 16) 237ff.

46 VerfGH RP, DVBl. 1978, 802 = DÖV 1978, 763; DVBl. 1992, 981 = DÖV 1992, 706; NVwZ 1993, 159; DÖV 1998, 505 = NVwZ-RR 1998, 607. – Erläuternd zu Art. 49 LV RP *Thilo Sarrazin* Die Steuerung der kommunalen Aufgabenerfüllung durch Landesfinanzverfassungsrecht, in: Hans-Günter Henneke (Hrsg.), Steuerung der kommunalen Aufgabenerfüllung durch Finanz- und Haushaltsrecht, 1996, 55ff.

47 An mangelnder juristischer Differenzierung kaum zu übertreffen VerfGH NW, DVBl. 1998, 1280 = NVwZ-RR 1999, 81 = NWVBl. 1998, 390; bestätigend VerfGH NW, DVBl. 1999, 392 = DÖV 1999, 300 = NWVBl. 1999, 136; treffende

als Jurist die Verfassungsrechtslage lege artis, wird (von einigen wenigen Ländern abgesehen[48]) eine Doppelstruktur zum Schutz der kommunalen Finanzausstattung sichtbar (II.), die das finanzverfassungsrechtliche Konnexitätsprinzip für den Fall einer Aufgabenverlagerung auf die Kommunen (III.) dem finanzkraftabhängigen kommunalen Finanzausgleich (IV.) als spezielles Schutzmodell voranstellt.[49]

II. Verfassungsrechtliche Doppelstruktur zum Schutz der kommunalen Finanzausstattung

1. Landesverfassungsrechtlicher Befund

Der verfassungsrechtliche Anspruch auf eine angemessene kommunale Finanzausstattung wird rechtsnormativ insbesondere durch die Gewährleistung

(1) originärer kommunaler Einnahmen (insbesondere Steuern),
(2) staatlicher Kostenerstattung bei Aufgabenübertragung und
(3) staatlicher Leistungen im Rahmen des kommunalen Finanzausgleichs

sicherzustellen versucht.[50] Da das staatliche Steuerrecht in Bezug auf die kommunale Ertragshoheit „auf Deckungslücken hin konzi-

Kritik bei *Hans-Günter Henneke* Kennt Finanznot kein Verfassungsgebot?, DVBl. 1998, 1158 ff.

[48] Hessen (Art. 137 Abs. 5 LV) und Rheinland-Pfalz (Art. 49 Abs. 5 LV) kennen nur ein monistisches Finanzierungsmodell: „Der Staat hat den Gemeinden und Gemeindeverbänden die zur Durchführung ihrer eigenen und der übertragenen Aufgaben erforderlichen (Geld-)Mittel im Wege des Lasten- und Finanzausgleichs zu sichern. Er stellt ihnen für ihre freiwillige öffentliche Tätigkeit in eigener Verantwortung zu verwaltende Einnahmequellen zur Verfügung."

[49] Mit *Eberhard Schmidt-Aßmann* Strukturierung von Entscheidungsprozessen durch Finanz- und Haushaltsrecht, in: Hans-Günter Henneke (Hrsg.), Steuerung der kommunalen Aufgabenerfüllung durch Finanz- und Haushaltsrecht, 1996, 127, 129, ist erneut zu betonen, dass es im vorliegenden Zusammenhang nicht um simple Vorstellungen von der Steuerung durch Recht geht. Vielmehr zeigen am Maßstab des Rechts erarbeitete Strukturen, „wie die Strukturierung des Entscheidungsprozesses durch Recht so aufgebaut und vollzogen werden kann, dass der Zusammenhang von Aufgabenzuweisung, Aufgabenausgestaltung und Folgenverantwortung in einer funktional sinnvollen Weise gewährleistet wird".

[50] *Friedrich Schoch* (o. Fn. 18) 143, mwN.

piert ist",[51] interessieren im Folgenden nur die beiden letztgenannten Struktursicherungen.

Dazu weist das Verfassungsrecht der Länder – abgesehen von Hessen und Rheinland-Pfalz – eine *doppelte Schutzgarantie* auf:

- Just in der landesverfassungsrechtlichen „Fundamentalbestimmung" zur Garantie der kommunalen Selbstverwaltung (z. B. Art. 71 LV BW, Art. 78 LV NW) findet sich in den meisten Landesverfassungen eine Vorschrift, die die Zuweisung bestimmter Aufgaben an die Kommunen davon abhängig macht, dass gleichzeitig Bestimmungen über die Deckung der Kosten getroffen werden[52] (zum Teil überdies im Falle einer Mehrbelastung der Kommunen ein „entsprechender"[53] bzw. wenigstens ein „angemessener"[54] finanzieller Ausgleich geschaffen wird).
- Davon gesetzessystematisch „abgesetzt" findet sich im Landesverfassungsrecht ferner eine Vorschrift, derzufolge das Land (im Rahmen seiner finanziellen Leistungsfähigkeit durch Schaffung eines übergemeindlichen Finanzausgleichs) verpflichtet ist, dafür zu sorgen, dass die Kommunen – auch im übrigen – ihre Aufgaben erfüllen können.[55]

[51] *Paul Kirchhof* Die kommunale Finanzhoheit, in: Günter Püttner (Hrsg.), Handbuch der kommunalen Wissenschaft und Praxis, Band 6, 2. Aufl. 1985, 3, 16.

[52] *Baden-Württemberg*: Art. 71 Abs. 3 S. 1 und S. 2 LV; *Bayern*: Art. 83 Abs. 3 LV; *Brandenburg*: Art. 97 Abs. 3 S. 1 und S. 2 LV; *Mecklenburg-Vorpommern*: Art. 72 Abs. 3 S. 1 LV; *Niedersachsen*: Art. 57 Abs. 4 LV; *Nordrhein-Westfalen*: Art. 78 Abs. 3 LV; *Saarland*: Art. 120 Abs. 1 S. 1 und S. 2 LV; *Sachsen*: Art. 85 Abs. 1 S. 1 und S. 3 LV; *Sachsen-Anhalt*: Art. 87 Abs. 3 S. 1 und S. 2 LV; *Schleswig-Holstein*: Art. 49 Abs. 2 S. 1 LV. – Die Vorschriften sind in Anhang I abgedruckt.

[53] *Baden-Württemberg*: Art. 71 Abs. 3 S. 3 LV; *Brandenburg*: Art. 97 Abs. 3 S. 3 LV; *Mecklenburg-Vorpommern*: Art. 72 Abs. 3 S. 2 LV; *Sachsen*: Art. 85 Abs. 2 LV; *Schleswig-Holstein*: Art. 49 Abs. 2 S. 2 LV; der Sache nach auch *Saarland*: Art. 120 Abs. 1 S. 3 LV. – Die Vorschriften sind in Anhang I abgedruckt.

[54] *Sachsen-Anhalt*: Art. 87 Abs. 3 S. 3 LV; *Thüringen*: Art. 93 Abs. 1 S. 2 LV. – Die Vorschriften sind in Anhang I abgedruckt.

[55] *Baden-Württemberg*: Art. 73 Abs. 1 und Abs. 3 S. 1 LV; *Brandenburg*: Art. 99 S. 2 LV; *Mecklenburg-Vorpommern*: Art. 73 LV; *Niedersachsen*: Art. 58 LV; *Nordrhein-Westfalen*: Art. 79 LV; *Saarland*: Art. 119 Abs. 2 LV; *Sachsen*: Art. 87 Abs. 1 und Abs. 3 LV; *Sachsen-Anhalt*: Art. 88 Abs. 1 und Abs. 2 S. 1 LV; *Schleswig-Holstein*: Art. 49 Abs. 1 LV; *Thüringen*: Art. 93 Abs. 1 S. 1 und Abs. 3 LV. – Die

Die jeweilige landesverfassungsrechtliche Vorschrift zum Konnexitätsprinzip, die die Aufgabenbelastung der Kommunen von einer landesgesetzlichen Kostendeckungsregelung (und zum Teil zusätzlich von einem Mehrlastenausgleich) abhängig macht, ist ihrer Funktion nach eine typische Schutzvorschrift zugunsten der kommunalen Selbstverwaltung.[56] Ihr Sinn besteht darin, den kommunalen Gebietskörperschaften die finanzielle Grundlage für eine ausreichende, eigenverantwortliche Selbstverwaltungstätigkeit zu erhalten. Es soll nämlich verhindert werden, dass die Kommunen infolge einer Überlastung mit Pflichtaufgaben – zum Teil: mit Aufgaben des sog. übertragenen Wirkungskreises – ihre traditionellen Aufgaben vernachlässigen müssen. Denn die Übertragung von Aufgaben auf die Kommunen ohne Erstattung der zusätzlichen Kosten geht zwangsläufig zu Lasten der Erfüllung von (freiwilligen) Selbstverwaltungsaufgaben, weil sie die finanziellen Mittel für diese mindert. Infolgedessen kann die (fortlaufende) Aufgabenübertragung ohne Kostenerstattung zur (sukzessiven) Aushöhlung der finanziellen Basis kommunaler Selbstverwaltung führen.[57]

2. Verhältnis der Schutzgarantien zueinander

a) Vorrang des Konnexitätsprinzips

Aus dieser verfassungsrechtlichen Lage zieht die Rechtsprechung – außerhalb Nordrhein-Westfalens – die einzig mögliche Schlussfolgerung, dass es sich nach Wortlaut, Verfassungssystematik sowie Sinn und Zweck bei der Kostendeckungsregelung im Falle der Auf-

Vorschriften sind in Anhang II abgedruckt. – Zur Verfassungsrechtslage in Bayern vgl. unten Fn. 71.

56 Ausdrücklich hervorgehoben von BbgVerfG, DÖV 1998, 336, 338 = LKV 1998, 195, 197; LVerfG LSA, DVBl. 1998, 1288, 1289 = NVwZ-RR 1999, 96, 98; LVerfG LSA, NVwZ-RR 1999, 393, 395.

57 So ausdrücklich VerfGH NW, DVBl. 1985, 685 = DÖV 1985, 620 = NVwZ 1985, 820; VerfGH NW, DVBl. 1997, 483 f. = NVwZ 1997, 793 = NWVBl. 1997, 129, 130; VerfGH NW, DVBl. 1998, 1280, 1284 = NVwZ-RR 1999, 81, 83 f. = NWVBl. 1998, 390, 393. Dahinter steht die Erkenntnis, dass die Überlastung der Kommunen mit pflichtigen Aufgaben faktisch zum Entzug freiwilliger Aufgabenwahrnehmung führt; dazu ausführlich *Friedhelm Hufen* (o. Fn. 22) 276 ff.; ferner *Stefan Mückl* (o. Fn. 31) 843 f.; *Ulf Gundlach* (o. Fn. 4) 202; *Hubert Meyer* (o. Fn. 34) 2.

gabenübertragung einerseits und der Pflicht zum aufgabeninakzessorischen Finanzausgleich andererseits um *normativ selbständige Regelungen* handelt, wobei in diesem dualistischen Modell der Konnexitätsbestimmung als spezieller Vorschrift der Anwendungsvorrang zukommt.[58] In der Tat, nach Wortlaut, Systematik und (Sicherungs-)Funktion stellt die landesverfassungsrechtliche Ausgestaltung des Konnexitätsprinzips

(1) in ihrem Anwendungsbereich[59] eine *abschließende* Regelung zur finanziellen Absicherung der Kommunen bei einer Aufgabenübertragung durch Landesgesetz dar,
(2) fungiert die spezifische Konnexitätsregelung infolgedessen als *lex specialis* im Verhältnis zur allgemeinen Finanzausstattungsgarantie,
(3) muss die Kostendeckung(sregelung) im Falle der spezifischen Aufgabenübertragung *finanzkraftunabhängig* erfolgen,
(4) unterliegt die Kostendeckung(sregelung) im Falle der spezifischen Aufgabenbelastung der Kommunen *keinem generellen Vorbehalt* der finanziellen Leistungsfähigkeit des Landes, so dass das Land
(5) Aufgaben zu Lasten der Kommunen nur dann verschieben können soll, wenn es die *Kostendeckung* zu regeln vermag (zum Teil: einen Mehrlastenausgleich schafft).

b) Schutzfunktionen des Konnexitätsprinzips

Das verfassungsrechtliche Konnexitätsprinzip erfüllt im Ergebnis zwei wichtige Schutzfunktionen:[60]

58 StGH BW, DVBl. 1994, 206 = DÖV 1994, 297, 298 = VBlBW 1994, 52, 55; StGH BW, DVBl. 1998, 1276, 1277 = DÖV 1999, 73 = NVwZ 1999, 93 = VBlBW 1999, 18, 20; NdsStGH, DVBl. 1995, 1175 = DÖV 1995, 994 = NVwZ 1996, 585 = NdsVBl. 1995, 225; NdsStGH, DVBl. 1998, 185, 186 = DÖV 1998, 382, 383 = NVwZ-RR 1998, 529, 530 = NdsVBl. 1998, 43, 44; LVerfG LSA, DVBl. 1998, 1288, 1289 = NVwZ-RR 1999, 96, 98; LVerfG LSA, NVwZ-RR 2000, 1 f.

59 Dazu unten III. 2.

60 Ausführlich dazu *Friedrich Schoch* Das finanzverfassungsrechtliche Konnexitätsprinzip, BayGTzeitung 1997, 278, 280 f.

- Für den Fall einer *Belastung* der Kommunen mit neuen oder neu ausgestalteten Aufgaben mahnt es die entsprechende *Kostendekkung* (zum Teil: Mehrlastenausgleich) an.
- In ihrer *Präventivwirkung* führt die strukturelle Verklammerung zwischen Aufgabenvermehrung und Kostendeckung (bzw. Kostenerstattung) dazu, dass die Aufgaben- und Ausgabenmehrbelastung der Kommunen zu *unterbleiben* hat, wenn sich das Land zur Kostendeckung (bzw. Kostenerstattung) nicht in der Lage sieht.[61]

Die normative Eigenständigkeit der *finanzverfassungsrechtlichen* Konnexitätsbestimmung im jeweiligen Landesrecht hängt selbstverständlich nicht davon ab, ob die kommunale *Aufgabenstruktur* dem monistischen Modell (z. B. Baden-Württemberg, Nordrhein-Westfalen) oder dem dualistischen Modell (z. B. Niedersachsen) folgt.[62] Die normative Ausgestaltung des kommunalen *Aufgabenbestandes* (also: Trennung zwischen eigenem und übertragenem Wirkungskreis oder Verzicht auf eine derartige Trennung) stellt nur einen *möglichen* (also: nicht einmal zwingenden) *Anknüpfungspunkt* für die *tatbestandliche Formung* der Konnexitätsbestimmung dar und steuert damit allenfalls die *Reichweite des Konnexitätsprinzips*, entwertet aber selbstverständlich in keiner Weise die normative Eigenständigkeit und verfassungsrechtliche Verbindlichkeit der Konnexität zwischen Aufgabenübertragung und Kostendeckung (bzw. Mehrlastenausgleich).

c) Normative Eigenständigkeit der Konnexitätsregelung im Landesverfassungsrecht

Die gegenteilige Auffassung des VerfGH NW, die unter Hinweis auf den *Aufgaben*monismus des nordrhein-westfälischen Landesrechts die dualistische *Finanz*garantie der Landesverfassung in Abrede stellt und behauptet, den Kommunen sei eine angemessene Finanzausstattung zur Erfüllung aller ihrer Aufgaben nur als Gesamtvolu-

61 Dahinter steht eine Art „Fühlbarkeitsprinzip"; *Eberhard Schmidt-Aßmann* (o. Fn. 49) 128, bezeichnet die „Folgenfühlbarkeit" als „eine Realvoraussetzung der demokratischen Verantwortung und der demokratischen Ehrlichkeit".
62 LVerfG LSA, NVwZ-RR 2000, 1, 2; *Stefan Mückl* (o. Fn. 31) 845; *Hubert Meyer* (o. Fn. 12) 845.

men gewährleistet,[63] ignoriert Wortlaut, Systematik und Schutzfunktion des Art. 78 Abs. 3 LV NW und führt im Ergebnis dazu, dass diese Bestimmung neben Art. 79 S. 2 LV NW praktisch leerläuft. Verkannt wird, dass

- die *Konnexitätsbestimmung* (Art. 78 Abs. 3 LV NW) eine spezielle, im konkreten Fall aufgabenbezogene landesgesetzliche Kostendeckung ohne Rücksicht auf die Leistungsfähigkeit der Kommunen und ohne generellen Leistungsfähigkeitsvorbehalt des Landes anmahnt,[64]
- während die *allgemeine Pflicht* des Landes zur Sicherung einer aufgabenangemessenen kommunalen Finanzausstattung (Art. 79 LV NW) gerade keine spezifische Aufgabenakzessorietät kennt, außerdem die freiwilligen Selbstverwaltungsangelegenheiten und die Aufgabenzuweisungen des Bundes einschließt, ferner zu einem finanzkraftabhängigen kommunalen Finanzausgleich führt und schließlich diesen Finanzausgleich unter den allgemeinen Vorbehalt der finanziellen Leistungsfähigkeit des Landes stellt.

Es ist geradezu erstaunlich, dass ein Verfassungsgericht derart fundamentale Unterschiede zwischen zwei Verfassungsbestimmungen nicht wahrhaben möchte. Noch bemerkenswerter ist, dass der VerfGH NW eine Vorschrift (Art. 78 Abs. 3 LV NW), der in der eigenen Judikatur eine spezifische Schutzwirkung zugunsten der Grundlagen kommunaler Selbstverwaltung attestiert wird,[65] unter Hinweis auf ein Gesamtfinanzvolumen, das den Kommunen zustehe, praktisch entleert. In diesem Punkt ist die Rechtsprechung des VerfGH NW in Deutschland mittlerweile völlig isoliert; andere Verfassungsgerichte distanzieren sich in dieser Grundfrage zur Struktur des Landesfinanzverfassungsrechts unterdessen von der

[63] VerfGH NW, DVBl. 1998, 1280, 1284 = NVwZ-RR 1999, 81, 84 = NWVBl. 1998, 390, 394.
[64] Ausdrücklich hervorgehoben von StGH BW, DVBl. 1994, 206, 207 = DÖV 1994, 297, 298 = VBlBW 1994, 52, 55; StGH BW, DVBl. 1998, 1276, 1278 = DÖV 1999, 73, 75 = NVwZ-RR 1999, 93, 94 = VBlBW 1999, 18, 21; NdsStGH, DVBl. 1998, 185, 188 = DÖV 1998, 382, 385 = NVwZ-RR 1998, 529, 531 = NdsVBl. 1998, 43, 45.
[65] Vgl. oben Text zu Fn. 57.

nordrhein-westfälischen Verfassungsjudikatur.[66] Eine Änderung der Rechtsprechung zu Art. 78 Abs. 3 LV NW dürfte jedoch kaum zu erwarten sein, solange der VerfGH NW den Stand der Doktrin nicht zur Kenntnis nimmt und die argumentative Auseinandersetzung mit der übrigen Verfassungsrechtsprechung und dem einschlägigen Schrifttum scheut.[67]

III. Ausgestaltung des finanzverfassungsrechtlichen Konnexitätsprinzips

1. Maßgeblichkeit des jeweiligen Landesrechts

Aus den bisherigen Ausführungen sollte deutlich geworden sein, dass die Schutzintention des Konnexitätsprinzips darauf zielt, eine landesgesetzliche Aufgabenkreation zu Lasten fremder (d. h. kommunaler) Kassen zu verhindern.[68] Den landesverfassungsrechtlichen Bestimmungen zum Konnexitätsprinzip liegt (ebenso wie Art. 104 a Abs. 2 GG) das Konzept der *Gesetzeskausalität* – anders Art. 104 a Abs. 1 GG: Vollzugskausalität – zugrunde.[69] In ihrem unaufgebbaren rechtsnormativen Kern stellen alle positivrechtlichen Ausformungen sicher, dass das Land die Gemeinden und Gemeindeverbände nicht durch die Übertragung von Aufgaben belastet und sich selbst dadurch von Kosten entlastet.[70] In diesem Punkt wird eine bemerkenswerte strukturelle Parallele zu Art. 104 a Abs. 2 GG sichtbar; danach trägt der Bund die Ausgaben für die Ausführung seiner Gesetze, wenn die Länder im Auftrag des Bundes handeln (vgl. Art. 85 GG).

66 NdsStGH, DVBl. 1995, 1175, 1176 = DÖV 1995, 994, 996 = NVwZ 1996, 585, 587 = NdsVBl. 1995, 225, 227; LVerfG LSA, NVwZ-RR 2000, 1 f.

67 Souverän demgegenüber StGH BW, DVBl. 1998, 1276, 1277 = DÖV 1999, 73, 74 = NVwZ-RR 1999, 93, 94 = VBlBW 1999, 18, 20: Falls (zu Art. 71 Abs. 3 LV BW) einer älteren Entscheidung „eine andere Auffassung zugrunde liegen sollte, wird daran nicht festgehalten."

68 NdsStGH, DVBl. 1995, 1175, 1176 = DÖV 1995, 994, 995 = NVwZ 1996, 585, 587 = NdsVBl. 1995, 225, 227: Der Staat solle nicht beliebig zu Lasten der Kommunen Aufgaben verschieben können, ohne für deren Finanzierung zu sorgen.

69 *Stefan Mückl* (o. Fn. 31) 843.

70 StGH BW, DVBl. 1994, 206, 207 = DÖV 1994, 297, 298 = VBlBW 1994, 52, 55.

Im übrigen können verallgemeinernde Aussagen nicht getroffen werden. Der konkrete Schutzgehalt einer Konnexitätsbestimmung im Landesverfassungsrecht hängt von der positivrechtlichen Ausgestaltung des Tatbestandes und der Rechtsfolge der jeweiligen Norm ab. Dazu können hier nur einige Bemerkungen zu Fragestellungen von übergreifendem Interesse gemacht werden. In der Praxis ist die präzise Erfassung des Schutzgehalts der jeweiligen Konnexitätsregelung deshalb von besonderer Bedeutung, weil jenseits ihres Anwendungsbereichs nur die allgemeine landesverfassungsrechtliche Finanzausstattungsgarantie zugunsten der Kommunen[71] eingreift.[72]

2. Tatbestandliche Reichweite der Konnexitätsregelung

Die *tatbestandliche* Reichweite der einschlägigen Bestimmungen zum Konnexitätsprinzip ist im Verfassungsrecht der Länder unterschiedlich ausgestaltet. Teilweise wird nur die Übertragung *staatlicher* Auf-

[71] Vgl. Nachw. o. Fn. 55. – Für Hessen gilt ohnehin nur Art. 137 Abs. 5 LV, für Rheinland-Pfalz Art. 49 Abs. 5 LV (vgl. Fn. 48). – Für Bayern wird die Finanzausstattungsgarantie aus dem in Art. 11 Abs. 2 S. 2 LV verankerten Selbstverwaltungsrecht und der in Art. 83 Abs. 2 S. 2 LV in einem speziellen Punkt angesprochenen Finanzhoheit abgeleitet; BayVerfGH, NVwZ-RR 1993, 422 = BayVBl. 1993, 177, 178; NVwZ-RR 1997, 301, 302 = BayVBl. 1996, 462, 463; NVwZ-RR 1998, 601 = BayVBl. 1997, 303, 304; BayVBl. 1998, 207, 208.

[72] Von zentraler Bedeutung ist die Erkenntnis, dass die im Text vorgenommene Verhältnisbestimmung nicht etwa in ein System „kommunizierender Röhren" (*Hubert Meyer* [o. Fn. 12] 846) dergestalt mündet, dass die „penible" Erfüllung der Konnexitätsregelung zu Kürzungen der Ausgleichsmasse im kommunalen Finanzausgleich führt. Den finanzverfassungsrechtlichen Vorschriften liegt anerkanntermaßen die Prämisse zugrunde, dass die Kommunen über einen Aufgabenbestand und eine Finanzausstattung verfügen, die aufeinander abgestimmt sind (*Friedrich Schoch/Joachim Wieland* [o. Fn. 16] 157; *Rudolf Wendt* [o. Fn. 16] 621; *Ulf Gundlach* [o. Fn. 4] 202). Die staatliche Auferlegung neuer bzw. Erweiterung bestehender Aufgaben führt ohne staatlichen Ausgleich des kommunalen Ausgabenmehrbedarfs zu einem Eingriff in ein austariertes System, der jenes ausgewogene Verhältnis stört. Um nun eine Strukturverschiebung zu Lasten der freiwilligen Selbstverwaltungsaufgaben zu verhindern, darf – selbstverständlich – seitens des Landes nicht die Schlüsselmasse im kommunalen Finanzausgleich gekürzt werden, weil es sich andernfalls nicht um die verfassungsrechtlich geforderte staatliche Kostenerstattung handelte, sondern um die kommunale Selbstfinanzierung staatlich auferlegter Aufgaben (mit Umverteilungswirkungen im Rahmen des horizontalen Finanzausgleichs).

gaben auf die Kommunen erfasst,[73] überwiegend jedoch unterfällt die Übertragung *öffentlicher* Aufgaben[74] der Konnexitätsbestimmung.[75]

a) Konstellationen der Aufgabenzuweisung

Die in der Praxis bislang aufgetretenen Konstellationen einer kommunalen Aufgabenbelastung durch die staatliche Gesetzgebung lassen sich danach eindeutig zuordnen:

(1) Weist der *Bund* den Kommunen ausgabenwirksame Aufgaben zu (die nicht abgewehrt werden können[76]), ist dies kein Fall des landesverfassungsrechtlichen Konnexitätsprinzips,[77] da dadurch nur der *Landes*gesetzgeber gebunden wird.[78]

(2) Werden die Kommunen mit der Durchführung *staatlicher* Aufgaben (Auftragsangelegenheiten, materiell auch Pflichtaufgaben zur Erfüllung nach Weisung) belastet, greift die Konnexitätsregelung ohne weiteres ein.[79]

[73] Bayern, Brandenburg, Niedersachsen, Saarland, Thüringen. – Vgl. Nachw. o. Fn. 52.

[74] Baden-Württemberg, Mecklenburg-Vorpommern, Nordrhein-Westfalen, Sachsen, Sachsen-Anhalt, Schleswig-Holstein. – Vgl. Nachw. o. Fn. 52.

[75] Zur inneren Rechtfertigung der Anknüpfung an „öffentliche Aufgaben" *Ferdinand Kirchhof* Gutachten D zum 61. DJT, 1996, 93: Es sei „allein wesentlich, ob eine Aufgabe überhaupt vom Staat den Gemeinden gesetzlich zwingend zugewiesen wurde. Dies kann im Wege der Übertragung einer staatlichen Aufgabe geschehen, ist aber ebenso durch ein Landesgesetz möglich, das die Aufgabe als pflichtige Selbstverwaltungsaufgabe der Kommunen veranlasst. In beiden Fällen hat der Staat die Aufgabenwahrnehmung veranlasst."

[76] Zum Problem vgl. oben Text zu Fn. 25, 26, 27.

[77] StGH BW, DVBl. 1994, 206 = DÖV 1994, 297, 298 = VBlBW 1994, 52, 55; bestätigend StGH BW, DVBl. 1999, 1351, 1352 = DÖV 1999, 687, 688 = JZ 1999, 1049 = VBlBW 1999, 294, 297; VerfGH NW, NVwZ 1997, 797, 798 = NWVBl. 1997, 135; *Joachim Wieland* Strukturvorgaben im Finanzverfassungsrecht der Länder zur Steuerung kommunaler Aufgabenerfüllung, in: Hans-Günter Henneke (Hrsg.), Steuerung der kommunalen Aufgabenerfüllung durch Finanz- und Haushaltsrecht, 1996, 43, 47; *Stefan Mückl* (o. Fn. 16) 248.

[78] Die bundesgesetzliche Aufgabenzuweisung findet im kommunalen Finanzausgleich Berücksichtigung; vgl. am Beispiel der Sozialhilfe NdsStGH, DVBl. 1998, 185, 188 = DÖV 1998, 382, 385 = NVwZ-RR 1998, 529, 532 = NdsVBl. 1998, 43, 46.

[79] *Ulf Gundlach* (o. Fn. 4) 203; *Paul Schumacher* (o. Fn. 5) 100.

(3) Knüpft die Konnexitätsbestimmung an die Übertragung *öffentlicher* Aufgaben auf die Kommunen an, kommt es auf die Unterscheidung zwischen Auftrags- und Selbstverwaltungsangelegenheiten nicht an; auch weisungsfreie Pflichtaufgaben unterfallen dann der Konnexitätsregelung.[80] Erfasst werden in diesem Fall auch

(a) das bloße Pflichtigmachen einer bisher von den Kommunen freiwillig erfüllten öffentlichen Aufgabe,[81]
(b) die Zuweisung von Aufgaben, die zuvor nicht bzw. nicht in dem nun normierten Umfang als öffentliche Aufgabe galten,[82]
(c) die landesgesetzliche Verlagerung einer weisungsfreien Pflichtaufgabe innerhalb des kommunalen Bereichs (z. B. von den Kreisen auf die Gemeinden oder umgekehrt von den Gemeinden auf die Kreise).[83]

b) Judikative Restriktionen zum Anwendungsbereich

Diesem klaren rechtlichen Konzept werden neuerdings durch verfassungsinadäquate „Erfindungen" der Rechtsprechung Restriktionen

[80] StGH BW, DVBl. 1998, 1276, 1277 = DÖV 1999, 73, 74 = NVwZ-RR 1999, 93 = VBlBW 1999, 18, 20; bekräftigend StGH BW, DVBl. 1999, 1351, 1353 = DÖV 1999, 687, 689 = JZ 1999, 1049, 1050 = VBlBW 1999, 294, 299. – In diesem Sinne sogar VerfGH NW, DVBl. 1985, 685, 686 = DÖV 1985, 620, 621 = NVwZ 1985, 820, 821 und DVBl. 1998, 1280, 1284 = NVwZ-RR 1999, 81, 84 = NWVBl. 1998, 390, 394.

[81] LVerfG LSA, DVBl. 1998, 1288, 1289 = NVwZ-RR 1999, 96, 98; NVwZ-RR 1999, 393, 395; NVwZ-RR 1999, 464, 465; *Ulf Gundlach* (o. Fn. 4) 203 f.; *Stefan Mückl* (o. Fn. 31) 846; *Paul Schumacher* (o. Fn. 5) 100.

[82] VerfGH NW, DVBl. 1993, 197, 199 = NVwZ-RR 1993, 486, 489 = NWVBl. 1993, 7, 11 sowie DVBl. 1998, 1280, 1284 = NVwZ-RR 1999, 81, 84 = NWVBl. 1998, 390, 393: Tatbestand ist einschlägig „auch bei einer Erweiterung bereits früher übertragener Aufgaben" bzw. bei „einer Erweiterung schon bestehender Kosten"; *Ulf Gundlach* (o. Fn. 4) 204: neue Ausformung einer schon übertragenen Aufgabe mit neuen finanziellen Belastungen der Kommunen; ähnlich *Paul Schumacher* (o. Fn. 5) 100 f. – A. A. zu Unrecht und ohne Begründung StGH BW, DVBl. 1999, 1351, 1354 = DÖV 1999, 687, 690 = JZ 1999, 1049, 1051 = VBlBW 1999, 294, 299 f.: Keine Anwendbarkeit der Konnexitätsbestimmung (Art. 71 Abs. 3 LV BW) bei Neu- und Umnormierung einer von den Kommunen bereits zuvor wahrgenommenen Aufgabe, „gleichgültig wie sich die Novellierung kostenmäßig für die Aufgabenträger auswirkt".

[83] StGH BW, DVBl. 1998, 1276, 1277 = DÖV 1999, 73, 74 = NVwZ-RR 1999, 93, 94 = VBlBW 1999, 18, 20. – A. A. zu Unrecht und ohne Begründung *Ulf*

zugeschrieben, die die tatbestandliche Reichweite der Konnexitätsregelungen einzuschränken trachten:

- So soll eine *neue Aufgabe* vonnöten sein, um die Anwendung der Konnexitätsregelung bewirken zu können.[84] Richtig ist jedoch (ausgehend von Wortlaut und Schutzfunktion der jeweiligen Norm), dass auch die *neue Ausformung* einer bisher bereits vorhandenen Aufgabe den Schutzmechanismus auslöst.[85]
- Ferner wird behauptet, entscheidend sei, dass die kostenträchtige Aufgabe *zuvor* von einem *anderen Verwaltungsträger* wahrgenommen worden sei.[86] Zutreffend ist indes, dass auch das Pflichtigmachen einer freiwilligen Selbstverwaltungsangelegenheit der Konnexitätsregelung unterfällt.[87]
- Schließlich ist unlängst die geradezu aberwitzige These aufgestellt worden, der Konnexitätsbestimmung unterfielen nur *Handlungs*verpflichtungen der Kommunen, nicht jedoch (im Gefolge einer Privatisierungsstrategie, die mit Subventionen verknüpft ist) *Finanzierungs*verpflichtungen von Kommunen gegenüber privaten Dritten,[88] weil in diesem Fall die staatliche Kostenerstattung ein Widerspruch in sich wäre.[89] Die Schlichtheit dieser Argumenta-

Gundlach (o. Fn. 4) 203: finanzieller Ausgleich zwischen den kommunalen Ebenen allenfalls durch Korrektur der Kreisumlage.

84 So StGH BW, DVBl. 1999, 1351, 1354 = DÖV 1999, 687, 689 = JZ 1999, 1049, 1051 = VBlBW 1999, 294, 299; in sich widersprüchlich *Ulf Gundlach* (o. Fn. 4) 203: Zuweisung einer „neuen" Aufgabe notwendig; es reiche, wenn eine bisher freiwillig wahrgenommene Aufgabe zur Pflicht gemacht werde. – Als einzige Norm des Landesverfassungsrechts (allg. Nachw. o. Fn. 52) verlangt Art. 97 Abs. 3 S. 2 BbgLV, dass für die Auslösung der Kostendeckungspflicht des Landes den Kommunen die „Erfüllung neuer öffentlicher Aufgaben" auferlegt worden ist; dennoch genügt dafür, dass „der *Umfang einer Aufgabe* erweitert wird und z. B. den Kommunen vorgeschrieben wird, für bestimmte Aufgaben mehr Personal oder qualifizierteres Personal vorzuhalten" (so *Paul Schumacher* [o. Fn. 5] 100 f., unter Hinweis auf die Entstehungsgeschichte des Art. 97 Abs. 3 BbgLV).

85 Vgl. Nachw. o. Fn. 82.

86 So StGH BW, DVBl. 1999, 1351, 1353 f. = DÖV 1999, 687, 689 = JZ 1999, 1049, 1050 f. = VBlBW 1999, 294, 299.

87 Vgl. Nachw. o. Fn. 81.

88 Davon strikt zu unterscheiden ist die (horizontale) Lastenausgleichspflicht unter Verwaltungsträgern; dazu am Beispiel des Verkehrslastenausgleichs StGH BW, NVwZ-RR 1998, 701, 707 = VBlBW 1998, 295, 304 f.

89 LVerfG LSA, NVwZ-RR 1999, 393, 395 und NVwZ-RR 1999, 464, 465; *Ulf Gundlach* (o. Fn. 4) 204.

tion verrät eine finanzverfassungsrechtliche Ahnungslosigkeit, die noch nie etwas von der Unterscheidung zwischen Finanzierungskompetenz und Finanzierungslast[90] gehört hat, die offenbar Art. 104 a Abs. 3 GG nicht kennt und die die Rechtsprechung des BVerfG zur Förderpflicht als Fortsetzung der Sachaufgabe[91] nicht verstanden hat.[92]

Hier stellt sich die Vermutung ein, dass manche Landesverfassungsgerichte offenbar nicht gewillt sind, die einschlägige Konnexitätsbestimmung konsequent anzuwenden.

3. Rechtsfolge: Kostenregelungs- und Kostendeckungspflicht des Landes

a) Kostenregelungspflicht

Auch auf der *Rechtsfolgenseite* divergieren die landesverfassungsrechtlichen Ausgestaltungen des Konnexitätsprinzips in den Einzelaussagen. In *formeller* Hinsicht wird noch übereinstimmend vorgeschrieben, dass gleichzeitig mit der Aufgabenübertragung auf die Kommunen Bestimmungen über die Deckung der Kosten getroffen werden müssen.[93] Mit dem Merkmal „gleichzeitig" nimmt es die h. M. nicht sonderlich ernst.[94] Im Übrigen muss die *Kostendeckungsre-*

[90] Vgl. Nachw. o. Fn. 10.
[91] BVerfGE 83, 363, 385.
[92] Vgl. i. e. die treffende Kritik bei *Hans-Günter Henneke* Die Aushöhlung eines unveräußerlichen Verfassungsgebots, DNV 2/99, 17, 21; *Stefan Mückl* (o. Fn. 31) 847 f.; *Hubert Meyer* (o. Fn. 34) 6.
[93] Vgl. Nachw. o. Fn. 52.
[94] Besonders nachlässig VerfGH NW, DVBl. 1985, 685, 686 = DÖV 1985, 620 f. = NVwZ 1985, 820, 821: Zulässigkeit der (von Art. 78 Abs. 3 LV NW) geforderten „gleichzeitigen" Kostenregelung in dem auf die Aufgabenübertragung folgenden Finanzausgleichsgesetz ohne gesonderten Ausweis im FAG; bestätigend VerfGH NW, DVBl. 1998, 1280, 1284 = NVwZ-RR 1999, 81, 84 = NWVBl. 1998, 390, 393. – Die unterdessen wohl h. M. versteht „gleichzeitig" zwar nicht i. S. einer Junktimklausel (wie Art. 14 Abs. 3 S. 2 GG), verlangt jedoch zur Wahrung der Schutzfunktion der Konnexitätsbestimmung einen engen zeitlichen und sachlichen Zusammenhang zwischen Aufgabenübertragung und Kostendeckungsregelung sowie – wegen des Transparenzgebots (vgl. N. u. Fn. 95) – einen gesonderten Ausweis der Kostendeckung; StGH BW, DVBl. 1998, 1276, 1279 = DÖV 1999, 73, 75 f. = NVwZ-RR 1999, 93, 95 = VBlBW 1999, 18, 21; BbgVerfG, DÖV 1998, 336, 337 = LKV 1998, 195, 196;

gelung den Geboten der Transparenz und Nachvollziehbarkeit entsprechen.[95] Danach ist es – selbstverständlich – ausgeschlossen, dass das Land eine (tatsächliche oder vermeintliche) Kostenerstattung im Gesamtvolumen des kommunalen Finanzausgleichs „versteckt".[96]

Diese Standards sind außerhalb Nordrhein-Westfalens mittlerweile allgemein anerkannt und haben im Übrigen die heilsame edukatorische Wirkung, dass sich der mit einer Befassungs- und Regelungspflicht konfrontierte Landesgesetzgeber über die Folgen seines Tuns Rechenschaft geben muss.[97]

b) Kostendeckungs- und Kostenerstattungspflicht

In *materieller* Hinsicht tritt zu der Kostendeckungsregelung die staatliche *Kostenerstattungspflicht* hinzu. Den Kommunen ist selbstverständlich an einer Vollkostenerstattung gelegen. Damit können sie jedoch nicht in allen Ländern und in allen Fällen durchdringen.

LVerfG LSA, NVwZ-RR 2000, 1, 3; *Friedrich Schoch/Joachim Wieland* (o. Fn. 16) 163; *Kyrill-Alexander Schwarz* (o. Fn. 34) 131 f.; *Hubert Meyer* (o. Fn. 12) 844 f. – Etwas strenger demgegenüber sowie differenzierend *Stefan Mückl* (o. Fn. 16) 211 f., sowie *ders.* (Fn. 31) 849: Kosten*regelung* im aufgabenübertragenden Gesetz notwendig, Kosten*deckung* in späterem Gesetz (bei Wahrung des engen zeitlichen und sachlichen Zusammenhangs) zulässig.

95 Grundlegend dazu NdsStGH, DVBl. 1995, 1175, 1177 = DÖV 1995, 994, 996 f. = NVwZ 1996, 585, 588 = NdsVBl. 1995, 225, 228: bei Regelung der Kostendeckung im allgemeinen Finanzausgleichsgesetz Notwendigkeit eines besonderen Ansatzes zwecks Überprüfungsmöglichkeit; bestätigend NdsStGH, DVBl. 1998, 185, 186 = DÖV 1998, 382, 383 = NVwZ-RR 1998, 529, 530 = NdsVBl. 1998, 43, 44: Regelung der Kostendeckung entweder gesondert oder mit dem allgemeinen Finanzausgleich oder in einem selbständigen Gesetz, allemal jedoch „nachvollziehbar" und für die Kommunen „sichtbar". Dem ausdrücklich folgend BbgVerfG, DÖV 1998, 336, 337 = LKV 1998, 195, 196; LVerfG LSA, DVBl. 1998, 1288, 1289 = NVwZ-RR 1999, 96, 98 und NVwZ-RR 1999, 393, 395 sowie NVwZ-RR 1999, 464, 465; ebenso das Schrifttum, vgl. z. B. *Ulf Gundlach* (o. Fn. 4) 204; *Stefan Mückl* (o. Fn. 31) 848; *Herbert Mandelartz/Helmut Neumeyer* (o. Fn. 7) 108.

96 A. A. (ohne Begründung) nur noch VerfGH NW, vgl. Nachw. o. Fn. 94.

97 *Herbert Mandelartz/Helmut Neumeyer* (o. Fn. 7) 108, betonen, dass die Kostentransparenz auch im Interesse des Landes (und nicht nur der Kommunen) liege.

Unzutreffend ist andererseits die Behauptung, die Bestimmung der Deckungshöhe hänge im Rahmen der aufgabenakzessorischen (!) Konnexitätsbestimmung von der Haushaltslage des Landes ab.[98] In einer rechtsvergleichenden Perspektive zu den einschlägigen landesverfassungsrechtlichen Vorschriften ist vielmehr wie folgt zu differenzieren:

(1) Eine *umfassende Vollkostenerstattung* besteht dann, wenn das Landesverfassungsrecht vorschreibt (z. B. Art. 71 Abs. 3 S. 3 LV BW), dass für die Mehrbelastung der Kommunen ein *entsprechender* finanzieller Ausgleich zu schaffen ist.[99] Dabei handelt es sich um eine verfassungsrechtliche Pflicht zum Mehrlastenausgleich.
(2) Belässt es das Landesverfassungsrecht demgegenüber bei der Verpflichtung des Landes zu einer *Kostendeckungsregelung* (Art. 78 Abs. 3 LV NW) oder ist nur ein *angemessener* Ausgleich der kommunalen Mehrbelastung vorgeschrieben (z. B. Art. 87 Abs. 3 S. 3 Verf LSA), darf eine sog. kommunale *Interessenquote* vorgesehen werden.[100] Dies gilt allerdings nur bei der Auferlegung *weisungsfreier* Pflichtaufgaben.
(3) Bei der landesgesetzlichen Zuweisung *staatlicher* Aufgaben zur Erledigung durch die Kommunen muss – unabhängig von der verbalen Ausgestaltung der Rechtsfolge – immer eine *Vollkostenerstattung* stattfinden.[101] Dies ergibt sich ohne weiteres aus der Schutzfunktion des Konnexitätsprinzips, das einer Entlastung des Landes durch gleichzeitige Belastung der Kommunen entgegensteht.[102] Würde nämlich das Land die staatliche

[98] So jedoch VerfGH NW, DVBl. 1993, 197, 199 = NVwZ-RR 1993, 486, 489 = NWVBl. 1993, 7, 12 und DVBl. 1997, 483, 484 = NVwZ 1997, 793, 794 = NWVBl. 1997, 129, 131.

[99] StGH BW, DVBl. 1998, 1276, 1278 = DÖV 1999, 73, 75 = NVwZ-RR 1999, 93, 95 = VBlBW 1999, 18, 21: nicht bloß „angemessener" Ausgleich; ebenso nach der Neuregelung in Brandenburg *Paul Schumacher* (o. Fn. 5) 102.

[100] So zu Art. 87 Abs. 3 S. 3 Verf LSA die st. Rspr. des LVerfG LSA, DVBl. 1998, 1288, 1289 = NVwZ-RR 1999, 96, 98; NVwZ-RR 1999, 393, 395; NVwZ-RR 1999, 464, 465 f.; NVwZ-RR 2000, 1, 3; Einzelheiten hierzu bei *Stefan Mückl* (o. Fn. 31) 850 f.

[101] *Kyrill-Alexander Schwarz* (o. Fn. 31) 269; *Stefan Mückl* (o. Fn. 31) 846 u. 849; *Hubert Meyer* (o. Fn. 12) 846.

[102] Vgl. Nachw. o. Fn. 70.

Aufgabe mit eigenen Behörden wahrnehmen, müssten die Kosten ohne weiteres zu 100% vom Landeshaushalt getragen werden.

Damit zeigt sich, dass auch die Rechtsfolgenanordnungen der Konnexitätsbestimmungen einer klaren Strukturierung zugeführt werden können. Auch insoweit hat die Rechtsprechung außerhalb Nordrhein-Westfalens wichtige und richtige Ansätze entwickelt.[103]

c) Modalitäten der Kostenerstattung

Inhalt und Umfang einer Kostenerstattung sind vom Landesverfassungsrecht im Einzelnen nicht vorgeschrieben; die Modalitäten zur Kostentragungsregelung unterliegen gesetzlicher Gestaltungskompetenz. Zulässig sind insbesondere gesetzliche Typisierungen und Pauschalierungen;[104] allerdings muss der Landesgesetzgeber von realistischen Kostenansätzen ausgehen.[105] Umfasst sind von der Pflicht zur Kostenerstattung grundsätzlich sowohl die Zweckausgaben als auch die Verwaltungsausgaben.[106] Und was die Dauer einer Pflicht zur Kostenerstattung betrifft, besteht sie fort, solange die ausgabenwirksame Aufgabe den Kommunen auferlegt ist.[107]

[103] Zusammenfassend zur landesverfassungsgerichtlichen Rechtsprechung *Hans-Günter Henneke* (o. Fn. 9) Rdn. 883 ff.

[104] BbgVerfG, DÖV 1998, 336, 337 = LKV 1998, 195, 196; *Hubert Meyer* (o. Fn. 12) 846; *Paul Schumacher* (o. Fn. 5) 102.

[105] *Stefan Mückl* (o. Fn. 31) 850. – In diesem Sinne sogar VerfGH NW, DVBl. 1997, 483, 484 = NVwZ 1997, 793, 794 = NWVBl. 1997, 129, 131.

[106] NdsStGH, DVBl. 1995, 1175, 1176 = DÖV 1995, 994, 996 = NVwZ 1996, 585, 587 = NdsVBl. 1995, 225, 227; im Anschluss daran ebenso BbgVerfG, DÖV 1998, 336, 337 = LKV 1998, 195, 196; *Kyrill-Alexander Schwarz* (o. Fn. 31) 269; *Stefan Mückl* (o. Fn. 31) 850.

[107] Dies ist eine für die Praxis ganz wesentliche, aus der Schutzfunktion der Konnexitätsregelung sich ergebende Rechtserkenntnis. Präzise dazu BbgVerfG, DÖV 1998, 336, 337 = LKV 1998, 195, 196: „Kostendeckung ist kein sich mit der Übertragung der Aufgabe erledigendes einmaliges Ereignis, sondern ein fortlaufender Prozeß. Nach Sinn und Zweck des Art. 97 Abs. 3 S. 1 LV greift es zu kurz, die Pflicht zu Festlegungen über die Kostendeckung ausschließlich an den Übertragungsakt zu knüpfen. Dabei bliebe außer acht, dass die übertragene Aufgabe sich mit dem Übertragungsakt keineswegs erledigt, sondern fortlaufende Kosten nach sich zu ziehen pflegt. Der Schwerpunkt der Kostenbelastung liegt in der fortlaufenden Bewältigung der Aufgabe." – Daran anschließend StGH BW, DVBl. 1998, 1276, 1279 f. = DÖV 1998, 73, 76 = NVwZ-RR 1999, 93, 95

IV. Finanzkraftabhängiger kommunaler Finanzausgleich

Außerhalb des Anwendungsbereichs der finanzverfassungsrechtlichen Konnexitätsregelung ist der Anspruch auf eine aufgabenangemessene kommunale Finanzausstattung im Wege des *kommunalen Finanzausgleichs* zu erfüllen. Im vorliegenden Zusammenhang soll es nur um die fiskalische Funktion, also um das vertikale Verhältnis zwischen Land und Kommunen gehen.[108] Drei Problemkomplexe prägen insoweit die aktuelle Diskussion: (1.) die Maßstabsbildung, (2.) die Grenzen gesetzlicher Gestaltungskompetenz und (3.) das Verfahren der Entscheidungsfindung.

1. Maßstab der kommunalen Finanzausstattung

a) Aufgabenadäquanz der kommunalen Finanzausstattung

Der *Maßstab* für die Ermittlung der insgesamt zureichenden kommunalen Finanzausstattung schien bis vor wenigen Jahren gesichert zu sein. Angesichts des hohen Grades an Fremddeterminiertheit der von den Kommunen wahrzunehmenden Aufgaben war klar, dass die kommunale Ausgabenlast zuvörderst von den zu erfüllenden Aufgaben abhängt. Ausgangspunkt für die Bestimmung des Umfangs der angemessenen kommunalen Finanzausstattung ist demgemäss der *Aufgabenbestand.*[109] Dabei schreibt § 24 StabG die Gleichrangigkeit der Aufgaben von Bund, Ländern und Gemeinden vor. Demzufolge kommt den Finanzbedürfnissen der Kommunen kein Vorrang vor

= VBlBW 1999, 18, 22: „Die Verpflichtung zum Mehrlastenausgleich nach Art. 71 Abs. 3 Satz 3 LV besteht nicht nur für den Zeitpunkt der Aufgabenübertragung selbst oder für einen mehr oder weniger eng umgrenzten Zeitraum nach der Übertragung, sondern für die gesamte Zeit, während derer die Gemeinden und Gemeindeverbände infolge der Übertragung die Aufgabe erfüllen. Das ergibt schon der Wortlaut der Vorschrift ... Diese Auslegung der Verfassungsbestimmung entspricht allein auch ihrem Zweck."

[108] Einzelheiten zu den Funktionen des kommunalen Finanzausgleichs bei *Hans-Günter Henneke* Der kommunale Finanzausgleich, DÖV 1994, 1 ff.; *dems.* Die Kommunen in der Finanzverfassung des Bundes und der Länder, 3. Aufl. 1998, 131 f.; *dems.* (o. Fn. 9) Rdn. 917 ff.

[109] NdsStGH, DVBl. 1995, 1175, 1177 = DÖV 1995, 994, 997 = NVwZ 1996, 585, 588 = NdsVBl. 1995, 225, 228; *Paul Kirchhof* Der Finanzausgleich als Grundlage kommunaler Selbstverwaltung, DVBl. 1980, 711, 713; *Hans-Günter Henneke* (o. Fn. 108) DÖV 1994, 1, 2; *Stefan Mückl* (o. Fn. 31) 842.

den Finanzbedürfnissen von Bund und Ländern zu. Andererseits müssen sich die Kommunen nicht mit denjenigen Finanzzuweisungen begnügen, die nach der Befriedigung der Finanzbedürfnisse von Bund und Ländern übrig bleiben.

b) Untauglichkeit des sog. Gleichmäßigkeitsgrundsatzes

Das Prinzip der *Aufgabenadäquanz* der Finanzausstattung ist neuerdings ins Wanken geraten. In Sachsen und Brandenburg wurde als Maßstab für die Mittelzuteilung der sog. *Gleichmäßigkeitsgrundsatz* kreiert.[110] Danach entwickeln sich die kommunalen Gesamteinnahmen (Steuern und Zuweisungen aus dem allgemeinen Finanzausgleich) gleichmäßig zu der dem Land verbleibenden Finanzmasse (Steuern, Länderfinanzausgleich, Bundesergänzungszuweisungen) abzüglich der den Kommunen zufließenden Steuerverbundmasse. Im Ergebnis steigen oder sinken die Gesamteinnahmen der Kommunen also im gleichen Verhältnis wie die Netto-Einnahmen des Landes.

Dieses Modell ignoriert jedoch nicht nur den auf die *Aufgabenadäquanz* abstellenden Verfassungswortlaut, sondern setzt – völlig irreal – einen statischen Aufgabenbestand voraus und blendet infolgedessen durch den einseitigen Blick auf die Einnahmenseite die – permanenten Änderungen unterliegenden – Aufgaben und die daraus resultierenden Ausgaben aus.[111] Verfassungsgerichtlich ist der Gleichmäßigkeitsgrundsatz konsequenterweise nur für eine kurze Übergangszeit akzeptiert worden.[112]

c) Leistungsfähigkeit des Landes als bloße Grenzziehung

Die jüngste verfassungsgerichtliche Rechtsprechung ignoriert den bei der *Maßstabsbildung* allein auf die *Aufgabenadäquanz* abstellenden Verfassungstext (z. B. Art. 73 Abs. 1 LV BW; Art. 79 LV NW; Art. 88 Abs. 1 Verf LSA) dadurch, dass die finanzielle *Leistungsfä-*

110 *Ulf Gundlach* (o. Fn. 31) 10.

111 Zur Untauglichkeit des Gleichmäßigkeitsgrundsatzes als Maßstab im kommunalen Finanzausgleich ausführlich *Hans-Günter Henneke* Der Gleichmäßigkeitsgrundsatz – die Wiederkehr des Trojanischen Pferdes, Der Landkreis 1999, 356 ff.

112 BbgVerfG, NVwZ-RR 2000, 129, 131.

higkeit des Landes mit einbezogen wird.[113] Dieser Synkretismus ist unvertretbar. Selbstverständlich kann die kommunale Finanzausstattung nicht losgelöst von der Gesamtsituation der Landesfinanzen gesehen werden; auch kann eine enge kommunale Finanzausstattung bei einer angespannten öffentlichen Haushaltslage letztlich hinzunehmen sein.[114] Aber rechtsdogmatisch und praktisch muss darauf bestanden werden, dass der „Rahmen" der finanziellen Leistungsfähigkeit des Landes nicht als *Maßstab* für die Ermittlung der kommunalen Finanzausstattung fungiert, sondern dem Anspruch lediglich *Grenzen* zieht.[115] Fassbare Konsequenzen der dogmatischen Konstruktion zeigen sich bei der Frage nach den verfassungsrechtlichen Grenzen der gesetzlichen Gestaltungskompetenz.

2. Grenzen gesetzlicher Gestaltungskompetenz

Die verfassungsrechtlichen Grenzen gesetzlicher Gestaltungskompetenz findet nur, wer die allseits anerkannte *Dogmatik des kommunalen Selbstverwaltungsrechts* auf das Finanzverfassungsrecht anzuwenden in der Lage ist: Greift der Gesetzgeber auf der Grundlage des Gesetzesvorbehalts in den Schutzgehalt des kommunalen Selbstverwaltungsrechts (Aufgabengarantie, Eigenverantwortlichkeit der Aufgabenwahrnehmung) ein, ist der *unantastbare Kernbereich* ausnahmslos zu respektieren, und im sog. *Randbereich* sind bestimmte Rechtmäßigkeitsanforderungen zu beachten.[116]

a) Absoluter Kernbereichsschutz

aa) Unantastbarkeit des Kernbereichs kommunaler Selbstverwaltung

Der *Kernbereich* kommunaler Selbstverwaltung ist anerkanntermaßen auch für den Gesetzgeber unantastbar; der Kernbereichsschutz

[113] StGH BW, DVBl. 1999, 1351, 1355 = DÖV 1999, 687, 691 = JZ 1999, 1049, 1052 = VBlBW 1999, 294, 301; VerfGH NW, DVBl. 1999, 391, 392f. = DÖV 1999, 300f. = NWVBl. 1999, 136, 137; LVerfG LSA, NVwZ-RR 2000, 1, 6.
[114] BbgVerfG, NVwZ-RR 2000, 129, 130.
[115] Ausdrückl. in diesem Sinne BayVerfGH, NVwZ-RR 1997, 301, 303 = BayVBl. 1996, 462, 463; NVwZ-RR 1998, 601, 602 = BayVBl. 1997, 303, 304.
[116] Zur Dogmatik des Rechts auf aufgabenangemessene Finanzausstattung vgl. i. e. *Friedrich Schoch* (o. Fn. 18) 137ff.; *Hans-Günter Henneke* (o. Fn. 9) Rdn. 925ff.

bildet eine *absolute Eingriffsgrenze.*[117] Folglich markiert der Kernbereichsschutz gleichsam die Untergrenze der Gestaltungskompetenz für den Finanzausgleichsgesetzgeber.[118] Der BayVerfGH hat dies in mehreren Entscheidungen herausgestellt: Zwar sei das kommunale Selbstverwaltungsrecht nur im Rahmen der Gesetze gewährleistet, und dieser Gesetzesvorbehalt beziehe sich auch auf die kommunale Finanzhoheit. Der Gesetzgeber dürfe aber die kommunale Finanzausstattung nicht in einer Weise beschneiden, dass dadurch der Anspruch auf finanzielle Mindestausstattung[119] verletzt und das Selbstverwaltungsrecht ausgehöhlt werde. „Kernbereich und Wesensgehalt des Selbstverwaltungsrechts sind auch in bezug auf die gemeindliche Finanzausstattung unantastbar".[120]

Demgegenüber behauptet eine Rechtsprechung, die den Vorbehalt der Leistungsfähigkeit des Landes zum maßstabsbildenden Element stilisiert, der unantastbare Kernbereich des kommunalen Selbstverwaltungsrechts sei für den Finanzausgleichsgesetzgeber nicht unantastbar. Dieser Kernbereich – und damit die Möglichkeit der Kom-

[117] *Klaus Stern* Das Staatsrecht der Bundesrepublik Deutschland, Band I, 2. Aufl. 1984, 416f.; *Hans-Günter Henneke* (o. Fn. 9) Rdn. 928.

[118] *Kyrill-Alexander Schwarz* Prozedurale Absicherungen der Selbstverwaltungsgarantie – Neue verfassungsrechtliche Anforderungen an den kommunalen Finanzausgleich (Teil II), ZKF 2000, 4, 7; *Alfred Katz* Gemeindefinanzsystem an der Schwelle zum 21. Jahrhundert, DÖV 2000, 235, 238; *Hans-Günter Henneke* (o. Fn. 9) Rdn. 929.

[119] Dieser Anspruch steht – da die kommunale Selbstverwaltung nicht nur objektivrechtlich wirkt (vgl. Art. 93 Abs. 1 Nr. 4b GG) – selbstverständlich *jeder einzelnen* Kommune zu. Richtig BbgVerfG, NVwZ-RR 2000, 129, 134: „Aufgrund der Schutzwirkung, die die Selbstverwaltungsgarantie auch für die einzelne Gemeinde entfaltet, ist der Gesetzgeber gehalten, Vorkehrungen für den Fall zu treffen, dass auch nur eine einzelne Gemeinde unverschuldet und trotz sparsamster Wirtschaftsführung in eine finanzielle Lage gerät, in der ihr keinerlei Mittel auch nur für ein Mindestmaß an freiwilliger kommunaler Selbstverwaltung verbleiben." Ferner VerfGH RP, NVwZ-RR 1998, 607: „Denn *alle* Kommunen sollen finanziell in die Lage versetzt werden, die ihnen zugeordneten öffentlichen Aufgaben wahrzunehmen." – Unzutreffend demgegenüber VerfGH NW, DVBl. 1999, 392 = DÖV 1999, 300 = NWVBl. 1999, 136, 137: Orientierung der gesetzlichen Regelung nur „an der Gesamtheit der Gemeinden".

[120] BayVerfGH, NVwZ-RR 1997, 301, 303 = BayVBl. 1996, 462, 463; NVwZ-RR 1998, 601, 602 = BayVBl. 1997, 303, 304; ähnlich zuvor bereits BayVerfGH, NVwZ-RR 1993, 422, 423 = BayVBl. 1993, 177, 178.

munen, neben den ihnen zugewiesenen Pflichtaufgaben auch noch freiwillige Selbstverwaltungsangelegenheiten wahrnehmen zu können – stehe ebenfalls unter dem Leistungsfähigkeitsvorbehalt des Landes.[121]

Eine solche Judikatur stellt das geschriebene Landesverfassungsrecht und die Verfassungsrechtsdogmatik geradezu auf den Kopf.[122] Richtig ist nämlich das Gegenteil: Bei einer unzureichenden Finanzmasse und einem bleibenden oder gar steigenden ausgabenwirksamen kommunalen Aufgabenbestand endet zwar der Gestaltungsspielraum des *Finanzausgleichs*gesetzgebers, nicht jedoch die Gestaltungskompetenz des *Gesetzgebers überhaupt.*[123] Wenn und weil die finanzielle Mindestausstattung gleichbedeutend ist mit dem unantastbaren Kernbereich der kommunalen Selbstverwaltung, liegt die verfassungsrechtliche Strategie nicht etwa in der Verteilung des finanziellen Mangels, sondern – wie mittlerweile sogar verfassungsgerichtlich anerkannt ist[124] – im Abbau der den Kommunen auferlegten Aufgaben, der Absenkung staatlich vorgegebener und kostentreibender Standards, dem Aufgabenverzicht trotz „politischer Wünschbarkeiten", ggf. der Eröffnung neuer Einnahmequellen für die Kommunen.[125] Verfassungsrechtlich versagt ist es dem Land jedoch, die

[121] So – verfassungsrechtlich völlig unhaltbar – StGH BW, DVBl. 1999, 1351, 1355 = DÖV 1999, 687, 691 = JZ 1999, 1049, 1052 = VBlBW 1999, 294, 301.

[122] Treffend *Friedhelm Hufen* (o. Fn. 22) 282: „Wenn feststeht, dass ein Eingriff zur Unterschreitung des Selbstverwaltungs-Minimums führt, dann kann sich die Frage nach der ‚Rechtfertigung' des Eingriffs eigentlich nicht mehr stellen, weil ein solcher Eingriff in den Kernbereich auch nach den Kriterien der Verhältnismäßigkeit nicht gerechtfertigt sein kann."

[123] *Walter Schmitt Glaeser/Hans-Detlef Horn* Die Rechtsprechung des Bayerischen Verfassungsgerichtshofs, BayVBl. 1999, 353, 356.

[124] VerfGH RP, DVBl. 2000, 992, 995 = DÖV 2000, 682, 685 = NVwZ 2000, 801, 803, betont gegenüber Versuchen, eine unzureichende kommunale Finanzausstattung durch Ausweitung kommunaler Wirtschaftstätigkeit kompensieren zu wollen, dies sei – im Falle einer Umgehung der öffentlichen Zweckbindung kommunaler Wirtschaftstätigkeit – unzulässig und merkt an: „Auf eine etwaige Unterfinanzierung der Gemeinden hat das Land durch Pflichtenreduzierung (Senkung von Standards) oder Finanzmittelzuwendung zu reagieren."

[125] *Hubert Meyer* Kommunaler Finanzausgleich – Verfassungsrechtliche Determinanten und gesetzgeberische Handlungsspielräume, ZG 1996, 165, 168; *Walter Schmitt Glaeser/Hans-Detlef Horn* (o. Fn. 123) 356; *Hans-Günter Henneke* (o. Fn. 9) Rdn. 930; *Kyrill-Alexander Schwarz* (o. Fn. 118) 8; dies *de iure* anerken-

finanzielle Mindestausstattung der Kommunen für die Aufgabenwahrnehmung unter das Existenzminimum zu drücken.[126]

bb) Finanzausstattung für freiwillige Selbstverwaltungsaufgaben

Bei der *Ermittlung* der vom Land verfassungsrechtlich geschuldeten finanziellen Mindestausstattung ist davon auszugehen, dass sich die vorgegebene Aufgabenadäquanz der kommunalen Finanzausstattung auf *sämtliche Aufgaben* der Gemeinden und Gemeindeverbände bezieht. Es ist daher so gut wie unbestritten, dass die Kommunen finanziell in die Lage versetzt werden müssen, auch *freiwillige Aufgaben* wahrzunehmen.[127] Reicht die zweckungebundene Finanzausstattung dafür nicht aus, kann von kommunaler „Selbst"-Verwaltung im verfassungsrechtlichen Sinne keine Rede mehr sein.

In der Verfassungsjudikatur hat diese Erkenntnis im Urteil des NdsStGH vom 25. November 1997 fassbare Konsequenzen gezei-

nend auch *Paul Schumacher* (o. Fn. 5) 101 f., jedoch aus *politischen* Gründen gegenüber einem Aufgabenabbau und -verzicht Skepsis äußernd.

[126] Im Grunde ist dies beim Schutz verfassungsrechtlich gewährleisteter Institutionen eine Selbstverständlichkeit. Dazu am Beispiel von Ehe und Familie BVerfGE 82, 60, 89: „Die Dringlichkeit einer Haushaltssanierung kommt als Rechtfertigung nicht in Betracht. Der Finanzbedarf des Staates ist nicht geeignet, eine verfassungswidrige Steuer zu rechtfertigen." Bestätigend BVerfGE 87, 153, 172. – Zur Lösung aus einer Situation, die mit „über die Verhältnisse leben" zu umschreiben ist, durch Abbau verfassungsrechtlich nicht vorgeschriebener Standards am Beispiel des Steuerrechts BVerfGE 87, 153, 173: Verringerung oder Abschaffung verfassungsrechtlich nicht gebotener steuerlicher Entlastungen und Vergünstigungen.

[127] Vgl. bereits Nachw. oben Fn. 33; ferner z. B. BayVerfGH, NVwZ-RR 1997, 301, 302 = BayVBl. 1996, 462, 463; BbgVerfG, NVwZ-RR 2000, 129, 134; LVerfG LSA, NVwZ-RR 2000, 1, 6; *Rudolf Wendt* (o. Fn. 16) 609; *Friedhelm Hufen* (o. Fn. 22) 280; *Hans-Günter Henneke* Selbstverwaltungssicherung durch Organisation und Verfahren, ZG 1999, 256, 263; *ders.* (o. Fn. 9) Rdn. 929; *Kyrill-Alexander Schwarz* (o. Fn. 118) 5; *Franz Cromme* Besteht ein Rechtsanspruch von Gemeinden auf Bedarfszuweisungen?, DVBl. 2000, 459, 463. – Falsch demgegenüber StGH BW, DVBl. 1999, 1351, 1355 = DÖV 1999, 687, 691 = JZ 1999, 1049, 1052 = VBlBW 1999, 294, 301: Das Recht der Kommunen zur Wahrnehmung freiwilliger Selbstverwaltungsaufgaben stehe unter dem Vorbehalt einer Rücksichtnahme auf die Aufgaben des Landes.

tigt. Das Gericht stellte fest,[128] die *finanzielle Mindestausstattung* der Kommunen „ist jedenfalls dann unterschritten, wenn die Wahrnehmung freiwilliger Selbstverwaltungsangelegenheiten infolge einer unzureichenden Finanzausstattung unmöglich wird. Die Erfüllung neuer pflichtiger Aufgaben durch die kommunalen Gebietskörperschaften unter Ausschöpfung der für die freiwillige Selbstverwaltung vorgehaltenen Finanzmittel kann dazu führen, dass die Finanzmittel, die der Wahrnehmung von Selbstverwaltungsaufgaben vorbehalten sind, durch die Wahrnehmung gesetzlich vorgeschriebener Aufgaben aufgezehrt werden. Bei einer offensichtlichen Disproportionalität von wahrzunehmenden Aufgaben und Mittelzuweisung ist der Kernbereich der kommunalen Selbstverwaltung in unzulässiger Weise beeinträchtigt."

b) Gebot der Verteilungssymmetrie im sog. Randbereich

Jenseits der finanziellen Mindestausstattung der Kommunen, also außerhalb des Kernbereichsschutzes, findet die Leistungsfähigkeit des Landes verfassungsrechtlich Berücksichtigung. Aber auch im sog. *Randbereich* des kommunalen Selbstverwaltungsrechts darf das Spannungsverhältnis zwischen der – über der unbedingt erforderlichen Mindestausstattung liegenden – aufgabenangemessenen kommunalen Finanzausstattung und der finanziellen Leistungsfähigkeit des Landes nicht einseitig aufgelöst werden.[129] Der kommunale Finanzausgleich fungiert unter keinen Umständen als „Reservekasse" des Landes. Vielmehr muss die Leistungsfähigkeit des Landes mit der gesetzlich angeordneten Gleichrangigkeit von Landes- und Kommunalaufgaben (§ 24 StabG) in Einklang gebracht werden. Deshalb gilt das verfassungsrechtliche „Gebot einer gerechten und gleichmäßigen Verteilung bestehender Lasten. Vor diesem Hintergrund einer prinzipiellen Gleichwertigkeit der Landes- und Kommunalaufgaben bedarf es daher einer Verteilungssymmetrie, um dem Land und den Kommunen die jeweils verfügbaren Finanzmittel gleichermaßen aufgabengerecht zukommen zu lassen".[130]

[128] NdsStGH, DVBl. 1998, 185, 187 = DÖV 1998, 382, 384 = NVwZ-RR 1998, 529, 531 = NdsVBl. 1998, 43, 44f.

[129] Einzelheiten dazu bei *Friedrich Schoch* (o. Fn. 18) 188ff.

[130] NdsStGH, DVBl. 1998, 185, 187 = DÖV 1998, 382, 384 = NVwZ-RR 1998, 529, 531 = NdsVBl. 1998, 43, 45; zustimmend *Kyrill-Alexander Schwarz* (o. Fn. 118) 7; *Alfred Katz* (o. Fn. 118) 238; *Hans-Günter Henneke* (o. Fn. 9)

Es ist selbstverständlich, dass der Landesgesetzgeber in diesem Bereich über Abwägungsspielräume und Gestaltungskompetenzen verfügt. So besteht – schon aus Gründen der Verwaltungspraktikabilität und Vereinfachung – die Befugnis zur Generalisierung, Typisierung und Pauschalierung.[131] Auf kommunaler Seite dienen dem Finanzausgleichsgesetzgeber nur diejenigen Kommunen als Orientierungsmaßstab, die wirtschaftlich und sparsam verfahren.[132] Auch die verfassungsgerichtliche Kontrolldichte trägt der bereichsspezifischen Dogmatik Rechnung. Während in Bezug auf den Kernbereichsschutz eine bloße Vertretbarkeitskontrolle ausscheidet,[133] kommt sie bei der Finanzverteilung im Randbereich in Betracht.[134] Aber auch insoweit sind die Kommunen nicht völlig schutzlos. Wird nämlich verfassungsgerichtlich festgestellt, dass die Einnahmen des Landes über einen mehrjährigen Zeitraum stärker gestiegen sind als die kommunalen Einnahmen und die Kommunen auch auf der Ausgabenseite keine Entlastung erfahren, kann die Höhe der im kommunalen Finanzausgleich vorgesehenen Ausgleichsmasse vor dem Hintergrund der Gleichwertigkeit von Landes- und Kommunalaufgaben keinen Bestand haben.[135]

3. Verfahrensmäßiger Schutz der kommunalen Finanzausstattung

Die materiellen Gewährleistungen der kommunalen Finanzausstattung durch das Landesverfassungsrecht müssen, wie die jüngere Ver-

Rdn. 931; ablehnend demgegenüber *Thomas Würtenberger* (o. Fn. 6) 983 ff.; *Herbert Mandelartz/Helmut Neumeyer* (o. Fn. 7) 108.

131 BayVerfGH, NVwZ-RR 1997, 301, 303 u. 305 f. = BayVBl. 1996, 462, 464 u. 466 u. 497; BayVBl. 1998, 207, 208.

132 BbgVerfG, NVwZ-RR 2000, 129, 134; *Kyrill-Alexander Schwarz* (o. Fn. 118) 5. – Ebenso im Rahmen des Mehrlastenausgleichs nach dem Konnexitätsprinzip StGH BW, DVBl. 1998, 1276, 1278 = DÖV 1999, 73, 75 = NVwZ-RR 1999, 93, 95 = VBlBW 1999, 18, 21.

133 BayVerfGH, NVwZ-RR 1997, 301, 303 = BayVBl. 1996, 462, 463.

134 Zu undifferenziert daher die These einer generellen bloßen Willkürkontrolle bzw. Vertretbarkeitskontrolle bei VerfGH NW, DVBl. 1989, 151, 152 = NVwZ-RR 1989, 493, 494 = NWVBl. 1989, 85, 86; DVBl. 1993, 1205 = DÖV 1993, 1003 = NWVBl. 1993, 381, 382; DVBl. 1998, 1280, 1282 = NVwZ-RR 1999, 81, 82 = NWVBl. 1998, 390, 392; DVBl. 1999, 392, 393 = DÖV 1999, 300, 301 = NWVBl. 1999, 136, 137.

135 NdsStGH, DVBl. 1998, 185, 188 = DÖV 1998, 382, 385 = NVwZ-RR 1998, 529, 532 = NdsVBl. 1998, 43, 46.

fassungsjudikatur lehrt, durch prozedurale Absicherungen flankiert – nicht: substituiert – werden.[136] Der Landesgesetzgeber kann dem Verfassungsgebot des aufgabengerechten Finanzausgleichs nur nachkommen, wenn er die *Höhe der erforderlichen Mittel* kennt.[137] Dabei ist selbstverständlich keine „Punktation" der Aufgaben angezeigt. Aber wenn sich die Zuteilung der Mittel an der Aufgabenverteilung zwischen Staat und Kommunen orientieren muss, hat der Gesetzgeber die kommunalen Aufgaben und die Landesaufgaben wenigstens überschlägig zu gewichten und einen Ausgleich zwischen ihnen herzustellen.[138] Dabei muss die finanzielle Mindestausstattung der Kommunen, wie erwähnt, gesichert bleiben. Dem Gebot der Verteilungssymmetrie trägt der Gesetzgeber nur dann Rechnung, wenn er der Beurteilung der Finanzentwicklung des Landes und der Kommunen nachvollziehbare Vergleichsmaßstäbe und Referenzzeiträume zugrunde legt.[139]

Auf der anderen Seite muss gesehen werden, dass in Zeiten großer Finanzknappheit der Gebietskörperschaften die *Gleichrangigkeit* der Aufgaben von Land und Kommunen faktisch dadurch ausgehöhlt werden kann, dass das Land seine Interessen mit Hilfe seiner Gesetzgebung einseitig durchsetzt und verfassungsgerichtlicher Schutz zu spät kommt.[140] Vor diesem Hintergrund hat der StGH BW ein prozedurales Konzept zum „Schutz der kommunalen Finanzgarantie durch Verfahren" entwickelt.[141] Ziel ist die reale Sicherung der verfassungsrechtlich garantierten kommunalen Finanzausstattung.

[136] *Hans-Günter Henneke* (o. Fn. 127) 280ff.; *ders.* (o. Fn. 9) Rdn. 942; *Hubert Meyer* (o. Fn. 34) 4f.; *Kyrill-Alexander Schwarz* (o. Fn. 118) 8f.; *Alfred Katz* (o. Fn. 118) 238.

[137] NdsStGH, DVBl. 1998, 185, 187 = DÖV 1998, 382, 384 = NVwZ-RR 1998, 529, 531 = NdsVBl. 1998, 43, 45.

[138] BbgVerfG, NVwZ-RR 2000, 129, 131.

[139] NdsStGH, DVBl. 1998, 185, 188 = DÖV 1998, 382, 385f. = NVwZ-RR 1998, 529, 532 = NdsVBl. 1998, 43, 46.

[140] *Hans-Günter Henneke* (o. Fn. 9) Rdn. 934: Da verausgabtes Geld nicht nachträglich umverteilt werden kann, kommt dem Zeitfaktor bei der verfassungskonformen Ausgestaltung des kommunalen Finanzausgleichs entscheidende Bedeutung zu.

[141] StGH BW, DVBl. 1999, 1351, 1357f. = DÖV 1999, 687, 692f. = JZ 1999, 1049, 1054 = VBlBW 1999, 294, 302f.; erläuternd hierzu *Hans-Günter Henneke* (o. Fn. 2) 517f.; *Olaf Otting* (o. Fn. 2) 52f.

Wie dieses Ziel erreicht wird (z.B. Einschaltung eines fachkundigen Gremiums, Dialog mit den Kommunen und verfahrensmäßige Selbstbindung des Gesetzgebers), bleibt der gesetzgeberischen Entscheidung überlassen. Das gewählte Verfahren muss jedoch den Geboten der Transparenz und Publizität entsprechen, die Grundlagen für einen aufgabengerechten kommunalen Finanzausgleich nachvollziehbar ermitteln und eine umfassende Analyse der Aufgaben- und Ausgabenlasten sowie der zu erwartenden Einnahmen von Land und Kommunen vornehmen.[142]

Dieser prozedurale Schutz der kommunalen Finanzausstattungsgarantie findet zunehmend Unterstützung.[143] Die erste praktische Bewährungsprobe könnte demnächst in Niedersachsen anstehen.

V. Perspektiven

Kehren wir zu der Ausgangsüberlegung zurück, so zeigt sich, dass es bei der Sicherung der finanzverfassungsrechtlichen Grundlagen der kommunalen Selbstverwaltung um die *Struktursicherung durch Recht* gegen politische Willkür geht. Das Kommunalfinanzverfassungsrecht zielt nicht auf eine inhaltliche Steuerung der Ausgestaltung von Staats- und Kommunalaufgaben. *Ob* die Kommunen mit bestimmten Aufgaben und Standards belastet werden, ist eine politische Entscheidung. *Wenn* dies jedoch geschieht, muss das Finanzverfassungsrecht seine Schutzfunktion zugunsten der kommunalen Selbstverwaltung entfalten.

Der Schlüssel für die praktische Entfaltung des Landesverfassungsrechts liegt in den Händen der *Landesverfassungsgerichte*. Deren Rechtsprechung ist auf dem hier behandelten, gewiss schwierigen Terrain von sehr unterschiedlicher juristischer Qualität. Angesichts der Komplexität der Materie könnte man die Frage nach der Fachkompetenz eines manchen Spruchkörpers aufwerfen. Doch dies soll heute nicht geschehen. Es bleibt am Ende die Hoffnung, dass alle Landesverfassungsgerichte im Laufe der Zeit die notwendige Sensi-

[142] Prägnant Leitsatz 10 und Leitsatz 11 der Entscheidung des StGH BW, Fn. 141.

[143] Vgl. Nachw. o. Fn. 136; a. A. jedoch LVerfG LSA, NVwZ-RR 2000, 1, 7f.

bilität für die strukturellen Ungleichgewichte zwischen Bund, Ländern und Kommunen aufbringen werden, sich über den Stand der Doktrin vielleicht demnächst doch umfassend informieren und am Ende möglicherweise auch noch Lernfähigkeit beweisen.

Anhang I

Finanzverfassungsrechtliche Konnexitätsbestimmungen in den Landesverfassungen

Baden-Württemberg

Art. 71 [Selbstverwaltung]

(1) ...

(2) ...

(3) Den Gemeinden und Gemeindeverbänden kann durch Gesetz die Erledigung bestimmter öffentlicher Aufgaben übertragen werden. Dabei sind Bestimmungen über die Deckung der Kosten zu treffen. Führen diese Aufgaben zu einer Mehrbelastung der Gemeinden oder Gemeindeverbände, so ist ein entsprechender finanzieller Ausgleich zu schaffen.

Bayern

Art. 83 [Wirkungskreis der Gemeinden]

(1) ...

(2) ...

(3) Bei Übertragung staatlicher Aufgaben an die Gemeinden sind gleichzeitig die notwendigen Mittel zu erschließen.

Brandenburg

Art. 97 [Kommunale Selbstverwaltung]

(1) ...

(2) ...

(3) Das Land kann die Gemeinden und Gemeindeverbände durch Gesetz oder aufgrund eines Gesetzes verpflichten, Aufgaben des Landes wahrzunehmen und sich dabei ein Weisungsrecht nach

gesetzlichen Vorschriften vorbehalten. Werden die Gemeinden und Gemeindeverbände durch Gesetz oder aufgrund eines Gesetzes zur Erfüllung neuer öffentlicher Aufgaben verpflichtet, so sind dabei Bestimmungen über die Deckung der Kosten zu treffen. Führen diese Aufgaben zu einer Mehrbelastung der Gemeinden oder Gemeindeverbände, so ist dafür ein entsprechender finanzieller Ausgleich zu schaffen.

Mecklenburg-Vorpommern

Art. 72 [Kommunale Selbstverwaltung]

(1) ...

(2) ...

(3) Die Gemeinden und Kreise können durch Gesetz oder aufgrund eines Gesetzes durch Rechtsverordnung zur Erfüllung bestimmter öffentlicher Aufgaben verpflichtet werden, wenn dabei gleichzeitig Bestimmungen über die Deckung der Kosten getroffen werden. Führt die Erfüllung dieser Aufgaben zu einer Mehrbelastung der Gemeinden und Kreise, so ist dafür ein entsprechender finanzieller Ausgleich zu schaffen.

Niedersachsen

Art. 57 [Selbstverwaltung]

(1) ...

(2) ...

(3) ...

(4) Den Gemeinden und Landkreisen und den sonstigen öffentlichen Körperschaften können durch Gesetz staatliche Aufgaben zur Erfüllung nach Weisung übertragen werden, wenn gleichzeitig Bestimmungen über die Deckung der Kosten getroffen werden.

Nordrhein-Westfalen

Art. 78 [Kommunale Selbstverwaltung]

(1) ...

(2) ...

(3) Das Land kann die Gemeinden und Gemeindeverbände durch gesetzliche Vorschriften zur Übernahme und Durchführung be-

stimmter öffentlicher Aufgaben verpflichten, wenn gleichzeitig Bestimmungen über die Deckung der Kosten getroffen werden.

Saarland

Art. 120 [Übertragung und Finanzierung staatlicher Aufgaben]

(1) Durch förmliches Gesetz können den Gemeinden und Gemeindeverbänden staatliche Aufgaben zur Durchführung übertragen werden. Dabei sind Bestimmungen über die Deckung der Kosten zu treffen. Das Land sichert den Gemeinden und Gemeindeverbänden die zur Durchführung der übertragenen Aufgaben erforderlichen Mittel.

(2) Gleiches gilt, wenn das Land die Erfüllung solcher Aufgaben, die es bisher selbst wahrgenommen hat, den Gemeinden und Gemeindeverbänden gesetzlich zur Pflicht macht.

Sachsen

Art. 85 [Aufgabenübertragung auf kommunale Träger]

(1) Den kommunalen Trägern der Selbstverwaltung kann durch Gesetz die Erledigung bestimmter Aufgaben übertragen werden. Sie sollen ihnen übertragen werden, wenn sie von ihnen zuverlässig und zweckmäßig erfüllt werden können. Dabei sind Bestimmungen über die Deckung der Kosten zu treffen.

(2) Führt die Übertragung der Aufgaben zu einer Mehrbelastung der kommunalen Träger der Selbstverwaltung, so ist ein entsprechender finanzieller Ausgleich zu schaffen.

Sachsen-Anhalt

Art. 87 [Kommunale Selbstverwaltung]

(1) …

(2) …

(3) Den Kommunen können durch Gesetz Pflichtaufgaben zur Erfüllung in eigener Verantwortung zugewiesen und staatliche Aufgaben zur Erfüllung nach Weisung übertragen werden. Dabei ist gleichzeitig die Deckung der Kosten zu regeln. Führt die Aufgabenwahrnehmung zu einer Mehrbelastung der Kommunen, ist ein angemessener Ausgleich zu schaffen.

Schleswig-Holstein

Art. 49 [Kommunaler Finanzausgleich, Übertragung und Finanzierung öffentlicher Aufgaben]

(1) ...

(2) Werden die Gemeinden oder Gemeindeverbände durch Gesetz oder aufgrund eines Gesetzes durch Verordnung zur Erfüllung bestimmter öffentlicher Aufgaben verpflichtet, so sind dabei Bestimmungen über die Deckung der Kosten zu treffen. Führen diese Aufgaben zu einer Mehrbelastung der Gemeinden oder Gemeindeverbände, so ist dafür ein entsprechender finanzieller Ausgleich zu schaffen.

Thüringen

Art. 91 [Kommunale Selbstverwaltung]

(1) ...

(2) ...

(3) Den Gemeinden und Gemeindeverbänden können auf Grund eines Gesetzes staatliche Aufgaben zur Erfüllung nach Weisung übertragen werden.

Art. 93 [Kommunale Finanzausstattung]

(1) ... Führt die Übertragung staatlicher Aufgaben nach Artikel 91 Abs. 3 zu einer Mehrbelastung der Gemeinden und Gemeindeverbände, so ist ein angemessener finanzieller Ausgleich zu schaffen.

Anhang II

Bestimmungen zur generellen kommunalen Finanzausstattung in den Landesverfassungen

Baden-Württemberg

Art. 73 [Kommunale Finanzausstattung]

(1) Das Land sorgt dafür, daß die Gemeinden und Gemeindeverbände ihre Aufgaben erfüllen können.

(2) Die Gemeinden und Kreise haben das Recht, eigene Steuern und andere Abgaben nach Maßgabe der Gesetze zu erheben.
(3) Die Gemeinden und Gemeindeverbände werden unter Berücksichtigung der Aufgaben des Landes an dessen Steuereinnahmen beteiligt. Näheres regelt ein Gesetz.

Brandenburg

Art. 99 [Gemeindesteuern, Finanzausgleich]
Die Gemeinden haben zur Erfüllung ihrer Aufgaben das Recht, sich nach Maßgabe der Gesetze eigene Steuerquellen zu erschließen. Das Land sorgt durch einen Finanzausgleich dafür, daß die Gemeinden und Gemeindeverbände ihre Aufgaben erfüllen können. Im Rahmen des Finanzausgleichs sind die Gemeinden und Gemeindeverbände an den Steuereinnahmen des Landes angemessen zu beteiligen.

Mecklenburg-Vorpommern

Art. 73 [Finanzgarantie]
(1) Zur Erfüllung ihrer Aufgaben fließen den Gemeinden das Aufkommen an den Realsteuern und nach Maßgabe der Landesgesetze Anteile aus staatlichen Steuern zu. Das Land ist verpflichtet, den Gemeinden und Kreisen eigene Steuerquellen zu erschließen.
(2) Um die Leistungsfähigkeit steuerschwacher Gemeinden und Kreise zu sichern und eine unterschiedliche Belastung mit Ausgaben auszugleichen, stellt das Land im Wege des Finanzausgleichs die erforderlichen Mittel zur Verfügung.

Niedersachsen

Art. 58 [Finanzwirtschaft der Gemeinden und Landkreise]
Das Land ist verpflichtet, den Gemeinden und Landkreisen die zur Erfüllung ihrer Aufgaben erforderlichen Mittel durch Erschließung eigener Steuerquellen und im Rahmen seiner finanziellen Leistungsfähigkeit durch übergemeindlichen Finanzausgleich zur Verfügung zu stellen.

Nordrhein-Westfalen

Art. 79 [Gemeindesteuern, Finanzausgleich]
Die Gemeinden haben zur Erfüllung ihrer Aufgaben das Recht auf Erschließung eigener Steuerquellen. Das Land ist verpflichtet, diesem Anspruch bei der Gesetzgebung Rechnung zu tragen und im Rahmen seiner finanziellen Leistungsfähigkeit einen übergemeindlichen Finanzausgleich zu gewährleisten.

Saarland

Art. 119 [Kommunale Finanz- und Haushaltswirtschaft]
(1) Gemeinden und Gemeindeverbände führen ihre Finanz- und Haushaltswirtschaft im Rahmen der Gesetze in eigener Verantwortung. Sie haben das Recht, Steuern und sonstige Abgaben nach Maßgabe der Gesetze zu erheben.
(2) Das Land gewährleistet den Gemeinden und Gemeindeverbänden durch seine Gesetzgebung eine Finanzausstattung, die ihnen eine angemessene Aufgabenerfüllung ermöglicht. Diesem Zweck dient auch der kommunale Finanzausgleich.

Sachsen

Art. 87 [Kommunale Finanzausstattung]
(1) Der Freistaat sorgt dafür, daß die kommunalen Träger der Selbstverwaltung ihre Aufgaben erfüllen können.
(2) Die Gemeinden und Landkreise haben das Recht, eigene Steuern und andere Abgaben nach Maßgabe der Gesetze zu erheben.
(3) Die Gemeinden und Landkreise werden unter Berücksichtigung der Aufgaben des Freistaates im Rahmen des übergemeindlichen Finanzausgleiches an dessen Steuereinnahmen beteiligt.

Sachsen-Anhalt

Art. 88 [Kommunale Finanzen, Finanzausgleich]
(1) Das Land sorgt dafür, daß die Kommunen über Finanzmittel verfügen, die zur angemessenen Erfüllung ihrer Aufgaben erforderlich sind.

(2) Die unterschiedliche Finanzkraft der Kommunen ist auf Grund eines Gesetzes angemessen auszugleichen. Bei besonderen Zuweisungen des Landes an leistungsschwache Kommunen oder bei der Bereitstellung sonstiger Fördermittel ist das Selbstverwaltungsrecht zu wahren.
(3) Die Kommunen haben nach Maßgabe der Gesetze das Recht, eigene Steuern und Abgaben zu erheben.

Schleswig-Holstein

Art. 49 [Kommunaler Finanzausgleich]
(1) Um die Leistungsfähigkeit der steuerschwachen Gemeinden und Gemeindeverbände zu sichern und eine unterschiedliche Belastung mit Ausgaben auszugleichen, stellt das Land den Gemeinden und Gemeindeverbänden im Wege des Finanzausgleichs Mittel zur Verfügung.
(2) …

Thüringen

Art. 93 [Kommunale Finanzausstattung]
(1) Das Land sorgt dafür, dass die kommunalen Träger der Selbstverwaltung ihre Aufgaben erfüllen können …
(2) Die Gemeinden und Landkreise haben das Recht, eigene Steuern und andere Abgaben nach Maßgabe der Gesetze zu erheben.
(3) Die Gemeinden und Gemeindeverbände werden unter Berücksichtigung der Aufgaben des Landes im Rahmen des Gemeindefinanzausgleichs an dessen Steuereinnahmen beteiligt.

Die reformierte Kommunalverfassung Nordrhein-Westfalen nach der ersten Direktwahl der Bürgermeister

Janbernd Oebbecke, Münster

1. Einleitung

Als letzter Vortragender am kommunalrechtlichen Nachmittag dieses Symposiums zwinge ich Sie nun dazu, aus dem stratosphärennahen Cirrusgewölk der verfassungsrechtlichen Grundlagen in die Bodennebel des landesgesetzlichen Kommunalverfassungsrechts hinabzusteigen. Ich tue das bewußt, denn der langjährige geschäftsführende Direktor des Kommunalwissenschaftlichen Instituts war und ist, vor allem als Autor des maßgeblichen Lehrbuchs zum nordrhein-westfälischen Kommunalverfassungsrecht, selbst in diesen über weite Strecken teils steinigen, teils morastigen Gefilden unterwegs.

Eine Rechtfertigung dafür, auch die am nordrhein-westfälischen Kommunalverfassungsrecht nicht unmittelbar Interessierten mit dem Thema zu behelligen, liegt, wie ich glaube, darin, daß man die Entwicklung, über die ich spreche, als Modell ansehen kann. Sie zeigt nämlich, was passiert, wenn man in ein bestehendes und halbwegs funktionierendes System einzelne Elemente aus einem anderen, ebenfalls funktionierenden System überträgt. Derlei wird ja immer wieder für die verschiedensten Bereiche diskutiert. Das Amerika mit dem überlegenen System lag für die nordrhein-westfälische Kommunalverfassung zwar nur im deutschen Süden. Die Erfahrungen, über die ich berichte, scheinen mir dennoch aufschlußreich und ein Stück weit verallgemeinerungsfähig zu sein.

Die 1994 beschlossene Reform der Kommunalverfassung[1] hat die kommunalverfassungsrechtlichen Grundlagen für die Arbeit der Gemeinden und Kreise des Landes Nordrhein-Westfalen in einer Reihe von Punkten geändert. Die stärkste Aufmerksamkeit hat der Über-

1 Gesetz zur Änderung der Kommunalverfassung vom 17.5.1994 (GVBl. 270).

gang zum hauptamtlichen Bürgermeister auf sich gezogen. Allein darum soll es hier gehen; die anderen Neuerungen, etwa die wichtige Ausweitung der Bürgermitwirkung, bleiben außer Betracht.

In der zweiten Auflage des erwähnten Lehrbuchs zum Kommunalrecht des Landes Nordrhein-Westfalen hat Herr Erichsen diese Neuregelung der Organstruktur wie folgt zusammengefaßt:

> „Mit dem Gesetz zur Änderung der Kommunalverfassung von 1994 hat der nordrhein-westfälische Gesetzgeber das System der norddeutschen Kommunalverfassung abgeschafft. Diese war durch die sog. Doppelspitze geprägt, d. h. den Bürgermeister als Ratsvorsitzendem und Repräsentanten der Gemeinde einerseits und den Gemeindedirektor als Hauptverwaltungsbeamten andererseits. An die Stelle der Doppelspitze ist der grundsätzlich durch Urwahl zu wählende hauptamtliche Bürgermeister getreten, der die bisherigen Ämter des ehrenamtlichen Bürgermeisters und des Gemeindedirektors im wesentlichen in sich vereint. Damit hat der Gesetzgeber die nordrhein-westfälische Gemeindeverfassung der sog. süddeutschen Ratsverfassung Bayerns und Baden-Württembergs, die die Urwahl des Bürgermeisters seit langem kennen, angenähert.“[2]

Nach Auslaufen der Übergangsregelung ist die Umsetzung der gesetzlichen Regelungen über den hauptamtlichen Bürgermeister seit der Kommunalwahl im September des letzten Jahres flächendeckend abgeschlossen. Inzwischen zeigt sich, daß die durch das Reformgesetz unveränderten Teile der Gemeindeordnung nicht nur rechtspolitisch durch Folgeänderungen betroffen sind; die Reform wirkt sich auch auf ihre Auslegung aus. Der in gegenseitiger Beeinflussung von geschriebenem Gesetz und praktischer Umsetzung verlaufende Prozeß der Umgestaltung ist wohl auch mit der jüngsten Änderung der Gemeindeordnung noch nicht beendet. Hier kann deshalb nur eine Zwischenbilanz gezogen werden.

Ich beginne dabei mit einem knappen Überblick über den Ablauf der Kommunalverfassungsreform (2.), betrachte danach zuerst den Übergang zur Eingleisigkeit (3.) und dann die Direktwahl mit ihren Auswirkungen (4.). Den Abschluß bilden einige Gedanken zu den Konsequenzen für die künftige Kommunalverfassungspolitik (5.).

2 *Hans-Uwe Erichsen* Kommunalrecht des Landes Nordrhein-Westfalen, 2. Aufl. 1997, 118.

2. Die Stationen der Kommunalverfassungsreform in Nordrhein-Westfalen

Das System der Doppelspitze war seit seiner Einführung durch die britische Besatzungsmacht 1945/46 umstritten; Kritik war es vor allem aus den Reihen der hauptamtlichen Verwaltungschefs ausgesetzt. Nach einer Reihe gescheiterter Anläufe nahm die Kritik Mitte der achtziger Jahre wieder zu. Die Kommunalpolitische Vereinigung der CDU setzte eine Kommission ein, die unter dem Vorsitz des Münsteraner Regierungspräsidenten Schleberger im Herbst 1987 ein Papier vorlegte, in dem die Abschaffung der Zweigleisigkeit – noch nicht die Urwahl – gefordert wurde. Der damalige Innenminister Schnoor griff das Thema auf. Der Landesparteitag der damals allein regierenden SPD lehnte im Dezember 1991 in Hagen seinen Vorschlag einer Abschaffung der Doppelspitze aber mit deutlicher Mehrheit ab. Wieder sah es so aus, als sei die Reform gescheitert. Allerdings trat die CDU des Landes inzwischen nicht nur für die Einheitsspitze, sondern auch für die Urwahl eines hauptamtlichen Bürgermeisters ein und drohte mit einem Volksbegehren. Einflußreiche Landespolitiker der SPD, wie der Fraktionsvorsitzende und der kommunalpolitische Sprecher der Landtagsfraktion, erklärten öffentlich, daß sie die Entscheidung des Parteitages für unglücklich hielten. Nicht zuletzt wegen der Drohung der CDU mit einem Volksbegehren kippte die Stimmung in der SPD, und Mitte Januar 1994 stimmte der Parteitag in Bielefeld der Abschaffung der Doppelspitze und der Urwahl des Bürgermeisters zu. Allerdings sollte die Urwahl nur zusammen mit der Ratswahl stattfinden; wurde das Amt des Bürgermeisters während der Wahlperiode des Rates frei, sollte für die Zeit bis zur nächsten Kommunalwahl der Rat den Bürgermeister wählen.[3]

Diese Vorgeschichte ist wichtig, weil sie den Zeitdruck erklärt, unter dem Landesregierung und Landtag bei der Reform der Organstruktur standen. Sollten die Änderungen mit der Kommunalwahl im Herbst 1994 in Kraft treten, mußte das Gesetz im Frühjahr 1994

[3] Zur Reformdiskussion und zur Vorgeschichte der Reform *Anne-Kathrin Lingk* Die Reform der nordrhein-westfälischen Kommunalverfassung, 1999, passim, mwN.

verabschiedet werden. Seit Anfang 1992 lag dem Landtag zwar ein Regierungsentwurf für ein Gesetz zur Reform der Kommunalverfassung vor; er fußte allerdings auf der Beschlußlage nach dem Hagener Parteitag. Ein neuer Regierungsentwurf hätte im Landtag neu eingebracht werden müssen; auch eine neue erste Lesung wäre erforderlich gewesen. Die notwendigen Änderungen wurden deshalb als Änderungsantrag der SPD-Fraktion in die Beratungen eingebracht; gerade sechs Wochen nach dem Parteitag setzte der Kommunalpolitische Ausschuß auf dieser Basis seine Beratungen zum Regierungsentwurf fort und schloß sie weitere sechs Wochen später Ende April ab. Am 6. Mai 1994 verabschiedete der Landtag die Reform.[4]

Vor allem mit Rücksicht auf die ehrenamtlichen und hauptamtlichen Amtsinhaber ist die eingleisige Verfassung 1994 nicht sofort flächendeckend eingeführt worden; vielmehr erlaubte eine Übergangsregelung beginnend mit der Kommunalwahl 1994 den Übergang auf das neue System. Entschied sich eine Gemeinde für seine Einführung, war der hauptamtliche Bürgermeister durch den Rat zu wählen.[5] Erst seit der Kommunalwahl 1994 hat auch die deutliche Mehrheit der Gemeinden, die bis dahin die Doppelspitze beibehalten hatte, hauptamtliche Bürgermeister, und diese sind bei der Kommunalwahl unmittelbar vom Volk gewählt worden. Praktische Erfahrungen mit der Eingleisigkeit wurden also schon seit Ende 1994 gesammelt,[6] mit der Urwahl erst seit September 1999.

3. Der Übergang zur Eingleisigkeit

3.1 Änderungen der Gemeindeordnung seit 1994

Bezieht man die jüngste Novelle ein, ist die Gemeindeordnung seit dem Reformgesetz vom Mai 1994 sieben Mal geändert worden:

[4] *Dieter Krell/Norbert Wesseler* Das neue kommunale Verfassungsrecht in Nordrhein-Westfalen, 1994, 4 ff; *Anne-Kathrin Lingk* (o. Fn. 3) 200 ff.

[5] Zur Übergangsregelung *Friedrich Wilhelm Held/Reinhard Wilmbusse* Das neue Kommunalverfassungsrecht in Nordrhein-Westfalen, 1994, 20 ff; *Dieter Krell/Norbert Wesseler* (o. Fn. 4) 103 ff.

[6] Siehe dazu *Klaus Schulenburg* Direktwahl und kommunalpolitische Führung, 1999, passim.

a) In Umsetzung der Kommunalwahlrichtlinie wurden durch das Gesetz zur Einführung des Kommunalwahlgesetzes für Unionsbürger/-innen vom 12. Dezember 1995 die Wählbarkeitsvoraussetzungen für den hauptamtlichen Bürgermeister in § 65 III GO geändert.[7]
b) Von Artikel III des Gesetzes zur Regelung der Zuweisungen des Landes Nordrhein-Westfalen an die Gemeinden und Gemeindeverbände im Haushaltsjahr 1996 und zur Regelung des interkommunalen Ausgleichs der finanziellen Beteiligung der Gemeinden am Solidarfonds Deutsche Einheit im Haushaltsjahr 1996 und zur Änderung anderer Vorschriften vom 20. März 1996 waren 13 Vorschriften betroffen.[8]
c) Durch das Gesetz zur Stärkung der wirtschaftlichen Betätigung von Gemeinden und Gemeindeverbänden im Bereich der Telekommunikation vom 25. November 1997 wurden vier Vorschriften geändert.[9] Diese Novelle mußte einige Monate später berichtigt werden.[10]
d) Mit Artikel III des Gesetzes zur Regelung der Zuweisungen des Landes Nordrhein-Westfalen an die Gemeinden und Gemeindeverbände im Haushaltsjahr 1998 und zur Regelung des interkommunalen Ausgleichs der finanziellen Beteiligung der Gemeinden am Solidarfonds Deutsche Einheit im Haushaltsjahr 1998 und zur Änderung anderer Vorschriften vom 29. Dezember 1997 wurden fünf Bestimmungen des Haushaltsrechts geändert.[11]
e) Durch Artikel III des Gesetzes zur Regelung der Zuweisungen des Landes Nordrhein-Westfalen an die Gemeinden und Gemeindeverbände im Haushaltsjahr 1999 und zur Regelung des interkommunalen Ausgleichs der finanziellen Beteiligung der Gemeinden am Solidarfonds Deutsche Einheit im Haushaltsjahr 1999 und zur Änderung anderer Vorschriften vom 17. Dezember 1998 wurde in § 27 III das Wahlalter für die Wahlen zum Ausländerbeirat auf 16 Jahre herabgesetzt.[12]

[7] GVBl. 1198.
[8] GVBl. 124.
[9] GVBl. 422.
[10] GVBl. 1998, 210.
[11] GVBl. 458.
[12] GVBl. 762.

f) Das Erste Modernisierungsgesetz vom Juni 1999 änderte in wichtigen Punkten das Gemeindewirtschaftsrecht.[13]

g) Am 23. März dieses Jahres schließlich beschloß der Landtag das Gesetz zur weiteren Stärkung der Bürgerbeteiligung in den Kommunen.[14] Neben den namensgebenden Änderungen der Vorschriften über die Bürgerbeteiligung wurde das Verfahren in den Ausschüssen geändert, es wurden Konsequenzen aus dem Wegfall der 5%-Klausel getroffen und eine ganze Reihe redaktioneller Unebenheiten geglättet, die durch die letzten Novellen in das Gesetz geraten waren. Wichtige Änderungen betreffen den hauptamtlichen Bürgermeister.

Mit diesen Gesetzesänderungen reagierte der Gesetzgeber in zwei Fällen auf Anstöße aus dem Wahlrecht, nämlich durch die Anpassung der passiven Wählbarkeitsvoraussetzungen für den Bürgermeister an das europäische Recht und die des Wahlalters für die Ausländerbeiräte an die Herabsetzung des Wahlalters für die Kommunalwahl auf sechzehn Jahre. Innerhalb von weniger als zwei Jahren betrafen zwei weitere Änderungen 1997 und 1999 das Gemeindewirtschaftsrecht; das Fehlen einer klaren politischen Konzeption zum Verhältnis von privater und öffentlicher Tätigkeit im wirtschaftlichen Wettbewerb schlägt sich in motorischer Unruhe des Gesetzgebers nieder. Eine Änderung Ende 1997 betraf das Haushaltsrecht. Gegenstand der beiden Novellen von 1996 und vom März 2000 schließlich war im Schwerpunkt das Kommunalverfassungsrecht. Neben anders motivierten Änderungen ging es dabei auch um Folgerungen aus der Reform des Jahres 1994.

3.2 Entstehungsbedingte gesetzestechnische Mängel

Das Reformgesetz des Jahres 1994 wies technische Mängel auf. Hier ist an den Zeitdruck zu erinnern, unter dem die Beratungen im Februar bis April 1994 stattfanden. Man wird nicht ganz falsch liegen, wenn man für den ersten Arbeitsgang bei der Erstellung des Entwurfs in den Wochen nach dem Bielefelder Parteitag der SPD an

[13] Art. 1 des Ersten Gesetzes zur Modernisierung von Regierung und Verwaltung in Nordrhein-Westfalen vom 15.6.1999 (GVBl. 386).

[14] Vom 28.3. 2000 (GVBl. 245).

ein Textverarbeitungssystem denkt, das auf den Befehl „Suche und ersetze" hin das Wort „Gemeindedirektor" gegen das Wort „Bürgermeister" austauscht. Im zweiten Durchgang sind dann wohl aufgrund einer Art Plausibilitätskontrolle offenkundig unsinnige Ergebnisse dieses Verfahrens eliminiert worden. So schrieb das Gesetz früher vor, daß die Niederschrift über die Beschlüsse der Ausschüsse dem Bürgermeister, den Ausschußmitgliedern und dem Gemeindedirektor zuzuleiten sei; das Wort „Gemeindedirektor" wurde hier 1994 ersatzlos gestrichen.[15]

In der Kürze der Zeit mußte diese Plausibilitätskontrolle aber auf deutliche und einfache Fälle beschränkt bleiben. Während in anderen Teilen des Reformgesetzes offenkundige und vereinzelt auch gravierende Fehler unterlaufen sind,[16] blieben diese in den hier interessierenden Teilen erstaunlicherweise aus; es gibt aber einige kleinere Unstimmigkeiten.

Ein eher harmloses Beispiel ist die Pflicht des Bürgermeisters zur Information des Rates. In wörtlicher Übereinstimmung mit dem früheren Recht heißt es heute: „Der Rat ist durch den Bürgermeister über alle wichtigen Angelegenheiten der Gemeindeverwaltung zu unterrichten" (§ 55 I GO).[17] Das ist eine auch nach neuem Recht sinnvolle Regelung. Nach derselben Bestimmung der alten Fassung hatte der (ehrenamtliche) Bürgermeister ein Auskunftsrecht gegenüber dem Gemeindedirektor, das ihm gewissermaßen die Beschaffung der Informationen erlaubte.[18] Dieses Auskunftsrecht wurde ersatzlos gestrichen, denn hier fielen mit der Vereinigung der beiden Ämter Berechtigter und Verpflichteter in der Person des neuen hauptamtlichen Bürgermeisters zusammen. Nach der früheren Fassung war der Gemeindedirektor aber auch verpflichtet, den Bürgermeister von sich aus über alle wichtigen Angelegenheiten zu unterrichten. Diese Vorschrift wurde nicht gestrichen. Stattdessen ersetzte man den Bürgermeister als Adressaten der Information durch die

15 § 58 VII GO; siehe auch § 42 VIII GO a.F.

16 Das deutlichste Beispiel ist der 1994 vergessene und erst durch Nr. 12 des Gesetzes von 1996 wieder eingefügte § 116 II GO.

17 § 40 I 1 GO a.F.

18 § 40 I 2 GO a.F.

Gemeindevertretung. Es heißt jetzt: „Der Bürgermeister hat die Gemeindevertretung über alle wichtigen Gemeindeangelegenheiten zu unterrichten" (§ 62 IV GO). Übrigens ist hier an die Stelle des Bürgermeisters das sonst in der nordrhein-westfälischen Gemeindeordnung unübliche Wort „Gemeindevertretung" getreten; ein Neutestamentler nähme jetzt an, hier sei ein zweiter Redaktor mit einer hessischen Vergangenheit[19] am Werk gewesen.

Wir haben also zwei Vorschriften über die Informationspflicht des Bürgermeisters; wenn die eine auch passivisch, die andere aktivisch gefaßt ist, inhaltlich stimmen sie überein. Die Wiederholung der normativen Aussage blieb auch bei der jüngsten Novelle unbehelligt. Es wäre ganz verfehlt, hier nach den üblichen methodischen Maßstäben, wie wir sie beim BGB oder Verwaltungsverfahrensgesetz anwenden, anzunehmen, die gesetzgeberischen Mittel seien ökonomisch eingesetzt und es stecke ein tieferer Sinn hinter der Doppelung. Für die Gemeindeordnung gelten die üblichen Regeln, jedenfalls zur Zeit, nicht.

In dieser Erkenntnis liegt auch die richtige Lösung für ein anderes Problem. Nach § 51 I GO leitet der Bürgermeister die Verhandlungen. Nach § 69 I GO nimmt er an den Sitzungen des Rates teil und ist berechtigt und auf Verlangen auch verpflichtet, Stellung zu einem Punkt der Tagesordnung zu nehmen. Man erkennt: In § 69 I GO war die Textverarbeitung am Werk; hier hieß es früher „Gemeindedirektor". Was die Anwesenheitspflicht angeht, haben wir es mit einer dadurch entstandenen Doppelung zu tun; selbstverständlich ist der Bürgermeister schon in seiner Eigenschaft als Vorsitzender verpflichtet, an den Sitzungen teilzunehmen.

Anders ist es beim Äußerungsrecht. Es liegt nunmehr nahe anzunehmen, daß dem Bürgermeister nur aufgrund von § 69 I GO und nicht in seiner Eigenschaft als Vorsitzender das Recht zur jederzeitigen Sachäußerung zusteht. Das Recht zur Stellungnahme zu jedem Punkt der Tagesordnung hat aber auch seine Bedeutung verändert. Nach der Konzeption der alten Kommunalverfassung diente es

[19] Vgl. §§ 49 ff. GO Hessen.

dazu, den Mitgliedern des Rates die notwendigen Informationen für ihre Entscheidungen durch den Gemeindedirektor zu sichern und die Vorstellungen der Verwaltung effektiv in die Beratungen einzubringen.[20] Im System der neuen Kommunalverfassung wird damit auch ermöglicht, daß der Bürgermeister jederzeit seinen, u.U. im Gegensatz zur Auffassung des Rates stehenden Standpunkt geltend machen kann; diese Möglichkeit des Bürgermeisters, im Rat und damit überwiegend auch in der Öffentlichkeit die eigene Haltung deutlich zu machen, berücksichtigt zugleich auch das Interesse der Bürgerschaft, sich einen Eindruck vom kommunalpolitischen Wirken des Bürgermeisters zu verschaffen, den sie gewählt hat und der in vielen Fällen zur Wiederwahl antreten wird. Wie früher beim Gemeindedirektor entspricht dem Äußerungsrecht des Bürgermeisters allerdings eine Äußerungspflicht, wenn ein Fünftel der Ratsmitglieder oder eine Fraktion eine Äußerung wünscht (§ 69 I 2 GO). Damit gibt es auf Seiten des Rates eine Handhabe, den Bürgermeister auch dann zu Äußerungen zu zwingen, wenn dies für ihn unangenehm ist und sich negativ auf seine Wahlchancen auswirken kann.

3.3 Neue Rechtsfragen

Unklarer ist die Lösung bei anderen Problemen. Nach altem Recht bereitete die Befangenheit der Personen an der Gemeindespitze keine Schwierigkeiten. Für den Bürgermeister galten die Bestimmungen der Gemeindeordnung über den Ausschluß von der Entscheidung, für den Gemeindedirektor die des Verwaltungsverfahrensgesetzes und des Landesbeamtengesetzes. Auf die Mitwirkung des hauptamtlichen Bürgermeisters im Rat sind die Ausschlußbestimmungen der Gemeindeordnung nach neuem Recht aber nicht – jedenfalls nicht unmittelbar – anwendbar; sie gelten nur für die Mitglieder des Rates. Der Bürgermeister ist zwar Vorsitzender des Rates und hat Stimmrecht, Ratsmitglied ist er nicht. Da der Bürgermeister im Rat dienstlicher Tätigkeit nachgeht, kommt die Anwendung der

[20] *Wolfgang Roters* in: Johannes Rauball/Reinhard Rauball/Werner Rauball/ Ernst Pappermann/Wolfgang Roters, Gemeindeordnung für Nordrhein-Westfalen, Kommentar, 3. Aufl. 1981, § 48 Rdn. 1; *Erich Rehn* Geschäftsordnung für Rat und Ausschüsse in Nordrhein-Westfalen, 2. Aufl. 1986, 57.

beamtenrechtlichen Regeln in Betracht.[21] Bei dieser Lösung ist mißlich, daß für den Bürgermeister und die Ratsmitglieder recht unterschiedliche Bestimmungen gelten. Es liegt deshalb nahe, die Ausschlußvorschriften der Gemeindeordnung analog anzuwenden.[22] Daß der Gesetzgeber hier bewußt eine Regelungslücke gelassen hat, kann ausgeschlossen werden.

Auch bei der Handhabung von insoweit unveränderten Vorschriften der Gemeindeordnung tauchen mit der Abkehr von der Doppelspitze neue Probleme auf. Dafür ein Beispiel: Die Mitglieder des Rates und der Ausschüsse mußten und müssen gegenüber dem Bürgermeister Auskunft über ihre wirtschaftlichen und persönlichen Verhältnisse geben, soweit das für die Ausübung des Mandats von Bedeutung sein kann (§ 43 III GO n.F.). Die Auskünfte sind vertraulich zu behandeln. Diese Regelung soll nach dem Vorbild ähnlicher Bestimmungen des Parlamentsrechts mit dem Mittel begrenzter Transparenz sicherstellen, daß die Arbeit der Mandatsträger sich am Gemeinwohl und nicht an eigenen oder fremden privaten Interessen orientiert.

Der Bürgermeister als Empfänger dieser Informationen ist mit der Abkehr von der Doppelspitze jetzt aber zugleich Verwaltungschef. Darf oder muß er sein nach dieser Bestimmung erlangtes Wissen auch dort nutzen, wo er ohne Beteiligung des Rates Entscheidungen trifft, also bei den Geschäften der laufenden Verwaltung oder bei auf ihn übertragenen Angelegenheiten? Die gesetzlich angeordnete Vertraulichkeit steht dem nicht entgegen. Man kann schon zweifeln, ob die Weitergabe an die eigenen Mitarbeiter dagegen verstößt; die Berücksichtigung seines Wissens durch den Bürgermeister selbst bricht die Vertraulichkeit jedenfalls nicht. Das Gesetz gibt allerdings einen anderen Fingerzeig. Bis 1994 nahm der Bürgermeister auch die entsprechenden Mitteilungen der Bezirksvertreter entgegen. Seitdem haben sie dem Bezirksvorsteher gegenüber Auskunft zu geben. Wenn

21 So *Anne-Kathrin Lingk* (o. Fn. 3) 226 f., 234.

22 So *Klaus-Viktor Kleerbaum/Christof Sommer/Thomas Veen* Von der Doppelspitze zur Einheitsspitze: Der hauptamtliche Bürgermeister/Landrat, 1996, 26 f.; a. A. *Rudolf Wansleben* in: Friedrich Wilhelm Held u. a. (Hrsg.), Kommunalverfassungsrecht Nordrhein-Westfalen, Kommentare, Loseblatt, § 40 Anm. 4.

die Auskunftserteilung die Informationsgrundlage für die Erledigung der Verwaltungsaufgaben erweitern sollte, wäre nicht verständlich, warum für die Bezirksvertreter etwas anderes gelten soll. Der Bürgermeister hat dieses Wissen deshalb bei den Verwaltungsentscheidungen unberücksichtigt zu lassen.[23]

3.4 Gesetzesänderungen als Problemlösung

In einem anderen Fall hat der Gesetzgeber selbst versucht, ein Problem zu lösen.

Einigkeit bestand darüber, daß der Bürgermeister nicht die Stellung eines Ratsmitgliedes habe;[24] die Bestimmungen über die Rechte und Pflichten der Ratsmitglieder[25] sind auf ihn nicht anwendbar.[26] Er kann nicht einer Fraktion angehören. In einem wichtigen Punkt entspricht seine Stellung aber der eines Ratsmitglieds. In § 40 II 4 GO in der Fassung des Reformgesetzes hieß es nämlich lapidar: „Der Bürgermeister hat Stimmrecht im Rat."

In den Jahren der Ratswahl eines hauptamtlichen Bürgermeisters bis 1999 konnte diese Bestimmung Auswirkungen auf die Mehrheitsverhältnisse haben; sie bot damit einen Anreiz, für die neue Gemeindeverfassung zu optieren. Durch die Wahl eines hauptamtlichen Bürgermeisters konnte sich eine knappe Ratsmehrheit um eine Stimme verstärken, vorausgesetzt der gewählte Bürgermeister erfüllte zuverlässig die in sein Stimmverhalten gesetzten Erwartungen. Sein Stimmrecht konnte sich nicht nur bei Sachentscheidungen auswirken, sondern auch in Geschäftsordnungsfragen oder bei der Entsendung von Vertretern des Rates in Organe anderer juristischer Personen.

23 So im Ergebnis wohl auch *Rudolf Wansleben* in: Friedrich Wilhelm Held (o. Fn. 22), § 43 Anm. 2 a.E.

24 *Anne-Kathrin Lingk* (o. Fn. 3) 227; *Erich Rehn/Ulrich Cronauge/Hans Gerd von Lennep* Gemeindeordnung für das Land Nordrhein-Westfalen, Kommentar, 2. Aufl. der Loseblatt-Ausgabe, § 40 Anm. II 3.

25 Etwa §§ 43 und 45 GO.

26 *Erich Rehn/Ulrich Cronauge/Hans Gerd von Lennep* (o. Fn. 24) § 40 Anm. IV.

Verständlicherweise waren die Minderheiten darüber nicht glücklich; sie suchten Auswege. Zuerst wurde diskutiert, ob es verfassungsrechtlich zulässig sein könne, daß auf diese Weise die politischen Mehrheitsverhältnisse im Rat „verfälscht" wurden.[27] In einem vom Oberverwaltungsgericht entschiedenen Fall sollte einem Bürgermeister die Wahrnehmung des Stimmrechts untersagt werden. Der Antrag wurde abgelehnt; zu Recht sah das Gericht das Demokratieprinzip und die Stellung des Rates als Volksvertretung nach Art. 28 I 2 GG als nicht verletzt an.[28]

Allerdings sprach das Gesetz an manchen Stellen vom Rat, der zu entscheiden hatte, an manchen von den Ratsmitgliedern. Daraus und aus der erwähnten Formulierung, er habe Stimmrecht im Rat, wurde im Schrifttum gefolgert, der Bürgermeister sei immer dann, aber auch nur dann entscheidungsberechtigt, wenn im Gesetz vom Rat die Rede war.[29] Das Stimmrecht des Bürgermeisters führte deshalb in manchen Fällen zu Ungereimtheiten. So erfolgte die Besetzung der Ausschüsse nach § 50 III GO. Satz 1 lautete: „Haben sich die Ratsmitglieder zur Besetzung der Ausschüsse auf einen einheitlichen Wahlvorschlag geeinigt, ist der einstimmige Beschluß des Rates über die Annahme dieses Wahlvorschlags ausreichend." Sollte der Bürgermeister die zur Annahme des einheitlichen Wahlvorschlags erforderliche Einstimmigkeit verhindern können?

Mit der Novelle des Jahres 1996 wurde in einigen Vorschriften der „Rat" durch die „Ratsmitglieder" ersetzt. Bei der Besetzung der Ausschüsse und von Organen anderer juristischer Personen wirkte der Bürgermeister nach dieser Novelle nicht mehr mit. Auch die Entlastung des Bürgermeisters lag jetzt nicht mehr in der Entscheidung des Rates, sondern der Ratsmitglieder; damit beseitigte der Gesetzgeber in diesem Punkt auch die Unsicherheit über die Lösung des Befangenheitsproblems.

[27] *Anne-Kathrin Lingk* (o. Fn. 3) 232 f.; *Friedel Erlenkämper* in: Jochen Dieckmann/Friedrich Wilhelm Heinrichs (Hrsg.), Gemeindeordnung für das Land Nordrhein-Westfalen, Kommentar, 1996, § 40 Anm. 3.1.

[28] OVG NW, Beschl. vom 21.12.1995 – 15 B 3104/95 –, NWVBl. 1996, 191 f.

[29] *Anne-Kathrin Lingk* (o. Fn. 3) 230; *Erich Rehn/Ulrich Cronauge/Hans Gerd von Lennep* (o. Fn. 24) § 40 Anm. IV.

Diese Detailänderungen warfen aber neue Fragen auf: Für die Nachwahl von Vertretern in Organen juristischer Personen war es bei der Entscheidung des Rates geblieben. Lag hier ein Redaktionsversehen vor, das durch Auslegung zu korrigieren war?[30]

Nach der Begründung des Regierungsentwurfs zum Änderungsgesetz ging es bei der Änderung von Rat in Ratsmitglieder nur um eine „Klarstellung".[31] Im Schrifttum wurde jetzt erörtert, welcher Gedanke hier klargestellt worden und ob er verallgemeinerungsfähig sei.[32] Umstritten blieb auch, ob die jetzt durch den Gesetzgeber bestätigte Differenzierung von Rat und Ratsmitgliedern auch da galt, wo bei der Abstimmung des Rates eine qualifizierte Mehrheit der Ratsmitglieder erreicht werden mußte, wie bei der Verleihung des Ehrenbürgerrechts oder der Abwahl von Beigeordneten.[33]

Eine wirkliche Klärung brachte die Novelle 1996 also nicht. Mit der jüngsten, im März beschlossenen Änderung unternahm der Landtag einen neuen, gesetzestechnisch anders angelegten Versuch. In § 40 II GO wird nun bestimmt, daß der Bürgermeister beim Stimmrecht, bei der Feststellung der Beschlußfähigkeit und der Antragsvoraussetzungen und bei der Mehrheitsbildung wie ein Ratsmitglied zu behandeln ist. Der letzte Satz der Bestimmung zählt die Fälle abschließend auf, in denen der Bürgermeister nicht „mitstimmt". Sprachlich ist er nicht recht geglückt: Es geht teilweise nur um Antragsrechte, die Formulierung „stimmt nicht mit" paßt deshalb in einigen Fällen nicht. Nach einer ersten Durchsicht dürfte in der Sache aber eine praktikable Lösung gelungen sein, die zugleich wichtige Befangenheitsfälle gesetzlich löst. Jedenfalls hat die sprachliche Differenzierung Rat/Ratsmitglieder, auf die es einige Jahre entscheidend ankam, keine Bedeutung mehr.

Schon im ersten Anlauf 1996 ist der Gesetzgeber dagegen in einem anderen Fall mit durchgreifendem Erfolg tätig geworden. Es ging

[30] *Erich Rehn/Ulrich Cronauge/Hans Gerd von Lennep* (o. Fn. 24) § 40 Anm. IV.
[31] *Erich Rehn/Ulrich Cronauge/Hans Gerd von Lennep* (o. Fn. 24) § 40 Anm. IV; *Anne-Kathrin Lingk* (o. Fn. 3) 228.
[32] *Anne-Kathrin Lingk* (o. Fn. 3) 228 ff.
[33] *Anne-Kathrin Lingk* (o. Fn. 3) 231; *Erich Rehn/Ulrich Cronauge/Hans Gerd von Lennep* (o. Fn. 24) § 40 Anm. IV.

darum, ein praktisches Problem zu lösen. Nach altem Recht wurden Beamtenurkunden durch den ehrenamtlichen Bürgermeister und ein weiteres Ratsmitglied, Verträge und andere schriftliche Erklärungen zur Regelung von Arbeitsverhältnissen vom Gemeindedirektor und einen weiteren vertretungsberechtigten Mitarbeiter der Verwaltung unterzeichnet.[34] 1994 wurde das Vier-Augen-Prinzip abgeschafft, im übrigen aber die Textverarbeitungslösung praktiziert. Die hauptamtlichen Bürgermeister mußten also die bisher auf den ehrenamtlichen Bürgermeister und den Gemeindedirektor verteilten Unterschriften allein leisten. Bedenkt man, daß die zeitliche Belastung nach der Zusammenfassung der Ämter ohnehin deutlich gewachsen war, ist verständlich, daß sich dagegen Widerstand regte. 1996 wurde die Bestimmung deshalb neu gefaßt und ergänzt; der Bürgermeister kann die Unterschriftsbefugnis jetzt durch Dienstanweisung übertragen (§ 74 III 2 GO).

4. Die Direktwahl

4.1 Erste Erfahrungen

Im September 1999, als in Nordrhein-Westfalen die Räte und hauptamtlichen Bürgermeister gewählt wurden, befand sich die rot-grüne Bundesregierung in einem Stimmungstief. Die SPD erlitt starke Einbußen in den Räten, die CDU gewann auf breiter Front, errang in vielen Orten absolute Mehrheiten und setzte ihre Bürgermeisterkandidaten in Städten durch, wo niemand damit gerechnet hatte, etwa in Gelsenkirchen oder Recklinghausen. Politisch wurde aus diesem Wahlergebnis mit der letzten Novelle die Konsequenz gezogen, den Bürgermeister auch zwischen den Kommunalwahlen durch das Volk wählen zu lassen; die CDU hatte das schon immer gewollt, und die SPD gab nach dieser Erfahrung ihren Widerstand verständlicherweise recht leichten Herzens auf.

Hier und da hatten sich aber sozialdemokratische (Ober-)Bürgermeister durchgesetzt und wurden wiedergewählt. Es kam deshalb in einer Reihe von Fällen dazu, daß ein sozialdemokratischer Bürgermei-

[34] § 54 III GO a.F.

ster und ein christdemokratisch dominierter Rat zusammenarbeiten mußten. In dieser Situation treten kommunalverfassungsrechtliche Interessenkonflikte zwischen den Organen in neuer Schärfe hervor, denn sie werden nicht mehr dadurch gemildert, daß der eine vom anderen gewählt ist und – jedenfalls meistens – wiedergewählt werden will.

4.2 Verschärfte Konfliktlagen

Wie schon der frühere Gemeindedirektor leitet der Bürgermeister die hauptamtliche Verwaltung und verteilt die Geschäfte (§ 62 I 2 und 3 GO); den Geschäftskreis der Beigeordneten aber kann der Rat festlegen (§ 73 I GO). In mittleren und kleineren Gemeinden nimmt der Bürgermeister häufig selbst ein Dezernat wahr. Da der Rat nur den Geschäftskreis der Beigeordneten festlegt, kann er dem Bürgermeister kein Dezernat aufzwingen. Er kann ihn aber daran hindern, indem er das vom Bürgermeister gewünschte Dezernat einem Beigeordneten zuweist oder die Geschäfte restlos verteilt.[35] Allerdings kann sich der Bürgermeister nach § 62 I 4 GO bestimmte Aufgaben vorbehalten und die Bearbeitung einzelner Angelegenheiten selbst übernehmen. Diese Bestimmung soll ihm nach der im Schrifttum überwiegend vertretenen Auffassung eine Korrektur der durch den Rat vorgenommenen Dezernatsverteilung bis zur Grenze ihrer Aushöhlung erlauben.[36]

Durch den Haushalt legt der Rat auch die Höhe der Verfügungsmittel des Bürgermeisters fest. Die Höhe dieser Mittel bleibt nicht ohne Einfluß auf die Aktionsmöglichkeiten des Bürgermeisters, der auf seine Wiederwahl bedacht sein muß. Das Gemeindehaushaltsrecht begrenzt die Höhe der Verfügungsmittel in Relation zum Haushalt der Gemeinde,[37] zwingt aber nicht dazu, solche Mittel überhaupt

[35] *Anne-Kathrin Lingk* (Fn. 3) 222; *Wolfgang Kenneweg* in: Jochen Dieckmann/Friedrich Wilhelm Heinrichs (o. Fn. 27), § 73 Rdn. 1; *Roland Kirchhof* in: Friedrich Wilhelm Held (o. Fn. 22), § 73 Anm. 2.1.

[36] *Anne-Kathrin Lingk* (o. Fn. 3) 223 f.; *Roland Kirchhof* in: Friedrich Wilhelm Held (o. Fn. 22), § 73 Anm. 2.1; *Erich Rehn/Ulrich Cronauge/Hans Gerd von Lennep* (o. Fn. 24) § 73 Anm. I 1; a.A. *Wolfgang Kenneweg* in: Jochen Dieckmann/Friedrich Wilhelm Heinrichs (o. Fn. 27), § 73 Anm. 1.

[37] § 11 S. 1 GemHVO.

vorzusehen. Um hier de lege lata eine Lösung zu finden, wird man auf die Grundsätze der Organtreue[38] zurückgreifen müssen.

Streitpunkte tauchten aber vor allem bei Zugriffsrechten des Rates auf Kompetenzen des Bürgermeisters auf. Der Gesetzgeber des Jahres 1994 hat zwar den dem Bürgermeister durch die Delegationsfiktion des § 41 III GO bis dahin zugewiesenen Kreis der einfachen Geschäfte der laufenden Verwaltung durch die Streichung des Wortes „einfachen" ausgeweitet, er hat dabei aber am unbeschränkten Zugriffsrecht des Rates festgehalten. Auch die im Text des Gesetzes nicht begrenzte Möglichkeit, durch Hauptsatzung das Entscheidungsrecht des Bürgermeisters in Personalangelegenheiten einzuschränken, blieb unverändert bestehen. In einigen Gemeinden wurden nun nach der Wahl erhebliche Ausweitungen der Entscheidungsvorbehalte für den Rat oder die Ausschüsse beschlossen. Bestehende Wertgrenzen wurden auf Bruchteile abgesenkt, der Kreis der Mitarbeiter, für die dem Bürgermeister die Entscheidungsbefugnis entzogen wurde, erheblich erweitert.

Damit gewann die bereits zum alten Recht erörterte Frage nach den Grenzen des Rückholrechts neue Aktualität: Das Rückholrecht muß hinreichend bestimmt ausgeübt werden. Es bezieht sich nicht auf die dem Bürgermeister ausdrücklich anderweitig zugewiesenen Aufgaben. Mit diesen sind gewisse Annexkompetenzen verbunden; so obliegt dem Bürgermeister im Zusammenhang mit der Erfüllung der ihm zugewiesenen Aufgaben zum Beispiel auch die Öffentlichkeitsarbeit.[39] Weiter darf die Ausübung des Rückholrechts die Rechtsstellung des Bürgermeisters nicht aushöhlen.[40] Schließlich wird man

38 OVG NW, Beschl. vom 18.10.1995 – 15 B 2799/95 –, Eild StT NW 1996, 595, 596; *Janbernd Oebbecke* Die neue Kommunalverfassung in Nordrhein-Westfalen, DÖV 1995, 701, 706; *Otmar Schneider* Der verfahrensfehlerhafte Ratsbeschluß – Zur Dogmatik der Verfahrensfehlerfolgen, NWVBl. 1996, 89, 94.

39 Ähnliches gilt für die Beschaffung der Informationen, die für eine Entscheidung notwendig sind.

40 *Hans-Uwe Erichsen* (o. Fn. 2) 127; *Friedel Erlenkämper* in: Jochen Dieckmann/Friedrich Wilhelm Heinrichs (o. Fn. 27), § 41 Anm. 4.5.; *Ulrike Lange* Der hauptamtliche Bürgermeister, 1999, 90; *Erich Rehn/Ulrich Cronauge/Hans Gerd von Lennep* (o. Fn. 24) § 41 Anm. IV 1; *Anne-Kathrin Lingk* (o. Fn. 3) 226, Fn. 56; *Friedrich Wilhelm Held/Reinhard Wilmbusse* in: Friedrich Wilhelm Held (o. Fn. 22), – Einf. Teil 2, Abschnitt 6, Anm. 2.3.3.4.

auch hier wieder die Organtreue bemühen können. Mit diesen Instrumenten lassen sich die gröbsten Mißbräuche in den Griff bekommen.

4.3 Zur Zulässigkeit legitimationsübergreifender Zugriffsrechte

Mit der Direktwahl ist bei diesen Zugriffsrechten aber eine neue verfassungsrechtliche Frage angesprochen. Rat *und* Bürgermeister sind unmittelbar durch das Volk gewählt und damit gleichermaßen unmittelbar demokratisch legitimiert. Legitimiert wird stets zur Ausübung eines bestimmten Amtes, eines bestimmten Kreises von Aufgaben. Mit Ausübung seiner Zugriffsbefugnisse dehnt das eine Organ auf Kosten des anderen seinen Aufgabenkreis aus, kann den Zugriff aber jederzeit rückgängig machen. Das Zugriffsrecht erlaubt es jetzt also, der Wahlentscheidung, für die u.U. ja gerade eine bestimmte Zuständigkeit ausschlaggebend war, gewissermaßen nachträglich einen anderen Sinn zu geben. Früher handelte es sich dagegen lediglich um Verschiebungen zwischen dem Rat und dem vom ihm legitimierten Hauptverwaltungsbeamten. Ihre Legitimation bezogen beide aus demselben Wahlakt bei der Kommunalwahl; die Wahlentscheidung bezog sich nur auf den Rat und wurde nicht davon tangiert, wenn dieser von seinen Zugriffsrechten gegenüber dem von ihm gewählten Gemeindedirektor Gebrauch machte.

Diese Bedenken sind verfassungsrechtlich beim Wahlrecht, bei der demokratischen Legitimation gem. Art. 20 II GG und bei Art. 78 I Verf NW zu verorten. Nach dieser Bestimmung haben die Gemeinden und Gemeindeverbände das Recht der Selbstverwaltung „durch ihre gewählten Organe".

Es geht hier nicht um die Frage, ob das Recht, den Bürgermeister zu wählen, generell entleert wird. Eine solche Überlegung hat das Bundesverfassungsgericht ja im Maastricht-Urteil im Hinblick auf das Wahlrecht zum deutschen Bundestag aus Art. 38 GG wegen der Übertragung von Hoheitsrechten auf der Grundlage des Art. 23 GG in Betracht gezogen.[41] Es geht vielmehr darum, die Wahlaussage

[41] BVerfG, Urt. vom 12.10.1993 – BvR 2134, 2159/92 –, BVerfGE 89, 155, 182; kritisch zu dieser Entscheidung etwa *Hans-Uwe Erichsen* Das Grundgesetz

gegen eine nachträgliche inhaltliche Veränderung zu schützen. Im Hinblick auf die Anforderungen der demokratischen Legitimation[42] aus Art. 20 II GG geht es um die Grenzen für nachträgliche Änderungen des Legitimationsgegenstandes und insoweit um die Aufhebung der inhaltlichen Legitimationswirkung des Wahlaktes. Ähnlich läßt sich das Problem für Art. 78 I Verf NW formulieren: Die Organe müssen gewählt sein, bestimmte Aufgaben wahrzunehmen, und dürfen Aufgaben nicht nachträglich unbegrenzt zwischen sich verschieben.

Die Entziehung einer Zuständigkeit, um die es hier geht, unterscheidet sich unter den genannten Aspekten von der Übertragung einer Zuständigkeit. Bei der Übertragung trifft der Übertragende eine Entscheidung, für die er legitimiert ist. In diesem Fall kann man den neuen Aufgabenträger, dem nichts genommen wird, als durch den bisherigen legitimiert ansehen. Die später vielleicht erfolgende Ausübung eines Rückholrechts stellt den früheren Zustand wieder her.

Beim sog. Rückholrecht aufgrund der „fiktiven" Delegation des § 41 III GO liegt der Fall anders. Schon 1954 hat der Verfassungsgerichtshof Nordrhein-Westfalen gemeint, es handele sich bei der Erledigung der Geschäfte der laufenden Verwaltung um die Wahrnehmung einer eigenen Zuständigkeit.[43] Er hat damals darauf hingewiesen, daß die Annahme, eigentlich sei der Rat für die Angelegenheiten der laufenden Verwaltung selbst zuständig, daran scheitere, daß die Gemeinde sonst handlungsunfähig sei.[44] Auch das allgemein angenommene Aushöhlungsverbot zeigt,[45] daß die Annahme, der Rat hole sich nur zurück, was eigentlich ihm zustehe, verfehlt ist. In den Personalangelegenheiten verzichtet das Gesetz sogar auf diesen Schein eines Handelns des Bürgermeisters aus fremdem Recht.

als europäische Verfassung, in: Bodo Pieroth (Hrsg.), Verfassungsrecht und soziale Wirklichkeit in Wechselwirkung, 2000, 139, 152 ff.

42 Dazu *Horst Dreier* in: ders. (Hrsg.), Grundgesetz, Band II, 1998, Art. 20 (Demokratie) Rdn. 106 ff.; *Ernst-Wolfgang Böckenförde* in: Josef Isensee/Paul Kirchhof, Handbuch des Staatsrechts, Band 1, 1987, § 22 Rdn. 11 ff.; Band 2, 1987, § 30 Rdn. 17 ff.

43 VerfGH NW, Urt. vom 21.8.1954 – VGH 3/53 –, OVGE 9, 74, 79.

44 AaO 80 f.

45 Siehe oben.

Nun ist verfassungsrechtlich der Kompetenzzugriff zwischen unterschiedlich legitimierten Stellen nicht ganz ungewöhnlich. Der Bund kann im Rahmen der konkurrierenden Zuständigkeit durch einfaches Gesetz die Länder von der Gesetzgebung ausschließen. Allerdings sind die Länder über den Bundesrat an dieser Entscheidung beteiligt, und der Zugriff ist an die materiellen Voraussetzungen des Art. 72 II GG geknüpft. Durch Gesetz und aufgrund von Gesetzen können Bund und Länder den Gemeinden Aufgaben entziehen und anderweitig zuweisen; dabei müssen sie aber die materiellen Vorgaben des Art. 28 II GG beachten.

Solche Regelungen sind sinnvoll und notwendig. In einer vertikal wie horizontal stark gegliederten Ordnung wie der des Grundgesetzes müssen Zuständigkeitsverschiebungen im Interesse der Anpassungsfähigkeit dieser Ordnung auch über die Legitimationsgrenzen hinweg möglich sein.

Im Hinblick auf die demokratische Legitimation und den Schutz der Wahlentscheidungen unproblematisch wäre es, solche Verschiebungen erst mit Wirkung ab dem nächsten Wahltermin der durch den Abzug von Aufgaben betroffenen Stelle vorzunehmen. Bei vier- oder fünfjährigen Wahlperioden mag das Warten auf die nächste aber nicht in Betracht kommen. Dann ist aber eine Begrenzung solcher Zuständigkeitsverschiebungen notwendig, wenn die Wahlentscheidungen den Zusammenhang mit dem jeweils wahrzunehmenden Aufgabenkreis nicht verlieren sollen. In den erwähnten Beispielen erfolgt diese Begrenzung formell durch die Form des Gesetzes und die Mitwirkung des Bundesrates, materiell über Art. 72 II und 28 II 1 GG. Neben einer materiellen Rechtfertigung für die Einräumung legitimationsübergreifender Zugriffsrechte wird man also auch eine formelle Sicherung verlangen müssen.

Davon ausgehend ist zu fragen, ob die Möglichkeit von Zuständigkeitsverschiebungen durch den Rat in den beiden hier betrachteten Fällen gerechtfertigt ist, und falls diese Frage zu bejahen ist, ob sie ausreichend begrenzt ist.

Zuerst zu § 74 I 3 GO, also dem Zugriffsrecht des Rates auf die Personalzuständigkeiten des Bürgermeisters. Welche Entwicklungen im Zeitablauf einen Zuständigkeitswechsel bei den Personalentscheidungen notwendig machen könnten, ist nicht ersichtlich. Das Zugriffsrecht des Rates hat hier eine andere Funktion. Es erlaubt, die für alle Gemeinden geltende Kommunalverfassung an die Bedürfnisse der einzelnen Gemeinde anzupassen, wie sie etwa durch ihre Größe bestimmt werden.[46] Es liegt auf der Hand, daß die Einstellung eines Beamten der Besoldungsgruppe A 13 für eine Großstadt eine andere Bedeutung hat als für eine kleinere kreisangehörige Gemeinde. Hier liegt eine Rechtfertigung für die Zugriffsmöglichkeit.

Auch beim Rückholrecht des § 41 III GO steht nicht die Anpassung an Entwicklungen im Zeitablauf im Vordergrund; solchen Änderungen kann bei der Auslegung des Begriffs der Geschäfte der laufenden Verwaltung Rechnung getragen werden. Dasselbe gilt für die Berücksichtigung der unterschiedlichen örtlichen Verhältnisse wie der Gemeindegröße. Bedeutung hat das Rückholrecht des § 41 III GO vielmehr, weil es gemeinsam mit der Delegationsbefugnis des § 41 II GO eine trennscharfe und damit sehr praktikable Abgrenzung der Zuständigkeitsräume von Rat und Bürgermeister gestattet. Der Rat kann dem Bürgermeister Geschäfte der laufenden Verwaltung entziehen, aber auch Angelegenheiten übertragen, die darüber hinausgehen. Die Frage, ob etwas Angelegenheit der laufenden Verwaltung ist, spielt keine Rolle mehr, wenn dafür durch den Rat in der einen oder der anderen Richtung ausdrücklich die Zuständigkeit von Rat oder Bürgermeister festgelegt ist.
Der Rat selbst ist nach dieser Regelung, wenn er nur die ausdrücklich dem Bürgermeister zugewiesenen Zuständigkeiten beachtet, niemals unzuständig. Auf die Auslegung der „Geschäfte der laufenden Verwaltung" kommt es nicht an, wenn die Zuständigkeiten auf diesem Wege abgegrenzt werden. Dementsprechend betrifft die Rechtsprechung zu diesem Begriff ganz überwiegend die heute in § 64 II GO geregelte Frage der ordnungsgemäßen Form abgegebener Verpflichtungserklärungen.

Abgesehen davon, daß eine formelle Sicherung, wie sie bei den Personalentscheidungen durch die Form der Hauptsatzung vorgesehen

[46] Zu diesem gesetzgeberischen Interesse OVG NW, Urt. vom 7.7.1992 – 15 A 990/91 –, NWVBl. 1993, 265, 267f.

ist, beim Rückholrecht des § 41 III GO fehlt, stellt der Wunsch, Unsicherheiten darüber zu vermeiden, was Geschäft der laufenden Verwaltung ist, eine Rechtfertigung für die Zugriffsmöglichkeit aber nur dar, wenn diese Unsicherheiten andernfalls in praktisch relevantem Umfang auftreten würden. Dafür lassen sich Anhaltspunkte gewinnen, indem man sich die Erfahrungen mit ähnlichen Regelungen ansieht.

Die nordrhein-westfälische Kreisordnung hat von Anfang an auf das Rückholrecht verzichtet, kennt aber auch die Delegationsbefugnis. Das hat in der Vergangenheit funktioniert; soweit ersichtlich, hat es nur einmal einen Rechtsstreit zwischen einem Oberkreisdirektor und dem Kreisausschuß über die Frage gegeben, was Geschäft der laufenden Verwaltung sei.[47] Das mag aber daran liegen, daß die Oberkreisdirektoren von den Kreistagen gewählt wurden und deshalb Streit vermieden haben.

Aufschlußreich ist deshalb der Blick auf das Recht der Länder, die schon länger die unmittelbare Volkswahl des Bürgermeisters praktizieren.[48] In Baden-Württemberg erledigt der Bürgermeister die laufenden Angelegenheiten in eigener, nicht entziehbarer Zuständigkeit. Ihm können weitere Aufgaben übertragen werden.[49] In Bayern liegen die „laufenden Angelegenheiten, die für die Gemeinde keine grundsätzliche Bedeutung haben und keine erheblichen Verpflichtungen erwarten lassen" unentziehbar beim Bürgermeister. Auch hier kann der Rat ihm weitere Angelegenheiten zur selbständigen Erledigung übertragen.[50] Ein einseitiges Zugriffsrecht und damit die Möglichkeit, die Zuständigkeit des Bürgermeisters in beide Richtungen durch Ratsbeschluß abzugrenzen, kennen beide Gemeindeordnungen nicht. Von erheblichen praktischen Problemen oder einer

[47] OVG NW, Urt. vom 15.12.1969 – III A 1329/66 –, RsprKVerfR Nr. 1 zu § 37 KrO.

[48] Zur Rechtslage in Mecklenburg-Vorpommern nach der Einführung der Direktwahl *Hubert Meyer* Ehrenamtliches Mandat und Urwahl des Hauptverwaltungsbeamten, LKV 1998, 85, 88.

[49] § 44 II GO Baden-Württemberg.

[50] Art. 37 I Nr. 1, II GO Bayern.

hohen Zahl von Rechtsstreitigkeiten wird im Schrifttum nicht berichtet.[51]

In einem ähnlichen Fall ist in der nordrhein-westfälischen Gemeindeordnung eine gesetzestechnische Alternative realisiert worden, nämlich bei den Bezirksvertretungen. Sie sind in allen Angelegenheiten zuständig, deren Bedeutung nicht wesentlich über den Stadtbezirk hinausgeht (§ 37 I 1 GO). Hier ruht die ganze Abgrenzungslast auf dem bekanntlich nicht ganz eindeutigen Wort „wesentlich".[52] Der Rat kann in der Hauptsatzung eine ausdrückliche Abgrenzung vornehmen, die aber nicht konstitutiv ist.[53] Auch wenn es offenbar gelegentlich Auseinandersetzungen gibt,[54] funktioniert diese Regelung insgesamt ordentlich.[55]

Wenn man die Erfahrungen mit der Kreisordnung, den baden-württembergischen und bayerischen Regelungen und bei den Bezirksvertretungen zusammenfaßt, muß man feststellen, daß die Vorteile, die das Rückholrecht für die präzise Abgrenzung der Zuständigkeiten haben mag, jedenfalls nicht so schwer wiegen, daß sie die dargestellten verfassungsrechtlichen Bedenken ausräumen können. Der Gesetzgeber sollte deshalb auf das Rückholrecht verzichten und sich etwa an der bayerischen Regelung orientieren.

[51] Siehe die Nachweise zu Bayern bei *Martin Bauer/Thomas Böhle/Christoph Masson/Rudolf Samper* Bayerische Kommunalgesetze, Loseblatt, Art. 37 GO BY Rdn. 4 und 5; für Baden-Württemberg bei *Richard Kunze/Otto Bronner/Alfred Katz* Gemeindeordnung für Baden-Württemberg, Loseblatt, § 44 GO BW Rdn. 12 ff.

[52] *Erich Rehn/Ulrich Cronauge/Hans Gerd von Lennep* (o. Fn. 24) § 37 Anm. II 1: „Wo die Grenze zu den Aufgaben von gesamtstädtischer Bedeutung zu ziehen ist, wird in der Praxis nicht immer leicht zu entscheiden sein."

[53] OVG NW, Urt. vom 7.7.1992 – 15 A 990/91 –, NWVBl. 1993, 265, 266 f.

[54] Nach dem in der vorherigen Fußnote zitierten Urteil des OVG ist soweit ersichtlich nur noch eine Entscheidung publiziert (VG Düsseldorf, Urt. vom 14.2.1997 – 1 K 833/96 –, NWVBl. 1997, 402 ff). Ein weiteres Beispiel auch bei *Heinz-Joachim Pabst* Die Kompetenzverteilung zwischen Rat und Bezirksvertretung in kreisfreien Städten, NWVBl. 1998, 223.

[55] Siehe dazu *Ernst Becker* in: Friedrich Wilhelm Held (o. Fn. 22), § 37 Anm. 3; *Beate Zielke* in: Jochen Dieckmann/Friedrich Wilhelm Heinrichs (o. Fn. 27), § 37 Anm. 1; *Erich Rehn/Ulrich Cronauge/Hans Gerd von Lennep* (o. Fn. 24) § 37 Anm. II 1.

Alternativen gibt es aber auch zu der Zugriffsregelung bei den Personalentscheidungen. Zuerst auch hier der Blick nach Süden: Soweit der Gemeinderat in Baden-Württemberg die Entscheidung nicht vollständig auf den Bürgermeister überträgt, entscheidet er über die Ernennung, Anstellung und Entlassung der Gemeindebediensteten im Einvernehmen mit dem Bürgermeister.[56] Die Personalangelegenheiten liegen in Bayern grundsätzlich allein beim Rat; für die meisten Beschäftigtengruppen kann der Rat sie auf den Bürgermeister übertragen.[57]

Die vielleicht klügste und unter Legitimationsgesichtspunkten ganz unbedenkliche Lösung wäre es, wie in diesen beiden Ländern eine grundsätzliche oder auf bestimmte Bedienstetengruppen beschränkte Ratszuständigkeit mit Delegationsmöglichkeit vorzusehen und die Ratsentscheidungen wie in Baden-Württemberg an das Einvernehmen des Bürgermeisters zu binden.[58] Will man beim Zugriffsrecht bleiben, kommt auch die gesetzliche Festlegung einer Höchstgrenze für den Anteil des betroffenen Personals in Betracht.[59] Die jetzige, materiell unbegrenzte Zugriffsmöglichkeit ist verfassungsrechtlich bedenklich.

4.4 Offene Strukturfragen

Erst langsam wird deutlich, daß der Übergang zum volksgewählten hauptamtlichen Bürgermeister weitere tiefgreifende Fragen aufwirft, die nicht unmittelbar die Tagespolitik in den Kommunen bestimmen, sondern das Funktionieren der Kommunalverfassung insgesamt betreffen.

Der Rat ist nach der Konzeption der Gemeindeordnung nicht zuletzt Kontrollorgan gegenüber der hauptamtlichen Verwaltung. Mit

56 § 24 II GO Baden-Württemberg.

57 Art. 43 I, II GO Bayern.

58 In Niedersachsen entscheidet der Rat auf Vorschlag des Bürgermeisters, siehe *Jörn Ipsen* Die neue Niedersächsische Kommunalverfassung, NdsVBl. 1996, 97, 99.

59 Diese Höchstgrenze wäre nach Gemeindegrößenklassen degressiv festzulegen.

der Einführung der Eingleisigkeit sitzt ihm nun mit dem Bürgermeister derjenige vor, den es zu kontrollieren gilt. Dieser Bürgermeister hat mit der Urwahl noch erheblich an politischer Stärke gewonnen. Nach dem alten Recht hatte dagegen ein ehrenamtlicher Exponent des Rates den Vorsitz inne. Der Rat ist in seiner Kontrollfunktion durch die Reform deutlich geschwächt. Kompensationen, etwa durch einen Ausbau der Kontrollrechte, hat es nicht gegeben. Das hauptamtliche Element ist auch insoweit deutlich gestärkt worden.

Von der Doppelung der Legitimationsstränge sind auch die Beigeordneten betroffen. Sie werden nach wie vor vom Rat gewählt und unterliegen nach wie vor den Weisungen des Hauptverwaltungsbeamten. Das ist aber nicht mehr der ratsgewählte Gemeindedirektor, sondern der seinerseits wie der Rat vom Volk gewählte Bürgermeister. Konflikte zwischen Rat und Gemeindedirektor hat es auch früher gegeben. Der Gemeindedirektor mußte aber wie die Beigeordneten vom Rat wiedergewählt werden. Der Bürgermeister muß diese Rücksicht nicht nehmen; es kann im Gegenteil – mindestens in Einzelfällen – für ihn attraktiv sein, sich gegen den Rat auch im Konflikt zu profilieren. Das Amt des Beigeordneten ist damit vielleicht nicht unbedingt attraktiver, aber deutlich anspruchsvoller geworden. Setzen sich die recht plausibel begründeten Forderungen durch, die Beigeordneten im Einvernehmen zwischen Rat und Bürgermeister zu bestellen, würde diese Stellung der Beigeordneten zwischen den beiden Hauptorganen zusätzlich betont.

5. Aufgaben der Kommunalverfassungspolitik

Jedenfalls unter den Bedingungen, unter denen nicht nur in Nordrhein-Westfalen Gesetze gemacht werden, löst – das läßt sich wohl feststellen – die Übernahme von Einzelelementen eines fremden Systems eine kaum kontrollierbare Dynamik de lege lata und de lege ferenda aus. Im besten Fall muß man über lange Jahre mit hohen Umstellungskosten rechnen. Im schlechtesten Fall überwiegen die unerwarteten Nachteile die mit der Änderung angestrebten Vorteile deutlich.

Der Landtag sollte die vor uns liegende Legislaturperiode in einer Bestandsaufnahme dazu nutzen, die Erfahrungen mit der neuen

Kommunalverfassung umfassend zu erheben und die Notwendigkeit gesetzgeberischer Konsequenzen zu erwägen. Ein Teil des Änderungsbedarfs, der etwa bei den Zugriffsrechten und vielleicht auch bei der Bestellung der Beigeordneten besteht, wird kaum anders als mit weiteren Gewichtsverschiebungen in Richtung Bürgermeister gedeckt werden können. Deshalb ist auch zu entscheiden, wieweit der Rat zugunsten des Bürgermeisters weiter geschwächt werden darf und ob Kompensationen sinnvoll sind.

Parallel zur Kommunalverfassungsreform[60] und partiell in einem gewissen Widerspruch dazu[61] lief und läuft in vielen Gemeinden der wohl recht unterschiedlich erfolgreiche Versuch der Umsetzung neuer Steuerungsmodelle. Im Rahmen eines von Herrn Erichsen mitverantworteten Erbdrostenhofgesprächs[62] ist dieses Thema vor einiger Zeit in diesem Saal erörtert worden. In die notwendige Bestandsaufnahme, die maßgeblich auch die Erfahrungen auf der Grundlage der Experimentierklausel berücksichtigen müßte, wäre einzubeziehen, ob sich aus der neuen Steuerung Gesetzgebungsbedarf ergibt.[63]

Egal, welche sachlichen Änderungen dann als sinnvoll angesehen werden, in jedem Fall bedarf die Gemeindeordnung einer gründli-

60 *Rainer Frey* Kommunalverfassungsreform, neue Steuerungsmodelle und die Konfrontation zweier Politikstile in Nordrhein-Westfalen, in: Hans-Ulrich Derlien/Albert Hofmeister, Führungskräfte unter Sparzwang, 1998, 23 ff.

61 *Klaus König* Drei Welten der Verwaltungsmodernisierung, in: Klaus Lüder (Hrsg.), Staat und Verwaltung, 50 Jahre Hochschule für Verwaltungswissenschaften Speyer, 1997, 399, 419.

62 Siehe auch *Albert von Mutius* Neues Steuerungsmodell in der Kommunalverwaltung, in: Joachim Burmeister (Hrsg.), Verfassungsstaatlichkeit, Festschrift für Klaus Stern zum 65. Geburtstag, 1997, 685 ff.

63 Zu den Problemen etwa *Eberhard Laux* Zur Diskussion: Zweifel an Kompetenzabgrenzungen, Eild St NW 1996, 204 ff.; *Gertrud Witte* Rechtliche und politische Aspekte kommunaler Verwaltungsreformen, in: Kommunales Management im Wandel, hrsg. von der Wissenschaftsförderung der deutschen Sparkassenorganisation, 1997, 107, 129 ff.; *Gerhard Banner* Die kommunale Modernisierungsbewegung, ebenda, 11, 32 ff.; *Jörn Ipsen* Grundfragen der kommunalen Verwaltungsreform, DVBl. 1998, 801, 805 ff.; *Albert von Mutius* (o. Fn. 62) 685 ff.; speziell zur Stellung der Beigeordneten siehe dazu etwa *Romain Jeannottat* Wohin mit den Beigeordneten? Über mögliche Positionierungen des Beigeordneten in alternativen Führungsstrukturen, Verwaltung und Management 1998, 55 ff.

chen textlichen Überarbeitung. Ich will den bereits genannten Beispielen für den recht erbärmlichen Zustand, in den die Gemeindeordnung durch die hektische Gesetzgebung der letzten Jahre geraten ist, nur noch eines hinzufügen. Zu der Frage, ob ein Verstoß gegen die Befangenheitsregeln beim Beschluß einer Satzung im Einzelfall beachtlich ist, trifft die Gemeindeordnung Aussagen in drei Bestimmungen an drei ganz verschiedenen Stellen des Gesetzes, nämlich in den §§ 7 VI, 31 VI und 54 IV GO. Alle drei müssen in solchen Fällen geprüft werden. Man schämt sich schon, die Studenten klausurweise mit derlei zu behelligen; die Praxis kann nicht ausweichen, sie kann so etwas aber auch nicht handhaben. Der Landtag sollte sich deshalb nach der Wahl darauf verständigen, welche Kommunalverfassung die nordrhein-westfälischen Kommunen verdient haben und sich dann seine fünf Jahre dafür Zeit lassen, diese Vorstellung zu realisieren. Die Kommunen profitieren wahrscheinlich schon davon, daß in der Zwischenzeit das Gesetz unverändert weiter gilt.

Schlußwort

Hans-Uwe Erichsen, Münster

Es entspricht einer ungeschriebenen, seit Hans Julius Wolff immer wieder betonten und praktizierten Konvention des Kommunalwissenschaftlichen Instituts der Westfälischen Wilhelms-Universität, die zugleich meiner Überzeugung entspricht, die Sache über die Person zu stellen. Ihr ist auch heute wieder Rechnung getragen worden. Ich habe mich gefreut, daß meine Emeritierung Anlaß zu einem Grundfragen des Verwaltungs- und Kommunalrechts behandelnden Symposion gewesen ist, und ich möchte mich dafür sehr herzlich bei allen bedanken, die dazu beigetragen haben.

Mein Dank gilt der juristischen Fakultät, in deren Rahmen sich die heutige Veranstaltung einfügt, vor allem auch dafür, daß sie einen Grenzgänger, wie ich es war zwischen Wissenschaft und Hochschulpolitik, zwischen Münster, Bonn und Brüssel, zwischen Reflexion und Aktion nicht nur geduldet, sondern den Ankerplatz und zugleich ein Refugium bewahrt hat.

Mein herzlicher Dank gilt in freundschaftlicher Verbundenheit Herrn Ehlers und Herrn Krebs, die zusammen mit ihren Mitarbeiterinnen und Mitarbeitern die Last der Organisation des heutigen Tages auf sich genommen und meinen Wunsch, der Konvention des KWI Rechnung zu tragen, akzeptiert haben. Herzlich dankbar bin ich auch den Referenten des heutigen Tages, die mich mit ihren Referaten auf je eigene Weise beschenkt und sich alle jener Art von Jurisprudenz verpflichtet gezeigt haben, die auch für mich stets bestimmend war. Danken möchte ich auch den Kollegen des öffentlichen Rechts aus der Fakultät, die heute durch ihre Moderation das Gespräch befördert haben.

Ich habe mich sehr gefreut, daß Sie in so großer Zahl der Einladung zu dem heutigen Symposion gefolgt sind. Das ist bei einem Grenzgänger nicht selbstverständlich, gerät man doch als solcher nur allzu leicht in Gefahr, zwischen allen Stühlen zu landen und von niemandem recht akzeptiert oder als zugehörig angesehen zu werden. Das grenzüberschreitende meines Tuns kommt schon in der Wahl des Tagungsortes zum Ausdruck, der eben nicht Teil der Universität ist, jedoch vom selben Architekten und Baumeister, nämlich Johann Conrad Schlaun, stammt, wie der heutige Stammsitz der Westfälischen Wilhelms-Universität: das Schloß.

Dem Landschaftsverband Westfalen-Lippe, dem dieses Haus anvertraut ist, habe ich nicht nur herzlich dafür zu danken, daß wir uns heute hier versammeln dürfen und miteinander ins Gespräch kommen konnten, sondern auch für viele Jahre gedeihlicher Zusammenarbeit. Ich habe den regionalen, landschaftlichen Identifikationsansatz, den der Landschaftsverband, insbesondere aber nicht nur im Bereich der Kultur bietet, immer für wichtig gehalten in einer Zeit, die zunehmend durch Vernetzung statt durch Verankerung, die, zunehmend durch Uniformität statt durch Vielfalt geprägt, dem Modischen, dem Fetisch den Vorzug vor dem geschichtlich Gewordenen, dem Original gibt.

Gegenstand des heutigen Symposions waren Grundfragen der öffentlichen Verwaltung. Bei der öffentlichen Verwaltung handelt es sich um jene Staatsfunktion, die, an der Schnittstelle von Staat und Gesellschaft angesiedelt, in besonderer Weise den in diesem Verhältnis bestehenden Spannungen ausgesetzt ist. Dieser Befund setzte sich etwa in dem vor mehr als einem Jahrhundert unternommenen Versuch um, öffentliche Verwaltung im Wege der Subtraktion dadurch zu definieren, daß es sich hierbei um jenen Teil der staatlichen Agenda handele, der nicht Gesetzgebung oder Rechtsprechung sei. Daß damit angesichts der Offenheit von Verfassungen, auch des Grundgesetzes im Hinblick auf die Frage der staatlichen Aufgaben, wie sie gerade wieder im Zusammenhang mit der Rechtschreibreform deutlich wurde, wenig gewonnen ist, ist zunehmend klar geworden.

Begreift man heute öffentliche Verwaltung als einen Befund, dessen Abgrenzung von und Zuordnung zur Gesellschaft nicht nur peripher variabel ist, so ist es nur noch ein kleiner Schritt zu der Einsicht, daß Inhalt und Reichweite dieser Staatsfunktion in besonderer Weise durch die Entwicklung und Erkenntnisse sowie durch den Anspruch gesellschaftlicher Teil- und Subsysteme herausgefordert werden. Privatisierung, Dienstleistung, lean management, neues Steuerungsmodell, Kommunikation und Kooperation sind nur einige Stichworte, mit deren Hilfe sich vergegenwärtigen läßt, wie sich das Verhältnis von Staat und Gesellschaft inzwischen verdichtet und verwoben hat und welchen auch strukturellen Forderungen und Herausforderungen sich die Idee der öffentlichen Verwaltung von Seiten der Gesetzgebung und Verwaltungspraxis heute gegenüber sieht.

Es kommt hinzu, daß im Prozeß der europäischen Einigung grenzübergreifende Zwänge wirksam werden, die – wie beispielsweise im Bereich der Verwaltungsöffentlichkeit, was auch Herr Scherzberg hat deutlich werden lassen – tradierte Strukturen aufbrechen, eine Neuorientierung erfordern oder zumindest ergänzende und neue Akzente setzen.

Daß der Wildwuchs der Praxis, die im Referat von Herrn Oebbecke exemplarisch deutlich gewordene Qualität heutiger Gesetzgebung und die Vordergründigkeit mancher eher wissenschaftlich verbrämter als wissenschaftlicher Konzepte nicht nur eine Erosion, sondern auch den Verlust überkommener Systemelemente zur Folge haben können und haben, ist ein von Eberhard Schmidt-Aßmann heute wieder erhobener Befund, den es festzuhalten, zu analysieren und zu verarbeiten gilt. Die Referate des heutigen Tages haben dazu beigetragen.

Ich habe mich nie überwinden können, mich an Kommentaren zu beteiligen, weil ich immer die Sorge hatte, daß der Blick auf das Detail die Gefahr übermächtig werden lassen würde, den Gesamtzusammenhang zu vernachlässigen, und ich mir jene Meisterschaft und Souveränität nicht zugetraut habe, die über die Kommentierung des einzelnen zugleich den Geltungsanspruch des Prinzipiellen in gebotener Weise deutlich werden läßt. Die auf Vollständigkeit angelegte, einzelnormbezogene und damit punktuell ausgerichtete Reproduktion verfügbaren Wissens und vorhandener (Gerichts-) Erkenntnis ist im Zeitalter beliebiger Verfügbar- und Erschließbarkeit vorhandenen Materials mit Hilfe der neuen Informations- und Kommunikationstechnologien aus meiner Sicht ohnehin überholt und nähert sich dem Anachronismus. Den Herausforderungen der Gegenwart und der Zukunft läßt sich weder durch Sammelleidenschaft, noch durch individuelle Beliebigkeit, noch durch von der Kommunikationsgesellschaft beförderte Beredsamkeit und unkritische Ausrichtung auf modische Trends begegnen.

Es gilt vielmehr, sich auf die Funktion der Verwaltungsrechtswissenschaft zu besinnen und ihre Herausforderung zu begreifen, die darin liegt, Strukturen offenzulegen sowie Methoden zu entfalten und zu entwickeln, die den Prozeß der Rechtsschöpfung und Rechtsanwendung, auch in der Wechselbezüglichkeit von internationalem, europäischem und deutschem Recht steuern sowie berechen- und beherrschbar machen. Ich habe Zweifel, ob diese Herausforderungen heute in dem gebotenen Ausmaß erkannt und angenommen werden. Ich sage dies auch und gerade im Hinblick auf die Wachstumsrate öffentlich-rechtlicher Publikationen einerseits und deren gedankliche Tiefenschärfe andererseits.

Öffentliche Verwaltung findet sich in einem verfassungsrechtlich nicht ausdefinierten Spannungsfeld zwischen Fremdsteuerung und Eigenständigkeit. Ein zentraler Ansatz individualübergreifender Eigensteuerung, politischer Identifikation und zugleich zur Konstitution des Gesamtsystems beitragender Organisation ist die Kommune. Sie ist im Grundgesetz als ein Fixpunkt des verfassungsrechtlich verfaßten Gemeinwesens ausgewiesen. Diesen Fixpunkt zu relativieren und das Verhältnis der kommunalen Gemeinschaft zum Staat und seiner zentralen Gewalt als ein durchweg labiles zu begreifen, löst bei mir ein erhebliches Unbehagen aus, das ich in den heutigen Beiträgen von Herrn Ehlers und Herrn Schoch durchaus wiederfinde.

Ich möchte damit auch meiner Überzeugung Ausdruck geben, daß das Organisationsrecht, welches sich über einen langen Zeitraum der Aufmerksamkeit nur weniger, unter ihnen insbesondere Hans Julius Wolff, erfreuen durfte, von zentraler Bedeutung für die Bewältigung der Zukunft sein wird. Die gegenwärtigen Entwicklungen im Bereich der öffentlichen Verwaltung lassen im Gegensatz zur bisher vorherrschenden, eher statischen Betrachtung dieses Aspekts öffentlicher Verwaltung eine Dynamik erkennen, die sich als Funktion der inzwischen sehr unterschiedlichen Ausgestaltung der Erfüllung „öffentlicher“ Aufgaben begreifen läßt.

Die Tatsache, daß Verwaltung im Grundgesetz nicht ein für allemal definiert ist, sondern – an der Schnittstelle von Staat und Gesellschaft angesiedelt – sich dem Wandel des Verständnisses von Staatsaufgaben ganz unmittelbar ausgesetzt sieht und sich ihm anzupassen hat, daß es auf Grund der Entwicklung der Staatsfinanzen und ihrer im Rahmen der Globalisierung deutlich gewordenen Endlichkeit und Begrenztheit heute zu einer „Entstaatlichung“ zu Gunsten der gemeinsamen Wahrnehmung von Aufgaben durch Verwaltung und Private, aber auch zur Privatisierung kommt, kann das Verwaltungsorganisationsrecht nicht unberührt lassen.

Daß nicht nur das Recht der Handlungsformen, wie Herr Krebs deutlich gemacht hat, sondern auch das Organisationsrecht in seiner Funktion, Legimitation zu organisieren und dadurch Identifikation, Gemeinwohlbezug und -verwirklichung zu gewährleisten, durch die Gemengelage staatlich/privater Aufgabenerfüllung herausgefordert ist, bedarf so wenig der Hervorhebung, wie die These, daß die mit der Frage der public/private Partnership in weitestem Sinne verbundenen, den Dualismus von Staat und Gesellschaft in Frage stellenden Probleme nur zum Teil erkannt und aufgearbeitet sind.

Privatisierung ist eine der Leitideen gegenwärtigen politischen Denkens und Handelns. Die Gründe dafür sind vielfältig. Nicht unwesentlich ist in diesem Zusammenhang die nicht nur ungebrochene, sondern sich verfestigende Überzeugung, daß das Eigeninteresse – insbesondere das materielle – ein Verhaltensantrieb von hohem Wirkungsgrad ist und es sich in öffentlichrechtlich organisierten und handelnden Einheiten mit ihrer Tendenz zur Verwischung personaler Zurechenbarkeit und Verantwortung nicht oder nur unzureichend umzusetzen vermag.

Der vor diesem Hintergrund stattfindende Paradigmenwechsel hat den mir von der praktischen Erfahrung her besonders naheliegenden Hochschulbereich natürlich nicht ausgespart. Nach der von mir geteilten gemeinsamen Einschätzung der Teilnehmer eines vom Stifterverband für die Deutsche Wissenschaft vor einigen Jahren organisierten Symposiums zum Thema „Hochschulreform durch Leistungswettbewerb und Privatisierung?" erscheint allerdings wegen der fehlenden Wurzeln in der deutschen Universitätstradition und wegen der zu bewältigenden Quantitäten in Forschung, Lehre und Studium eine gänzliche oder auch nur quantitativ ins Gewicht fallende Privatisierung des deutschen Hochschulsystems – wie sie gelegentlich gefordert wird – unrealistisch. Andererseits wird durchaus erwartet, daß ausschließlich privat finanzierte Hochschulen eine gewisse Rolle in marktgängigen Berufsfeldern mit vergleichsweise geringen Kosten für Lehre und Forschung spielen können, was in manchen Ländern Europas inzwischen auch der Fall ist. Hochschulen in privatrechtlicher Organisationsform mit überwiegend oder teilweise staatlicher Finanzierung, d. h. Organisationsformen, an denen der Staat als alleiniger bzw. Mit-Gesellschafter beteiligt ist, werden hingegen flächendeckend als eine wichtige Option begriffen.

Diese Einschätzung beruht auf der bereits angesprochenen, dem Zug der Zeit entsprechenden Auffassung, die wie in der übrigen öffentlichen Verwaltung so auch in den staatlichen Hochschulen das öffentlich-rechtliche Regime zunehmend als hemmend, uneffektiv und ineffizient, zusammenfassend im Hinblick auf die Herausforderungen von Gegenwart und Zukunft als defizitär empfindet. Daher wird über eine Privatisierung von bisher vom Staat in den Formen des öffentlichen Rechts betriebenen Hochschulen oder einzelner Hochschulfunktionen derzeit nicht nur nachgedacht. Manches ist schon in die Wege geleitet worden, vieles wird geplant. In jüngster Zeit sind eine Reihe von Initiativen von Hochschulen zu verzeichnen, die auf die Privatisierung bestehender staatlicher, öffentlich-rechtlich organisierter Hochschulen bzw. auf Gründung von Hochschulen oder Ausgründung von Funktionseinheiten in privatrechtlichen Organisationsformen gerichtet sind, um den geltenden staatlichen Reglementierungen, vor allem auf dem Gebiet des Dienst-, Haushalts- und Zulassungsrechts sowie hinsichtlich der Frage der Erhebung von Studiengebühren und der Organisation der internen Abläufe zu entgehen.

Dabei wird unter dem Druck interessierter und nicht selten auch ideologisch ausgerichteter Kreise der Öffentlichkeit der Ausschöpfung der Möglichkeiten des öffentlichen Rechts und damit der wirklichen Notwendigkeit einer Veränderung sowie der Frage rechtlicher Zulässigkeit bereits realisierter oder geplanter Vorhaben in aller Regel wenig Beachtung zuteil, obwohl die „Flucht in das Privatrecht" einen Befund beschreibt, der jedenfalls früher allemal geeignet war, und mindestens im Bereich der Bildung heute noch geeignet sein sollte, juristische Aufmerksamkeit zu erregen.

Mir geht es mit diesen fragmentarischen „Hinweisen" darum, deutlich zu machen, daß es in der Tat Grundfragen sind, denen wir uns im Hinblick auf stattfindende tatsächliche Entwicklungen zuzuwenden haben. Der Ort, die in ihnen liegenden Herausforderungen anzunehmen, sollte die Universität als Stätte der Wissenschaft sein, womit zugleich gesagt ist, daß auch für die Juristen die trans- und interdisziplinäre Problemannäherung unter Einbeziehung der internationalen, eben der grenzüberschreitenden Dimensionen für die Zukunft noch mehr als in der Vergangenheit ein Muß ist.

Ich habe mit diesen wenigen Andeutungen auch deutlich machen wollen, daß ich noch nicht zu jener Befindlichkeit gelangt bin, die von weltabgekehrter Weisheit und Gelassenheit und durch Nachlassen der Neugierde, der Triebfeder aller Forschung, gekennzeichnet ist. Ich möchte mich auch weiterhin einmischen und bitte, verbunden mit nochmaligem Dank an Sie alle, um Nachsicht dafür, daß ich Ihre Geduld nach diesem langen Tag noch so strapaziert habe.

MIX

Papier | Fördert gute Waldnutzung

FSC® C083411

Kolibri 360 GmbH
Ferdinand-Jühlke-Straße 7
99095 Erfurt, Deutschland
produktsicherheit@kolibri360.de